그리스도인의 성품

1. 책임감 | Responsibility 8
2. 과단성 | Decisiveness 22
3. 결심 | Determination 40
4. 쓰임받을 자세 | Availability 58
5. 신뢰성 | Dependability 71
6. 일관성 | Consistency 86
7. 신실함 | Faithfulness 105
8. 충성심 | Loyalty 124
9. 담대함 | Boldness 140
10. 유연성 | Flexibility 152

11. 인내심 | Patience	171
12. 절제 | Temperance	190
13. 믿음 | Faith	207
14. 정직 | Honesty	227
15. 거룩함 | Holiness	241
16. 겸손 | Humility	257
17. 온유 | Meekness	266
18. 친절 | Kindness	283
19. 관대함 | Generosity	295
20. 사랑 | Charity	312

* 본 저서에 인용된 구절은 <한글킹제임스성경>입니다.

들어가는 말

아담의 죄로 인해 죄가 세상에 들어오고 죄로 인해 사망이 왔습니다. 그리하여 모든 인간은 죄의 성품을 가지고 태어나 세상을 살면서 이런저런 죄를 짓고 살다가 죽어서 무서운 지옥의 형벌을 받게 되었습니다. 죄로 인해 죽었던 죄인들이 하나님을 향하여 회개하고 예수 그리스도를 구주로 영접할 때, 죽었던 영이 살아나 거듭나고 혼은 지옥으로부터 구원받아 영원한 생명을 보장받습니다.

그러나 영이 거듭났다고 해서 죄를 전혀 짓지 않고 살 수 있는 것은 아닙니다. 육신이 죽을 때까지 육신 안에는 죄된 옛 성품이 또한 함께 있기 때문에 육신을 따라 살면 죄를 짓는 것입니다. 구원받은 성도는 육신을 따르지 않고 성령을 따라 거룩하게 삶으로써 주님을 영화롭게 해 드려야 합니다. 성령을 따라 살려면 매일 기도와 하나님 말씀으로 자신을 깨끗이 하고 그리스도인이 마땅히 갖추어야 할 성품으로 변화되어야 합니다.

이책은 거듭난 성도들이 갖추어야 할 성경적 성품에 대한 강력한 설교들(2015년 동 제목의 설교시리즈, 유튜브 채널 Real Bible 1611)을 편집하여 책으로 엮은 것으로, 이 책을 읽은 많은 성도들이 도전을 받고 변화된 삶을 경험하게 될 것입니다. 많은 성도들이 구원은 받았지만 세상과 타협하고 죄에 굴복하며 주님의 영광을 가리고 사는 것은 그리스도인이 갖추어야 할 성경적 성품으로 무장하지 못했기 때문입니다. 기억할 것은 자신의 힘으로는 결코 할 수 없다는 것입니다. 오직 우리 안에 선한 일을 시작하신 주님을 의지하고(빌 1:6) 성령 충만을 구하며 성령 안에서 행할 때 이것을 이룰 수 있습니다.

저의 기도는 부디 이 책을 주님께서 사용해 주셔서 성도들이 변화받은 삶으로 많은 선한 열매를 주님께 맺어드려 주님께 영광을 돌리는 것입니다. 이 글을 읽는 모든 분께 우리 주 예수 그리스도의 은혜가 함께 하시기를 간절히 기도합니다.

2024년 9월
김경환 목사

1. 책임감 | Responsibility

그러므로 나의 사랑하는 자들아, 너희가 항상 복종했던 것처럼 내가 있을 때뿐만 아니라 내가 없는 지금도 더욱 더 두려움과 떨림으로 너희 구원을 온전히 이루라. 이는 너희 안에서 역사하시는 분은 하나님이시기 때문이니 그 분은 너희로 그분의 선한 기쁘심에 따라 뜻을 두고 행하게 하시느니라. 모든 일을 불평이나 다툼이 없도록 하라. 이는 너희 하나님의 아들들이 흠 없고 순전하여 비뚤어지고 변질된 민족 가운데서 책망받지 않게 하려 함이니 너희는 빛들로서 세상에서 비추는 자들이라. 생명의 말씀을 제시하여 내가 헛되이 달리지도 아니하였고 헛되이 수고하지도 아니하였다는 것을 그리스도의 날에 내가 자랑하려 함이라(빌 2:12-16).

　본문 12절은 「너희 구원을 온전히 이루라」고 말씀하는데, 이를 두고 많은 사람들은 구원이란 완성해가는 것이라고 오해합니다. 그러나 구원은 우리가 예수 그리스도를 믿을 때 선물로 받는 것이며, 그와 동시에 우리 안에는 새로운 생명이 태어나 새로운 피조물이 됩니다. 따라서 구원은 단번에 완전하게 주어지는 것이지 서서히 형성되어가는 것이 아닙니다. 본문에서 온전히 이루라는 말씀은 영어 킹제임스성경에서는 work out으로, 안에 있는 것을 드러내 사람들에게 자신이 구원받았음을 보이라는 말씀입니다. 믿음으로 구원을 받는 것에서 끝나는 것이 아니라 이를 밖으로 나타내는 행함이 있어야 합니다.

구원 이후에 그리스도인으로서의 행함을 드러내 보이는 사람이 있는가 하면 자신이 원하는 대로 육신적으로 사는 사람도 있습니다. 구원받은 후 우리 안에는 새 사람이 생기는데, 새로운 피조물이 된 우리는 이 새 사람을 밖으로 드러내야 합니다. 13절에서는 구원받은 여러분 안에서 역사하시는 분이 하나님이심을 말씀하십니다. 구원받지 못한 사람들 안에는 하나님이 계시지 않습니다. 그러나 여러분 안에는 하나님이 계시고 성령님이 계시며 예수님이 계셔서 역사하십니다. 여러분은 그 역사하심을 따라 행해야 합니다. 「이는 너희 안에서 역사하시는 분은 하나님이시기 때문이니 그분은 너희로 그분의 선한 기쁘심에 따라 뜻을 두고 행하게 하시느니라」(빌 2:13).

구원은 누구나 차별 없이 예수 그리스도의 대속 사역을 믿고 그분을 자신의 구주로 영접하기만 하면 받을 수 있습니다. 그러나 구원받은 후 그 역사하심을 따라 살지 여부는 여러분 자신에게 달린 것입니다. 그리스도인으로 사는 모습은 천차만별인데, 어떤 사람들은 온전하게 성경적으로, 어떤 사람들은 반만 성경적으로, 또 다른 사람들은 세상에서 마치 구원받지 않은 사람처럼 살기도 합니다. 그러나 그리스도인은 새로운 피조물이 되었기 때문에 이제 그 성품이 바뀌어야 합니다.

「너희가 항상 복종했던 것처럼 내가 있을 때뿐만 아니라 내가 없는 지금도」 여기에서 세 부류의 사람이 나오는데, 첫째는 사도 바울이 없더라도 올바로 행하는 사람, 둘째는 사도 바울이 없을 때는 올바로 행하지 않는 사람, 그리고 마지막으로 사도 바울이 있든 없든 올바로 행하지 않는 사람이 있습니다.

우리는 어떤 사람에 대해 책임감이 없다 또는 책임감이 강하다는 등의 말을 하는데, 이는 성품을 가리키는 말입니다. 성품(Character)은 사람의 성질이나 됨됨이를 뜻합니다. 이와 유사한 단어로 기질(Temperament)이 있는데, 기질은 타고난 내면적인 성격과 모습을 뜻하며, 낙천적인 기질 또는 쾌활한 기질 등을 예로 들 수 있습니다. 기질은 타고나는 반면, 성품은 환경과 양육을 통해 다듬어질 수 있습니다. 우리 안에 있는 성품이 진정한 자신이기 때문에 좋은 성품과 성격을 갖는 것은 중요합니다.

사람의 성품은 후천적인 영향 즉 환경과 교육 등을 통해서 변할 수 있습니다. 여러분은 구원받기 전에도 성품이 변했던 경험을 했을 수도 있습니다. 구원받지 않은 사람도 어떤 환경이나 계기를 통해서 '내가 이렇게 살면 안 되겠구나' 하며 성품을 고치기도 합니다. Character라는 말에는 그리스어로 조각한다는 뜻이 있습니다. 즉 선천적으로 가지고 태어난 기질을 환경과 시간과 양육을 통해서 특정 성품으로 바꾸어 나간다는 의미를 내포합니다.

우리가 구원받았을 때 새로운 피조물이 되었다면 즉 우리 안에 새 사람이 형성되었다면, 이제는 새 성품을 형성해야 합니다. 「두려움과 떨림으로 너희 구원을 온전히 이루라」는 말씀은 여러분 안에 있는 그 새 성품을 밖으로 드러내야 한다는 말씀입니다.

새 성품을 형성하는 것은 양육을 통해서 이루어질 수 있는 것이지만, 그리스도인의 경우는 하나님의 말씀을 통해서 이루어져야 합니다. 구원을 받은 후에도 '나는 과거에도 이런 사람이었고, 이제 구원은 받았으니까 그냥 원래 모습대로 살겠다'는 태도를 견지하는 사람은 하나님의 말씀을 대적하는 사람입니다. 여러분은 구원받은 후에 과거의 그 모습 그대로 살면 안 됩니다. 그리스도인의 성품을 소유해야 합니다.

  사람의 성품을 나타내는 덕목에는 여러 가지가 있지만, 제가 가장 중요하게 생각하는 것이 책임감이기에 이 주제를 가장 먼저 다루겠습니다. 여러분이 구원받을 때 하나님께서는 여러분의 직분을 바꿔주십니다. 전에는 사탄의 자식이었지만 이제는 하나님의 아들이 된 것입니다. 그러나 직분과 동시에 임무도 주어집니다. 그리스도인으로서 자신에게 주어진 임무를 수행하는 데 있어 책임감이 강한 사람도 있는 반면 책임감이 약한 사람도 있습니다. 그리고 책임감은커녕 오히려 반역을 하는 사람도 있습니다.

  책임감 있는 사람이 되려면 먼저 자신의 임무가 무엇인지 알아야 합니다. 구원과 함께 우리의 직분이 바뀜으로써 이제는 새로운 임무들이 생겼습니다. 우선 우리는 하나님의 아들인 동시에 하나님의 종입니다. 종의 임무는 주인에게 무조건 복종하는 것입니다. 종은 주인이 주는 음식이 좋든 싫든, 주인이 일하라고 보낸 일터가 마음에 들든 들지 않든, 불평을 할 수 없습니다. 우리는 또한 예수 그리스도의 군사로서 전쟁터에 나가 훌륭한 군사로서의 임무를 다해야 하며, 왕 같은 제사장으로서 주님을 섬겨야 합니다.

  책임 없는 자유는 방종에 가깝다는 말이 있습니다. 세상 사람들조차 자유에는 반드시 책임이 따라야 한다고 하는 것입니다. 그러나 책임감 없이 자유만을 주장하는 자들이 있기에 이 세상은 지금

난장판이 되어가고 있습니다. 사람들이 책임을 지지 않고 자기 멋대로 법을 어기며 범죄를 저지르는데도 불구하고 정부는 그들에게 죄를 묻지 않습니다.

　지난 폭동 때는 많은 폭도들이 폭력을 휘두르고 약탈하는 중에 경찰이 사망하는 일까지 발생했는데도 그들은 재판에 회부되지 않았습니다. 그런 사악한 자들에 대한 처벌 없이, 대통령인 오바마는 오히려 그들을 지지하는 발언을 했으며, 검찰총장이라는 자도 언론에서 폭도들을 공개적으로 지지하고 있습니다. 자국민 기자가 이슬람 국가에서 목베임을 당했을 때는 아무런 입장 표명도 하지 않으면서, 경찰을 구타하고 경찰과 대치하다 죽은 범죄자를 옹호하는 것이 오늘날 미국의 대통령과 검찰총장입니다. 법치를 지켜야 할 자들이 오히려 경찰을 폭행하고 강도질하고 건물을 부수고 방화하는 자들의 편을 들고 있습니다. 그것은 자유를 추구하는 것이 아니라 방종을 부추기는 것입니다. 책임감은 없으면서 자유만 요구하는 그런 사람들로 이 세상이 꽉 차 있습니다.

　바른 성품을 소유한다는 것은 환경에 의해 지배되지 않고 모든 결정을 최종 권위인 하나님의 말씀에 의하는 것, 어떠한 환경의 변화가 있다 할지라도 하나님의 말씀을 지키는 것을 말합니다. 책임감 있는 사람이 되려면 우선 하나님의 말씀을 최종 권위로 삼고 그 원칙에 따라 모든 것을 해야 합니다. 예수님께서는 주님을 사랑하면 주님의 계명을 지키라고 하셨습니다. 여러분은 영생을 값없는 선물로 받은 사람들입니다. 죄악을 행하고 하나님을 대적하며 살던 우리에게 과거와 현재와 미래의 모든 죄를 값없이 사해 주셨을 뿐만 아니라 영원한 생명까지 주셨습니다. 그런 하나님의 사랑과 은혜와 자비로 구원받은 우리가 「너희가 나를 사랑하면 나의 계명들을 지키라」(요 14:15)고 하신 그 하나님의 명령에 복종하고 있습니까?

책임감이 있는 사람과 없는 사람의 차이는 주님의 명령에 복종하는지의 여부에 있습니다. 주님께서는 인간이 질서 있게 살도록 하나님의 말씀인 성경을 주셨습니다. 이 성경을 자신의 최종 권위로 인정하고 그 말씀의 원칙에 따라 사는 사람들은 책임감이 있는 사람들입니다. 최종 권위인 하나님 말씀에 어떻게 반응하는지에 따라 사람들은 세 부류로 나뉩니다. 여러분 자신은 어떤 부류에 속하는지 점검해 보시기 바랍니다.

첫 번째 부류의 사람은 책임감이 있는 사람 즉 마음 속에 원칙을 지니고 사는 사람들로서, 하나님의 말씀으로 자기 안에 바른 성품을 형성한 사람입니다. 청년이 무엇으로 자기 길을 정결케 할 수 있습니까? 하나님의 말씀을 마음에 두고 주의하며 따라갈 때만이 그렇게 할 수 있습니다(시 119:9). 우리 마음에 하나님의 말씀을 두는 이유는 죄를 짓지 않기 위해서입니다. 그것이 책임감 있는 사람들이 하는 일입니다.

책임감이 있는 사람들은 「내가 있을 때뿐만 아니라 내가 없는 지금도 더욱더 두려움과 떨림으로 너희 구원을 온전히 이루라」는 본문 말씀처럼 사도 바울이 있든지 없든지 목사가 보든지 안 보든지 상관없이, 자기 안에 있는 원칙에 의해서 사는 사람들입니다. 그런 사람들은 다른 사람에게 영향을 받지 않습니다. 여러분도 그렇게 되도록 영적으로 성장하셔야 합니다. 목사가 보든 안 보든 목사가 있든 없든 달라지는 것 없이 믿음생활을 할 수 있어야 합니다. 제가 만일 급작스럽게 내일 죽는다면 여러분들은 믿음이 약해지고, 잔소리하는 사람이 없으니 마음대로 사시겠습니까? 그런 사람들은 책임감이 있는 사람들인 첫 번째 부류에 들지 않습니다. 자기 안에 있는 원칙에 따라 움직이는 것이 아니라 목사가 보고 있고 잔소리를 하므로 따라오는 사람들이기 때문입니다.

다수에 의해 영향을 받지 않고 원칙에 의해서 움직이는 사람들 중에 모세와 여호수아 같은 사람이 있습니다. 여호수아는 모세 밑에서 몇십 년 동안을 순종하며 지냈습니다. 책임감은 하나님의 명령에 복종하는 데서 생깁니다. 여러분이 하나님의 명령과 규율을 순종하고 따를 때 책임감 있는 사람이 되는 것이고, 책임감 있는 사람이기 때문에 하나님께서 리더로서의 임무를 맡기시는 것입니다. 룻의 예를 보십시오. 룻은 자신의 나라의 신이 아닌 이스라엘의 하나님을 섬기기로 결심하고 자신의 나라로 돌아가는 대신 시어머니 나오미를 따랐습니다. 떠나가는 동서와는 달리 룻이 시어머니 곁에 남은 이유는 마음 속에 하나님의 말씀을 최종 권위로 삼겠다는 원칙이 있었기 때문입니다.

책임감이 있는 사람이 순종하지 않는 사람일 수는 없습니다. 순종하는 사람은 책임감이 있는 것입니다. 책임감이 있는 사람들은 어린아이일 때부터 보면 알 수 있는데, 부모에게 순종하는 아이들이 책임감이 있습니다. 부모의 말을 안 듣는 아이가 책임감이 있는 어른으로 자랄 수는 없습니다. 학교 생활도 마찬가지입니다.

교사가 공부하라고 지도할 때 순종하는 아이들이 책임감이 있는 아이입니다. 이는 계급 사회인 군대에서나 직장에서도 마찬가지입니다. 임무가 주어졌을 때 완수하는 사람들이 책임감 있는 사람들입니다. 교회 생활에서도 성경적으로 가르치는 교회의 지도를 따르는지 따르지 않는지에 따라 책임감이 있는 사람과 없는 사람이 나뉩니다.

  책임감을 보여준 성경 인물들 중에 바빌론에 포로로 잡혀간 다니엘과 세 청년들이 있습니다. 어린 나이에 무시무시한 왕국에 잡혀간 그들에게 왕의 음식과 포도주를 먹으라는 명령이 내려졌을 때, 그들은 담대하게 이를 거절할 수 있었습니다. 그들처럼 우리도 하나님의 말씀에 반대되는 것들에 NO라고 할 수 있어야 합니다. 그러나 현실은 그렇지가 못합니다. 예스맨이 너무나 많은 것입니다. 하나님의 말씀에 여러분은 YES 하고 따라가야 하지만, 하나님의 말씀에서 하지 말라고 한 것에는 NO라고 해야 하고 따라가서는 안 됩니다.

  두 번째 부류는 성경적인 교회에서 지도하는 대로 따르지만, 주변 세상의 환경에 NO를 못하는 사람들입니다. 이들은 무책임한 사람들입니다. 본문에서 사도 바울이 우려했던 것처럼 사도 바울이 없으면 문제를 일으키는 사람들입니다. 실제로 사도 바울이 없을 때 갈라디아 교회에 문제가 생겼는데, 교회 안에 이 두 번째 부류인 무책임한 사람들이 생긴 것입니다. 그들은 사도 바울이 있을 때는 잘 따르다가 사도 바울이 떠나자마자 이단에 휩쓸려 버렸습니다. 「나는 너희가 그리스도의 은혜 안으로 너희를 부르신 분으로부터 그렇게 빨리 떠나 다른 복음을 따르게 됨을 이상히 여기노라. 다른 복음은 없나니 다만 너희를 교란시키는 어떤 사람들이 있어서 그들이 그리스도의 복음을 변개시키려는 것이라. 그러나 우리뿐만 아니라 하늘에서 온 천사라도 우리가 너희에게 전한 것 외에 어떤 다른 복음을 전한다면 그는 저주를 받으리라」(갈 1:6-8). 사도 바울은 박해를 받으면서까지 진리를 전했는데 어떤 이들이 바울 자신이 떠나자마자 그렇게 빨리 변한 것에 대해 책망했습니다. 인류에서 많은 수의 사람들이 이처럼 책임감이 없는 부류에 속합니다. 좋은 영향을 받을 때는 따라가지만 그 영향이 사라지면 다시 나빠집니다.

　이스라엘의 왕들 중에서 훌륭한 선지자나 제사장의 영향을 받을 때는 좋은 왕이었다가, 그 선지자나 제사장이 죽자마자 악한 왕이 되어버린 인물들이 있습니다. 선한 영향뿐 아니라 나쁜 영향도 그대로 받았기 때문입니다. 출애굽기 32장에 그 대표적인 인물이 나오는데, 바로 아론입니다. 아론은 모세가 있을 때는 나쁜 짓을 하지 않았지만 모세가 잠깐 자리를 비우자 주변의 영향을 받아 하나님을 대적하고 맙니다. 「모세가 그들이 만든 송아지를 가져다가 불에 태워서 가루로 만들어 물에다 뿌려 이스라엘 자손들로 그것을 마시게 하더라」(20절). 계명을 받은 모세가 산에서 내려왔을 때 진영이 소란스러웠는데, 여호수아는 진영에 전쟁이 있다고 생각할 정도였습니다. 실상은 전쟁이 아니라 백성이 우상을 숭배하는 소리였습니다. 「그가 진영에 가까이 오자 송아지와 그 춤추는 것을 본지라, 모세가 격노하여 자기 손에서 돌판을 던져 산 아래서 깨뜨리니라」(출 32:19).

「모세가 아론에게 말하기를 "이 백성이 네게 무엇을 하였기에 네가 그들에게 그처럼 큰 죄를 가져왔느뇨?" 하니 아론이 말하기를 "내 주여 노하지 마소서. 당신이 이 백성을 아시거니와 그들은 행악에 놓여 있나이다. 그들이 내게 말하기를」(출 32:21-23). 아론이 가졌던 문제는 '그들이 내게 말하기를' 이란 이 한 마디에 담겨 있습니다. 자신 안에 하나님을 향한 분명한 원칙이 서 있으면 누가 무슨 말을 하든 상관이 없습니다. 지도자인 모세가 없을 때 그 자리를 대신한 사람으로서 그 원칙에 의해 움직였어야 했습니다. 그러나 그는 그렇게 하지 않았을 뿐 아니라, 책망받을 때 남의 핑계를 댔습니다. 에덴 동산에서 죄를 지었던 이브가 뱀을 탓했듯이, 아론도 자신의 죄를 인정하고 회개하지는 않고 남의 탓만 하고 있습니다.

「그들이 내게 말하기를 '우리 앞에 갈 신들을 우리에게 만들라. 우리를 이집트 땅에서 데리고 나왔던 그 사람 모세로 말하면 그가 어찌 되었는지 우리가 알지 못함이라.' 하기에 내가 그들에게 말하기를 '어떤 금이라도 가진 자는 누구든지 벗겨 내라.' 하니 그들이 내게로 가져왔기에 내가 그것을 불에다 던졌는데, 이 송아지가 나왔나이다.' 하더라」(출 32:23,24). 불에다 금을 던진 것밖에 없는데 송아지가 저절로 나왔다고 변명하는 것입니다.

이스라엘 백성은 모세가 자리를 뜨자마자 우상 숭배에 빠졌고, 갈라디아 교회 성도들은 사도 바울이 가자마자 변질되었습니다. 만일 주님이 저를 부르신다면 여러분은 제가 없는 상태에서 어떻게 하시겠습니까? 바르게 인도하던 지도자가 사라지면 조금 타락하고, 또 시간이 지나면 조금 더 타락하는 것이 성경에서 반복되이 말씀하는 인간의 역사입니다. 이스라엘은 모세 때부터 조금씩 타락하다가 결국에는 포로로 잡혀가게 되었습니다. 이처럼 인간은 지도자가 없어지면 곧바로 변질됩니다. 아론 같은 사람들은 악에 대해 단호하게 NO라고 하지 못하는 사람들입니다. 그런 이들이 꼭 나쁜 사람들은 아닐 수도 있습니다. 그러나 NO를 해야 할 때 하지 못하는 것은 그에게 반드시 있어야 할 성품이 없기 때문입니다.

 예를 들어 만일 주님이 저를 부르신 후에 어떤 사람이 여러분에게 와서 김 목사가 가르친 것이 뭔가 잘못됐다며 비방한다면 여러분은 곧바로 그 사람을 따라가겠습니까? 여러분은 여러분이 배운 성경 공부 위에 흔들리지 않고 NO라고 할 수 있어야 합니다. 많은 사람들이 그렇게 하지 못합니다. 아이들이 탈선하는 이유도 그것입니다. 친구들 사이에서 음주나 마약에 대한 유혹이 왔을 때 거절하지 못해서 끌려갑니다. 친구들이 유혹할 때 NO 할 수 있어야 하는데 두 번째 부류에 속하는 아이들은 그렇게 하지 못합니다. 나쁜 아이가 아니더라도 시간이 지나 얼마든지 타락할 수 있습니다. 실제로 자녀가 감옥에 가거나 마약을 하는 일이 생겼을 때 그 부모들을 만나 이야기해 보면, 자기 아이는 천사같이 착한 아이인데 어떻게 그랬는지 모르겠다고 말하는 것을 봅니다. 천사 같은 아이가 사람을 죽이고, 마약을 하고, 음주 운전으로 사람을 죽입니까? 그 아이들은 NO를 못해서 그렇게 된 것입니다. 친구들이 파티에 가자, 술을 마시자고 할 때 NO를 못하면 가서 같이 나쁜 짓을 하게 됩니다.

　세상에는 이 부류에 속한 사람이 가장 많습니다. 이브도 아담이 함께 있을 때는 금지된 나무의 열매를 안 먹다가, 아담이 잠시 없는 사이에 마귀에게 속아서 열매를 따 먹게 됐습니다. 최종 권위인 하나님의 말씀이 있는데도 불구하고 하나님께서 하지 말라고 하신 일을 하게 된 것입니다.

　성경에 나오는 탕자도 악한 자가 아니었습니다. 아버지의 말에 순종하던 자였지만 많은 재산을 가지고 나가서 살면 잘 살 것이라 생각해서 그랬던 것입니다. 그는 최종 권위가 없이, 조금씩 타락하다가 결국 먹을 것조차 없는 지경이 되자 회개하고 돌아왔습니다. 이처럼 이 두 번째 부류의 사람은 나쁜 사람이 아닐 수도 있습니다. 문제는 그 안에 바른 성품이 없기에 NO를 못한다는 데 있습니다.

　첫 번째 부류가 하나님의 말씀을 최종 권위로 삼고 책임감을 갖고 따라가는 사람들인 반면, 두 번째 부류는 무책임하고 세상 환경에 영향을 받는 사람들입니다. 마지막 부류인 세 번째 부류는 반역자들, 즉 원칙에 반대하는 사람들입니다. 그들의 동기는 교만인데, 교만은 사탄의 특징이며 성품입니다. 성경은 사탄이 모든 교만한 자들의 아비라고 말씀하십니다. 세번째 부류에 속한 사람들은 자기 안에 있는 하나님의 원칙대로 움직이지 않고 자신의 교만에 의해서 움직입니다. 그런 자들은 성경적으로 사역하는 목사를 비방하고 교회를 분열시킵니다.

민수기 16장에도 이런 부류들이 나옵니다. 두려움 없이 자기 육신을 따라 사는 그들은 육신이 최종 권위가 되어 자신이 생각하고 마음먹은 대로 살겠다고 하는 자들입니다. 교만으로 타락했던 사탄과 같은 생각을 가진 자들입니다. 「레위의 증손 코핫의 손자 이스할의 아들 코라와, 또 르우벤의 아들들 중에서 엘리압의 아들들 다단과 아비람과, 펠렛의 아들 온이 사람들을 취하여, 이스라엘 자손의 어떤 사람들과 함께 모세 앞에 일어섰으니, 회중에서 유명하고 잘 알려진 사람들인 집회의 고관들 이백오십 명이더라」(1,2절). 교만한 자들을 세우면 다음과 같은 결과가 옵니다. 「그들이 모세와 아론을 거역하여 사람들을 모으고 그들에게 말하기를 "너희가 너무 분수에 지나치도다. 온 회중이 각기 거룩하고 주께서도 그들 가운데 계시는데, 너희가 어찌하여 주의 회중보다 너희 자신들을 높이느냐?" 하니, 모세가 그 말을 듣고 엎드렸다가, 코라와 그의 모든 동료들에게 일러 말하기를 "내일 주께서 누가 자기에게 속하며 누가 거룩한지를 보여 주시며 그 사람을 자기에게 가까이 나아오게 하시되, 곧 주께서 택하신 자를 그에게 가까이 나아오도록 하시리라"」(민 16:3-5). 31절부터 그들이 처벌받는 장면이 나옵니다. 반역자들에게는 비참한 결과가 주어지는 것입니다. 그들은 하나님께서 세우신 지도자인 모세와 아론에게 반역했습니다. 이렇게 세 번째 부류에 있는 사람들은 책임감이 없을 뿐만 아니라 하나님께 대적하는 자들입니다.

구원받기 전에도 책임감이 강한 사람이 있고, 그렇지 않은 사람들이 있습니다. 만약 여러분이 오늘 제가 설교한 것처럼 타고난 기질이나 옛 성품이 성경적이지 못하다면 이를 다 뒤로하십시오. 자신의 잘못을 알고 약점과 단점을 알아서 그것을 죄로 간주하고, 성령님의 도우심으로 바른 성품을 형성해야 합니다.

 이 시리즈에서 우리가 배워야 할 첫 번째 성품, 책임감에 대해 말씀드렸습니다. 그리스도인이 갖추어야 할 여러 가지 성품 중에서 이 책임감을 가진 사람만이 리더가 될 수 있고 하나님의 사역에 도움이 될 수 있습니다. 여러분도 책임감 있는 사람이 되셔야 합니다.

2. 과단성 | Decisiveness

그러므로 이제 주를 두려워하고 성실과 진리로 그분을 섬기라. 너희 조상들이 하수 저편과 이집트에서 섬겼던 신들을 버리고, 너희는 주를 섬기라. 만일 주를 섬기는 것이 너희에게 악하게 보이거든 하수 건너편에서 너희 조상이 섬기던 신들이거나 너희가 거하는 땅의 아모리인의 신들이든 간에 너희가 섬길 자를 오늘날 너희가 택하라. 그러나 나와 내 집은 주를 섬기리라." 하니 백성이 대답하여 말하기를 "우리가 주를 버리고 다른 신들을 섬기는 일을 결코 하지 아니하리니, 이는 우리와 우리 조상을 이집트 땅, 종의 집에서 인도하여 내신 분은 주 우리 하나님이심이라. 그분이 우리 목전에서 그런 큰 표적들을 행하시고, 우리가 간 모든 길에서와 우리가 지나간 모든 백성 가운데서 우리를 보호하셨으며 또 주께서 모든 백성, 곧 그 땅에 거한 아모리인까지도 우리 앞에서 몰아내셨나이다. 그러므로 우리도 주를 섬기리니, 이는 그분이 우리 하나님이심이니이다." 하더라(수 24:14-18).

여호수아 24장 특히 15절 말씀은 여러분이 익히 아는 선택에 관한 말씀입니다. 결정을 내리거나 선택을 하는 능력은 매우 중요합니다. 우리가 하는 선택에 의해 우리의 운명이 결정되기 때문입니다. 이 땅에 태어나서 자라고 어른이 되어 살아가면서 우리 앞에는 수많은 선택의 갈림길이 펼쳐집니다. 그 가운데 어떤 것을 선택하는지에 따라 우리의 운명이 바뀝니다. 이것은 누구나가 잘 아는 진리입니다. 앞서 그리스도인이 갖추어야 할 성품 중 책임감에 대해 말씀드렸는데, 어떤 일을 책임감 있게 수행하려면 그에 앞서 선택을 잘해야 합니다. 선택을 하지 못한다면 어떤 임무도 잘 수행할 수 없습니다. 성경에서도 강조되는 이러한 선택의 중요성은 여러분의 일상생활에서도 많이 경험하는 문제입니다. 아무리 철저한 책임감이 있다 하더라도 선택을 잘못한다면 그 책임감은 무용지물이 될 것입니다.

오늘은 선택을 할 때 특히 빠르고 효과적으로 결정을 내리는 능력에 대해 말씀드리고자 합니다. 누구나 선택은 할 수 있습니다. 그러나 그 선택을 하는 것이 너무나 오래 지체된다면, 지금 해야 할 결정을 하지 않고 미루다가 10년 뒤에 한다면 곤란한 것입니다. 구원에 관한 선택의 경우였다면 그것은 하늘나라와 지옥의 차이를 가져올 수도 있습니다. 자신 앞에 어떤 선택이 주어졌을 때 효과적으로 신속하게 선택할 수 있는 그런 능력을 가져야 합니다. 이것이 과단성입니다. 결단을 내린 뒤에 그 임무를 완성하는 추진력은 또 다른 문제입니다. 책임감을 가지고 어떤 임무를 수행하려면 반드시 그에 앞서 과단성이 필요합니다.

과단성은 쉽게 말해, 화끈하고 분명한 것을 말합니다. 확실하게 맞으면 맞다, 아니면 아니다를 정확히 결정지어야 합니다. 구원을 받았든 안 받았든, 사람은 이런 화끈한 면이 있어야 합니다. 우유부단해서 결정을 내리지 못하고 질질 끌려다니는 태도는 인생을 완전히 망가뜨리는 것입니다. 선택의 기로에 섰을 때 결정을 못 내리는 사람이 있다면 그보다 안타까운 일이 어디 있습니까? 그런데 더욱 안타까운 것은 인생을 그렇게 사는 사람들이 많다는 것입니다. 선택을 못 내리다가 결국에는 지옥으로 갑니다. 선택은 이렇게 중요한 것입니다.

하나님은 인간을 로봇처럼 만들지 않으셨습니다. 모두 로봇으로 만들어서 셋째 하늘에서 비디오 게임처럼 조종이나 하시는 것이 아니라는 말입니다. 칼빈주의자들은 그렇게 생각하고 있지만, 주님께서는 우리에게 자유 의지라는 가장 큰 선물을 주셨습니다. 주님이 만일 여러분을 꼭두각시처럼 조종하고 계신다면 그것처럼 비참한 삶도 없을 것입니다.

그런데 칼빈주의자들은 그렇게 믿습니다. 하나님께서 다 예정하셨기 때문에 길을 가다가 돌부리에 걸려 넘어져도 하나님께서 태초 전에 미리 정하신 일이라고 합니다. 인간에게 선택의 자유가 없다고 합니다. 그러나 생각해 보십시오. 주님께서 왜 아담과 이브를 지으시고 그들에게 선과 악의 지식의 나무의 열매를 먹지 말라고 명령하셨습니까? 그들에게 선택권을 주신 것입니다. 주님께서는 피조물을 만드시고 나서, 주님을 사랑하지 않으면 모두 죽인다며 총을 머리에 겨누고 '사랑할래, 안 할래?' 하지 않으셨다는 말입니다. 하나님께서는 인간에게 선택권을 주셔서 하나님의 말씀에 복종하든지 사탄의 말에 복종하든지, 둘 중 하나를 택하게 하셨습니다. 어떤 사람들은 하나님께서 에덴 동산에서 다른 모든 것은 다 자유롭게 먹도록 주시고 왜 굳이 한 나무의 열매를 먹지 못하게 만드셨냐고 묻습니다. 그러나 그것이 선택의 중요성입니다. 인간이 태어나서 선택할 자유가 없다면 어떻게 행복할 수가 있겠습니까? 쉽게 말해서 한 남자와 한 여자가 각기 망망대해에서 표류하다가 외딴 섬에서 만났다고 생각해 보십시오. 이런 상황에서는 선택의 여지가 없는 것입니다. 좋든 싫든 둘이서 살아야 합니다. 그게 무슨 사랑입니까? 선택할 상대가 많은데도 불구하고 상대가 나를 선택했을 때 그것이 진짜 사랑인 것입니다.

선택은 각자가 개인적으로 하는 것입니다. 본문에서 여호수아는 이스라엘 백성에게 개인적인 선택을 하라고 요구합니다. 자신은 주를 따를 것이니, 각자 누구를 따를지 선택하라고 말합니다. 수년 전 어떤 형제님과 팀이 되어 집집마다 방문하며 복음을 전할 때, 한 아파트의 한인 가정을 방문한 일이 있었습니다. 그 가정의 남편과 이야기를 나누었는데 구원에 대해서 이야기를 시작하자 자신의 아내가 신학원을 나왔다고 말을 하길래, 그가 구원을 받았는지 물었습니다. 그는 "제 아내가 믿음이 굉장히 좋거든요. 저는 아내의 치맛자락만 붙들고 따라가면 됩니다."라고 했습니다. 자기 자신이 예수님을 선택해야지 아내가 남편을 데리고 갈 수 있는 것이 아닙니다. 선택은 개인이 하는 것입니다.

또한 선택은 즉각적으로 해야 합니다. 「그러므로 이제 주를 두려워하고 성실과 진리로 그분을 섬기라. 너희 조상들이 하수 저편과 이집트에서 섬겼던 신들을 버리고, 너희는 주를 섬기라. 만일 주를 섬기는 것이 너희에게 악하게 보이거든 하수 건너편에서 너희 조상이 섬기던 신들이거나 너희가 거하는 땅의 아모리인의 신들이든 간에 너희가 섬길 자를 오늘날 너희가 택하라」(수 24:14,15). 누구를 섬길 것인지 즉각적인 선택을 오늘 이 자리에서 해야 하는 것입니다. 여호수아는 '나는 주님을 따르겠다, 주님을 섬기려거든 이쪽 줄에 서고, 너희 조상이 섬기던 신들을 섬기려면 저쪽 줄에 서라.'고 말하는 것입니다.

어떤 선택을 그저 좋아서 혹은 그저 싫어서 한다고 단순하게 생각할지 모르지만, 하나님 말씀에 부합하지 않은 선택은 모두 마귀를 좇아가는 것입니다. 하나님이나 마귀, 둘 중 하나를 택해야 합니다. 하나님의 뜻과 마귀의 뜻, 둘 중 하나를 따르는 것이지 중간의 회색지대란 없습니다. 오늘날 교회 시대는 라오디케아 시대, 차지도 덥지도 않은 미지근한 시대입니다. 미지근한 물을 마실 때 느낌이 어떻습니까? 주님께서는 차든지 덥든지 해야지 미지근하면 뱉어버린다고 하셨습니다.

우리는 그런 시대에 살고 있습니다. 이도 저도 아닌 그 무엇인가, 그 어디엔가 안주하고 그 안에서 살아갑니다. 성경적으로 믿는 사람들(바이블 빌리버)은 그렇게 살아서는 안 됩니다. 미지근한 사람들은 고칠 수가 없습니다. 개조가 안 되는 것입니다. 여러분 가족 중에, 아내나 남편이 미지근하고 우유부단한 사람이 있습니까? 그런 사람들은 바뀌지가 않습니다. 구원을 받기도 힘이 듭니다. 이것도 아니고 저것도 아니고, 예도 아니고 아니오도 아닙니다.

회색분자들은 자신만이 아니라 주변 사람까지도 힘들게 만듭니다. 하나님의 말씀을 지키는 데는 회색지대가 없는데도, 사탄은 교회 시대 끝의 교회들을 미지근한 회색분자들로 만들어버렸습니다. 아예 차가우면 하나님께 징계를 받고 회개해서 새롭게 변화될 수가 있습니다. 그러나 미지근한 사람들은 변하기가 힘듭니다. 그냥 뱀의 최면에 걸려서 헤매다가 끝나는 것입니다. 성경적으로 믿는 사람들은 미지근해서는 안 됩니다. 양쪽 사이에서 선택을 해야 하며, 그것도 신속하게 효과적으로 바른 선택을 해야 합니다.

많은 사람들이 과단성이 없는 이유는 무엇입니까? 첫째, 보는 것으로 판단하기 때문입니다. 민수기 13장과 14장을 보십시오. 주님께서는 이집트에서 이스라엘 백성을 불러내셨을 때 정탐꾼들을 약속된 땅으로 보내셨습니다. 정탐꾼들이 가서 보니 약속된 땅에 있는 사람들이 자신들과 비교조차 안되는 거인들이었고, 자신들은 메뚜기같이 보였습니다. 「모든 회중이 목소리를 높여 부르짖었으며, 백성이 그 밤에 울더라. 모든 이스라엘 자손이 모세와 아론에 대하여 불평하고 또 온 회중이 그들에게 말하기를 "차라리 우리가 이집트 땅에서 죽었더라면! 아니면 우리가 광야에서 죽었더라면! 어찌하여 주께서 우리를 이 땅으로 데려다가 칼에 쓰러지게 하시며 우리의 아내들과 우리의 자식들이 먹이가 되게 하시는가? 우리가 이집트로 돌아가는 것이 더 낫지 아니하냐?"하고」(민14:1-3).

주님은 이집트 용광로에서 종노릇하던 이스라엘을 불러내셔서 홍해가 갈라지는 기적까지 보여 주셨는데, 그런 모든 것을 본 후 이제 약속의 땅 바로 문턱에 와 있는 상태에서 이런 우유부단한 말과 행동을 하는 것입니다. 이유가 무엇입니까? 그 땅의 거인들을 보고 겁을 먹은 것입니다. 「그러나 그와 함께 갔던 사람들이 말하기를 "우리가 능히 올라가서 그 백성을 칠 수 없으리니, 이는 그들이 우리보다 더 강함이라." 하더라」(민 13:31). 가서 보니 적들은 모두 거인 같고 강해 보여, 자신들이 그 땅에 들어가면 꼼짝없이 다 죽게 생겼다고 판단한 것입니다. 들어가기만 하면 하나님께서 약속하신 땅을 차지할 수가 있는데, 그것을 바로 눈앞에 둔

이 시점에서 우유부단한 자들은 눈으로 보는 것에 마음이 흔들려 미적대는 것입니다.

「그들이 탐지했던 땅에 대하여 이스라엘 자손에게 나쁜 소식을 가져와 말하기를 "우리가 탐지하러 갔던 그 땅은 그 거민들을 삼키는 땅이요, 거기에서 우리가 보았던 백성은 키가 큰 사람들이었으며 또 우리가 거기서 거인들을 보았는데, 거인들에게서 태어난 아낙 자손들이라. 우리들의 눈에도 우리가 메뚜기들 같았으며 그들의 눈에도 우리가 그와 같았을 것이라." 하더라」(민 13:32,33). 하나님의 약속의 말씀은 생각도 나지 않습니다. 거인들을 보자마자 대번에 잊어버린 것입니다. 그것이 우유부단한 사람들의 특징입니다. 하나님의 말씀은 생각하지 않고 눈에 보이는 것만으로 판단을 합니다. 그리고 그 결과는 비참한 것입니다.

이스라엘 백성은 불평하고 이집트로 돌아가겠다고 아우성치며 모세를 돌로 치려 했습니다. 그러자 주님께서는 진노하셔서 모세에게 이스라엘 백성을 모두 멸하겠다고 하셨습니다. 모세가 간구해서 겨우 진노를 피하지만, 주님께서는 결국 이스라엘로 하여금 40년 동안 죄악을 지게 하셨습니다. 「너희가 그 땅을 탐지한 날수를 따라, 곧 사십 일의 하루를 일 년으로 하여 사십 년간 너희가 죄악을 질지니」(민 14:34). 이어서 37,38절에서는 「즉 그 땅에 대하여 나쁜 소식을 가져왔던 그 사람들은 주 앞에서 재앙으로 죽었으나, 그 땅을 탐지하라고 보냈던 사람들 중 눈의 아들 여호수아와 여푼네의 아들 칼렙은 살아남았더라」고 하셨습니다. 나쁜 보고를 한 사람들은 심판을 받았고, 나쁜 소식을 가져왔던 사람들의 말을 들은 사람들도 마찬가지로 저주를 받은 것입니다. 많은 사람들이 자신은 거짓 목사에게 속은 것일 뿐이기에 지옥 가는 게 억울하다고 할지 모릅니다. 그러나 그런 변명으로 심판을 모면할 생각은 말아야 합니다. 왜 거짓 목사에게 속는 것입니까? 성경적으로 바르게 전하는 목사들도 있는데 말입니다.

「모세가 온 이스라엘 자손에게 이 말을 하였더니, 백성이 몹시 슬퍼하더라」(민 14:39). 그들의 결말이 무엇입니까.「그들이 아침에 일찍 일어나 산 정상으로 올라가며 말하기를 "보소서, 우리가 여기 있나이다. 우리가 주께서 약속하셨던 곳으로 올라가리니, 이는 우리가 죄를 지었음이니이다." 하니, 모세가 말하기를 "어찌하여 너희가 이제 주의 명령을 범하느냐? 그래도 이루지 못할 것이라」(민 14:40,41). 우유부단한 사람들은 바른 결정을 내리지 못하고 미적대다가 한 대 맞고 나서야 움직입니다. 그러나 모세는 그렇게 전쟁에 나가서는 안 된다고 합니다.「주께서 너희 가운데 계시지 아니하니, 올라가지 말라. 그래야 너희가 너희 원수들 앞에서 패하지 않으리라」(민 14:42). 모세의 경고에도 그들은 말을 안 듣습니다.「주께서 너희와 함께 계시지 아니하시리라」(민 14:43). 그래도 듣지 않고 전쟁에 나갔다가 결국 패배합니다. 이렇게 우유부단한 사람들은 나중에 엉뚱한 짓을 하는 것을 봅니다. 하나님 말씀으로 권고할 때는 움직이지도 않고 무시하다가, 그 다음에 한 대 맞고 나서는 하지 말라는 것을 또 합니다. 이상하지 않습니까? 44,45절을 보십시오.「그래도 그들은 자기들 멋대로 산 정상으로 올라갔으나, 주의 언약궤와 모세는 진영을 떠나지 않았더라. 그때에 아말렉인들과 그 산에 거하는 카나안인들이 내려와서, 그들을 쳐서, 패주시켜 호르마까지 이르렀더라.」 어영부영하다가 보는 것에 의해 결정을 하여 결국 복을 못받을 뿐 아니라, 약속된 땅에 들어가지 못하고 광야 생활을 시작하게 됩니다. 저주를 받고 비참하게 되는 것입니다.

결정을 내린다는 것은 아무리 작게 보이더라도 굉장히 중요한 것입니다. 예를 들어서 카인과 아벨 사이의 일이 결국 엄청난 살인으로 끝나는데 이것은 카인의 작은 결정의 잘못 때문이었습니다. 아벨은 주님의 말씀대로 피 제사를 드렸고, 카인은 본문의 이스라엘 백성처럼 자기가 생각한 대로 열심히 땀 흘려 거둔 곡식을 바쳤습니다. '열심히 일한 것이니 주님이 받아주시겠지.' 하고 바쳤다가 자기 것은 안 받아주시고 자기 동생 것은 받아주시자 어떻게 했습니까? 그의 작은 결정의 잘못으로 인해서 카인은 질투와 분노로 결국 살인을 저지르게 됩니다.

저는 동부에서 한 침례교회에 나가서 구원을 받고 믿음 생활을 하던 중 어느 날 살던 곳 옆 동네에서 하는 부흥 집회에 참석했습니다. 그 집회 때 설교를 들은 후 저는 목회자로 부르시는 하나님의 부르심에 응답했고, 그것으로 인해 목회를 하게 되었습니다. 만일 제가 그날 그 부흥 집회에 가겠다는 작은 선택을 하지 않았더라면 어떻게 됐겠습니까? 그렇기 때문에 중요하지 않은 선택이란 없는 것입니다. 사소하게 보이는 그런 것들이 여러분의 운명을 바꾸는 것입니다.

거짓 선지자 발라암을 기억하십니까? 그는 바른 결정은 내리지 않고 미적댔습니다. 마치 주님의 뜻을 실행할 것처럼 주님께 묻고 나서 듣는 체하다가 나중에는 이도 저도 아니게 행동했습니다. 그러다가 결국에는 어떻게 됐습니까? 하나님 말씀을 듣는 척하고 반쪽짜리 복종을 하다가 결국엔 저주받고 죽습니다. 보는 것으로 판단하고 미적대다가 결국 직면하는 결과는 비참한 것입니다. 여러분은 보는 것으로 판단하는 사람이 되어서는 결코 안 됩니다.

과단성이 없는 이유로 둘째, 목표가 없기 때문입니다. 우유부단한 사람들은 세상을 살면서 이루어가는 목표가 없습니다. 태어났으니까 그냥 산다는 식입니다. 여러분은 어릴 적에 커서 무엇이 되겠다는 목표가 있었습니까? 아이들은 거의 다 대통령이 되겠다, 장군이 되겠다, 사업가가 되겠다는 등 목표가 있습니다. 여러분도 마찬가지로 그런 목표가 있어야 합니다. 목표가 없으면 다니엘 같은 사람이 될 수가 없습니다. 이스라엘이 불복종함으로 인해 포로로 잡혀가게 됩니다. 그때 청년 다니엘과 그의 친구 셋이 있었는데, 다니엘 1장 7절과 8절을 보면 「내시 장관이 그들에게 이름을 주었으니, 그가 다니엘에게는 벨트사살이라는 이름을, 하나냐에게는 사드락이라는 이름을, 미사엘에게는 메삭이라는 이름을, 그리고 아사랴에게는 아벳느고라는 이름을 주었더라. 그러나 다니엘은 그가 왕의 음식으로나 왕이 마시는 포도주로 자신을 더럽히지 않으리라고 마음에 결심하고」라고 말씀합니다. 생각해 보십시오. 당시의 바빌론 왕은 오늘날의 왕과는 전혀 달랐습니다. 절대적인 권력을 가진 그 왕의 명령을 거스르는 자가 되는 것입니다.

젊은 나이의 청년이었던 다니엘이 왕의 명령을 거스르는 믿음의 결정을 내리는 일은 하루 아침에 된 것이 아닙니다. 어느 날 아침에 일어나서 왕의 음식을 먹지 말아야겠다고 결심한 것이 아니라는 말입니다.「포도주로 자신을 더럽히지 않으리라고 마음에 결심하고」(단 1:8). 즉 다니엘은 마음에 결심하고 있었던 것입니다. 그에게는 목표가 있었습니다. 자신은 하나님을 믿는 사람이니 하나님의 말씀에 반대되는 것은 하지 않겠다고 결심한 것입니다. 아무리 권력이 막강한 왕이 목에 칼을 대더라도 하지 않으리라고 마음먹은 것입니다. 주님을 영화롭게 해야겠다고 마음에 결심했습니다. 그런 사람들은 우유부단하지 않습니다. 결정을 내릴 때 이렇게 할까 저렇게 할까 망설이거나 두 번 생각하지 않습니다. '이 포도주를 마셔라. 이 고기를 먹어라.' 할 때, '안먹겠습니다.' 라고 금방 답이 나옵니다. '이걸 안 먹으면 내 귀가 하나 잘리겠고 그 다음에 또 안 먹으면 나머지 귀마저 잘리겠고….' 이렇게 계산할 시간이 없습니다. 그냥 바로 '나는 하지 않겠다.'고 하는 것입니다. 예와 아니오가 바로 나옵니다. 과단성이 있는 것입니다. 그는 마음에 결심을 하고 미리 목표를 가지고 있었습니다. '나는 하나님을 거역하게 만드는 이방인들의 명령에 절대로 복종할 수 없다.'고 결심을 한 것입니다.

그런데 놀라운 일이 일어났습니다.「그때 하나님께서 다니엘로 내시 장관의 호의와 은총을 얻게 하셨더니」(단 1:9). 그래서 결국 살아남은 것입니다. 하나님의 영광을 마음의 목표로 삼았더니 하나님께서 돌봐주신 것입니다. 우유부단한 사람은 그런 목표가 없습니다. 하나님의 말씀에 순종하여 바른 결정을 내리는 것보다,

눈에 더 좋게 보이는 잘못된 선택들은 훨씬 더 많이 있습니다. 목표가 없는 사람들은 사탄이 가만 두지 않고 그 앞에 수두룩하게 유혹을 늘어놓습니다. 돈으로, 이성으로, 세상 명예로 유혹합니다. 마음에 정해 놓은 목표가 없는데 어떻게 거기서 빠져나올 수 있겠습니까? 하나님 말씀대로 살겠다, 하나님을 영화롭게 하겠다는 목표와 결심이 없는데 말입니다.

룻기를 보면 나오미에게는 두 며느리가 있었습니다. 둘 중에서 룻은 나오미를 따라갑니다. 어머니가 섬기는 하나님을 따라가겠다고 한 것입니다. 그녀는 우유부단하지 않았습니다. 그 결과 그녀의 후손 중에서 예수님이 태어나시는 엄청난 축복을 받습니다. 그렇게 목표가 있어야 합니다. 나오미의 두 며느리 중 한 명은 결국 이방 나라로 돌아가 죄 가운데 살다가 멸망했고, 다른 한 명은 예수 그리스도의 조상이 되었습니다. 이처럼 작은 선택 같지만 과단성 있는 사람은 선택의 중요성을 알고 또 그 마음에 목표가 있기 때문에 바른 선택을 하는 것입니다.

여러분은 목표가 있으십니까? 이렇게 살든 저렇게 살든 이제 구원은 받았고 지옥은 가지 않으니 아무렇게나 살아야겠다고 생각하십니까? 그런 것은 그리스도인의 성품이 될 수 없습니다. 그리스도인은 주님의 영광을 위해 살겠다고 마음에 결심해야 합니다. 그래야만 선택의 시간이 왔을 때 신속하고 효과적으로 선택을 할 수 있습니다. 이것이 과단성입니다. 여러분은 그런 목표를 마음에 미리 정해 놓고 살아야 합니다. 그러면 그런 성품이 자리를 잡습니다. 그러한 성품은 여러분이 만들어가야 하는 것입니다. 그리스도인이 되었다면 그리스도인의 성품을 목표로 변화되어야 합니다. 여러분의 목표가 하나님을 영화롭게 하는 것이 아니라 자신의 육신을 영화롭게 하는 것이라면 그 사람은 육신의 정욕을 채우는 것입니다.

사탄은 절대로 죄에 가격표를 달아놓지 않습니다. 이 죄를 지으면 얼마의 대가를 치러야 한다는 것을 알려주지 않습니다. 달콤하게 초콜릿을 발라 놓고 그것을 냉큼 먹게 만듭니다. 그러나 그것을 먹었을 때에는 그 결과를 돌이킬 수 없습니다. 육신에 심은 대로 거두기 때문입니다. 정욕을 심으면 정욕으로 인해 고통스런 열매들이 주렁주렁 열리게 됩니다. 사탄에게 속고 자기 육신에 속아 결국에는 잘못된 선택을 하고 후회를 하는 것입니다.

선택을 잘못해서 후회하는 일들이 얼마나 많습니까? 외모도 잘생기고 자신에게 아주 잘해줄 것 같은 남자와 결혼했다가 후회한 아내들이 얼마나 많을까요? 모르긴 몰라도 엄청나게 많을 것입니다. 남자들도 여자가 예쁜 외모를 지녔기에 마음도 예쁜 줄 알았다가 알고 보니 악녀여서 후회하는 경우가 많을 겁니다. 그렇게 한번 선택을 잘못해서 결혼하면 얼마나 후회가 되겠습니까? 성경에 나오는 믿음의 조상들도 수없이 넘어졌습니다. 여러분이라고 넘어지지 않을 것 같습니까? 목표가 없으면 넘어질 수밖에 없습니다. 나는 하나님께 영광 돌리는 쪽을 택하겠다고 마음에 결심하지 않으면, 모두 육신의 정욕을 위해 선택하게 되어 있습니다. 마음을 정하십시오. 주님의 영광을 위해 살겠다는 목표를 세우십시오. 그러면 어떤 선택의 상황을 만나도 신속하고 효과적으로 선택할 수 있는 능력을 갖게 됩니다.

우유부단한 사람들이 바른 선택을 신속하고도 효과적으로 할 수 없는 이유는 선택이 다양하기 때문입니다. 앞서 말한 외딴섬에 표류한 남녀처럼 여자도 오직 한 명, 남자도 단 한 명만 있는 것이 아니지 않습니까? 배우자를 결정할 때 그렇게 많은 사람들 중에서 하나를 고르는 것입니다. 어려운 선택입니다. 그런데 고르지 않으면 어떻게 됩니까? 노총각, 노처녀가 되는 것입니다. 따라서 그런 선택지의 다양성 속에서 과단성 있게 택해야 합니다. 우유부단하게 미적대다가는 나이만 먹는 것입니다. 배우자 문제만이 아닙니다. 직장을 택한다거나 사업을 운영한다 해도 선택은 너무나 다양합니다. 직장을 선택할 때 첫째로 하나님의 사역에 지장이 없는 것을 선택해야 합니다. 생활에 필요한 수입이 확보되면 그 다음에는 만 불, 이만 불 더 받기 위해 움직여서는 안됩니다. 생활하는 데 필요한 수준의 수입이 확보된다면, 그 다음에는 어떤 직장이 하나님을 섬기는 데 지장이 없는지를 생각해야 합니다. 교회에도 나가고 구령 사역에도 동참하고 개인적으로도 하나님과 시간을 더 가질 수 있는 직장이 어느 것인지를 생각해야 합니다.

생각해 보십시오. 일주일에 70시간 일을 한다면 언제 하나님을 섬길 수 있습니까? 저라면 돈을 조금 적게 받더라도 40시간 일하겠습니다. 많아야 45시간이나 50시간 일하고 그 이상은 일하지 않겠습니다. 그렇지 않으면 시간이 모자라 주님을 위해서 아무것도 못하게 됩니다. 물론 이는 상황에 따라서 다를 수 있습니다. 타지로 갓 이민 온 후에 생활을 영위하려면 이민 초기에는 시간을 많이 들여 힘들게 일할 수밖에 없는 경우가 있습니다. 저는 그런 것을 말하는 것이 아닙니다. 여러분에게 선택할 수 있는 여건이 될 때를 말하는 것입니다. 직장을 잡을 수 있는 기회가 두어 군데 생겼다고 생각해 보십시오. 모두 다 재정적인 필요를 채워 줄 수 있는 일자리입니다. 그러나 어떤 직장에서는 돈은 만 불 더 벌 수 있지만 시간을 너무 많이 빼앗기게 됩니다. 그럴 때 목표가 있는 사람은 그런 제안을 거절할 수 있는 것입니다. 만 불 더 벌어서 그중 절반은 세금으로 내는 것보다 그 돈은 더 못 벌지언정 시간을 아껴서 그 시간에 나가서 복음을 전하겠다는 목표가 있는 것입니다. 우리는 직장을 통해 생활에 필요한 것을 채우면 됩니다. 우리에게는 더 좋은 집, 더 좋은 옷, 더 좋은 차가 필요한 것이 아닙니다. 필요를 채우며 생활하면 그만입니다. 여러분은 주님의 뜻에 맞게 선택을 하셔야 합니다.

야고보서 1장 8절 보십시오. 「두 마음을 품은 사람은 그의 모든 길에 안정이 없느니라.」 여러분은 그런 성품을 가진 사람이 되어서는 안 됩니다. 요동치는 바다처럼 두 마음을 품은 사람은 절대로 과단성 있게 선택을 하지 못합니다. 결정적인 순간에 효과적으로 빠른 결정을 내리지 못하고, 머리 속에서는 이렇게 하면 이런 결과가 나오고 저렇게 하면 저런 결과가 나온다는 계산을 하고 있습니다. 그렇다고 어떤 것을 보자마자 제대로 살펴보지도 말고 단숨에 결정하라는 것이 아닙니다. 그 일이 가져올 결과가 성경적인지 그렇지 않은지를 봐야 합니다. 그런데 대부분의 사람들은 자신의 이기적인 잣대로 결정합니다. 그렇기 때문에 두 마음을 품게 되는 것입니다. 이것을 선택했을 때 남들이 자신을 어떻게 생각할지를 생각합니다. 하나님께서 어떻게 생각하실지는 아랑곳하지 않습니다. '내가 성경적인 교회에 나가면 직장에 있는 사람들이 나에 대해 뭐라고 할까?' 하는 생각 때문에 결정을 못하는 것입니다. 그것은 복을 잃어버릴 뿐 아니라 징계까지 받게 되는 비참한 길입니다. 이 세상에서 우리는 두 번의 인생을 살지 않습니다. 우리의 생은 단 한 번입니다. 이 자리에 한 번 죽었다가 또 살아나서 앉아 계신 분이 있습니까? 하나님께서는 우리에게 한 번의 기회만 주십니다. 한 번뿐인 현 생애가 우리의 미래를 결정하는 것입니다. 구원받은 사람이라면 어떤 경우에도 영원 세계에서는 지옥에 가지 않습니다. 그러나 현 세상에서의 삶은 영원 세계에서 받을 유업을 결정하며, 주님과 함께 그가 통치할지 여부를 결정하는 것입니다. 그것을 판가름하는 기회는 다음 생애에서 또 한 번 주어지는 것이 아니라, 지금 현 생애 단 한 번뿐입니다. 영원한 유업을 받을지 못 받을지가 현재의 삶에 달린 것입니다.

   인생은 짧습니다. 이 짧은 생애를 살면서 미적대고 두 마음을 품고, 이럴까 저럴까 재면서 살겠습니까? 70년, 80년 인생을 살면서 그것만 고민하다가 죽은 사람들이 많을 것입니다. 그래도 신중해야 하지 않을까 반문하고 싶겠지만, 그것도 어느 정도이지 수년이 지나도 선택을 잘못하면 어떡할까 생각만 하고 있으면 안 된다는 말씀입니다. 쉽게 말해서, 직장 두 군데에서 와 달라고 했는데 일주일 안에 선택을 해서 통보를 해야 합니다. 그런데 너무 신중하게 생각하느라고 일 주일이 그냥 지나갔습니다. 그런 뒤 8일째에 가서 '이쪽으로 결정했습니다' 하면 되겠습니까? 둘 중에 어느 하나를 택하는 것이 일자리가 없는 것보다는 낫다는 뜻입니다. 물론 신중해야 합니다. 그러나 그 주어진 기한을 놓쳐서도 안 된다는 말입니다. 신속하게, 효과적으로 결정을 해야 할 때가 있습니다. 본문 말씀처럼 주를 섬길지 이방 신을 섬길지 오늘 결정해야 합니다. 미적대다가는 결국 실패하는 것입니다. 그것이 대부분의 사람들의 모습입니다. 그러나 구원받고 하나님의 바른 말씀대로 사는 바이블 빌리버들은 그래서는 안 됩니다. 우리는 성품을 고쳐야 합니다. 미적대다가 짧은 생애를 낭비하지 마십시오.

 하나님을 따를 때는, 만에 하나 여러분이 선택을 잘못했을 때에도 주님께서 도와주십니다. 예를 들어 보겠습니다. 성령님께서는 사도 바울에게 예루살렘으로 가지 말라고 하셨는데도, 그는 이스라엘 사람들이 지옥으로 가는 것을 마음 아파하며 동족에 대한 열정으로 예루살렘으로 가서 복음을 전하는 쪽을 선택했습니다. 결국엔 어떻게 됩니까?

 주님은 그 상황을 이용하여, 바울을 포로가 된 채로 그가 가고자 해도 갈 수 없었던 로마로 가게 하십니다. 우리가 배울 교훈은, 여러분이 비록 선택을 잘못했어도 올바른 마음으로 한 결정이었다면, 하나님께서 결국에는 바르게 인도해 주신다는 것입니다. 그러므로 선택을 할 때 질질 끌지 마십시오. 그렇다고 무조건 제대로 고려해 보지도 않고 덥석 선택해서도 안 됩니다. 과단성을 가지십시오. 미적대지 마시고 남자답게 결정하십시오.

 자매님들이 여자라고 해서 제외되지는 않습니다. 남자답게 처신하라는 것은 우리 모두에 대한 성경의 명령입니다. 따라서 자매들도 마찬가지로 과단성을 지녀야 합니다. 오늘날 모든 것을 여성화하는 마귀의 계략이 교회를 망치고 있습니다. 성령님은 여성이 아니라 남성입니다. 자매님들이 구원을 받았으면 남성의 강인함이 있어야 합니다. 여러분 안에 남성인 성령님께서 계시고 예수 그리스도께서 계시므로, 그리스도인으로서 갖추어야 할 성품은 형제나 자매가 다르지 않습니다. 남자답게 처신하고 강건해야 합니다.

과단성 있게 바른 것을 선택해야 합니다. 그렇지 않고 선택을 미루거나 잘못 결정하면, 손해를 볼 뿐 아니라 복을 받을 기회를 잃어버리고 징계를 받아 결국엔 저주받는 생활로 가는 것입니다. 구원을 받은 사람들도 얼마든지 주님께 징계를 받고 저주를 받을 수가 있습니다. 주님께 복을 받고 주님의 보호 안에서, 온전한 하나님의 뜻 안에서 살기 원하십니까? 여러분에게 달려 있습니다. 작은 선택부터 크고 중대한 선택까지 과단성 있게 하셔야 합니다. 그것이 바이블 빌리버들이 가져야 할 성품입니다.

3. 결심 | Determination

주 하나님께서 나의 귀를 열어 주셨기에 내가 거역하지도 아니하고 뒤로 물러서지도 아니하였도다. 내가 치는 자들에게는 내 등을, 머리카락을 뽑는 자들에게는 내 뺨들을 맡겼도다. 내가 치욕과 침 뱉음으로부터 내 얼굴을 숨기지 아니하였도다. 주 하나님께서 나를 도우시니 그러므로 내가 부끄러워 아니할 것이며, 내가 내 얼굴을 부싯돌같이 하였으니 나는 내가 수치를 당하지 않을 줄을 아노라. 나를 의롭게 여기시는 이가 가까이 계시니 누가 나와 다투겠는가? 우리가 함께 서자. 누가 나의 대적인가? 그를 내게 가까이 오게 하라. 보라, 주 하나님께서 나를 도우시니 나를 정죄할 자가 누구랴? 보라, 그들은 모두 옷처럼 낡아질 것이요 좀이 그들을 먹으리라(사 50:5-9).

하나님께 영광 돌리는 승리의 삶을 살기 위해서는 그리스도인으로서 갖추어야 할 성품 하나하나를 모두 갖추어야 합니다. 그러한 성품 중 결심이 있습니다. 결심은 무엇을 하려고 굳게 마음을 정하는 것을 말합니다. 결심은 과단성과는 그 의미가 다릅니다. 과단성은 딱 잘라서 용단을 내릴 수 있는 결정 능력, 즉 빠르고 효과적인 선택을 할 수 있는 능력을 말합니다. 반면 결심은 한번 결정한 것은 반드시 달성하겠다는 확고한 마음가짐을 의미합니다.

첫째, 무엇을 결심할 것인지를 정해야 합니다. 성경적으로 믿는 사람은 하나님께 영광을 돌리고 하나님의 뜻을 따라가겠다는 결심을 해야 합니다. 구원받은 사람이라면 누구든지 하나님의 뜻을 실행하겠다는 결심이 있어야 합니다. 그렇지 않고 다른 결심을 하는 것은 하나님께 불순종하는 결심이며 자신의 뜻을 이루려는 결심을 하는 것입니다. 나쁜 짓을 하겠다고 악한 결심을 한 사람은 막을 수가 없습니다. 연쇄 살인범을 생각해 보십시오. 살인을 하겠다고 작정을 했기 때문에 기회가 생기는 대로 살인을 합니다. 그러나 우리는 악을 행하기로 결심해서도 안 되고, 쾌락을 좇기로 작정해서도 안 됩니다. 저나 여러분은 하나님의 뜻을 실행하려는 확고한 마음을 가져야 합니다. 저는 하나님의 부르심을 받고 하나님의 교회를 위해서 사역하기로 작정했습니다. 구원받은 뒤 여러분은 성경적인 교회에서 함께 사역을 하기로 결정한 것입니다. 이 결심은 중요한 것입니다.

　본문은 예수 그리스도의 십자가 사건에 대해서 예언하는 것입니다. 특히 5절에 「주 하나님께서 나의 귀를 열어 주셨기에 내가 거역하지도 아니하고 뒤로 물러서지도 아니하였도다」는 말씀이 의미하는 것은 하나님의 종이 되었다는 뜻입니다. 성경에서는 종을 삼을 때 그 종을 데려다가 귀를 뚫는 것을 볼 수 있습니다. 이 구절의 의미는 예수님께서 아버지 하나님의 종으로서 아버지께서 주신 사역을 완성하는 것을 말씀합니다. 어려운 십자가 사건을 거쳐야 하는데 주님께서는 이를 거역하지도 않고 뒤로 물러서지도 않겠다는 결심을 하시는 것입니다. 여러분도 마찬가지입니다. 이제 구원을 받았으니 예수 그리스도의 종이 되겠다고 결심하셔야 합니다. 주님의 말씀을 거역하지도 않고 뒤로 물러서지도 않겠다는 마음가짐이 있어야 합니다. 만일 목회자로 부르심을 받았다면 이에 순종하겠다고 결심해야 합니다. 그것이 주님의 명령에 거역하지 않는 것입니다. 이 부르심은 하나님의 부르심입니다. 우리 자신이 하고 싶다고 해서 목사가 되는 것이 아닙니다. 한국 목사들의 간증을 들어보면 대부분 어떤 체험을 하고 나서 목사가 됐다거나 어머니가 임신 중에 서약을 해서 목사가 됐다거나 자신이 목사가 되길 원해서 됐다는 등의 이야기를 합니다.

과거에 유명한 예능 프로그램 진행자였던 사람이 있었습니다. 그 사람을 가정 폭력 혐의로 고소고발한 아내는, 30년이 넘는 결혼 생활 동안 폭력과 학대를 참았던 이유가 남편을 목사로 만들면 모든 것을 바꿀 수 있을 거라고 생각했기 때문이라고 진술했습니다. 즉 그 사람의 목사로서의 부르심은 성경과는 전혀 상관없이 그의 아내가 만든 것이었습니다. 이것은 한국 교회의 실태를 보여주는 단적인 예입니다. 목사로서의 부르심은 아내나 어머니나 자기 자신에게서 나오는 것이 아니라 주님께서 주시는 것이어야 합니다.

한번 결심한 것은 반드시 달성하려는 확고한 마음가짐이 있어야 합니다. 주님을 따르겠다는 결심, 열망이 있어야 합니다. 그러한 원함이 있어야 그 마음가짐이 오래갈 수 있습니다. 억지로 누군가에게 끌려서 교회에 나오는 사람은 언젠가는 떨어져나갑니다. 여러분 각자가 주님을 따르는 열망이 있어야 합니다. 목사로 부르심을 받았을 때 저는 잃어버린 혼에 대한 열정과 부담으로 가득 찼습니다. 주님의 말씀을 전하겠다는 열망이 여러분에게도 있어야 합니다. 지옥으로 가는 많은 혼들을 위해서 함께 사역을 하겠다는 거룩한 열망이 있어야 합니다. 많은 사람들은 그런 열망이 없이 참여합니다. 남편을 따라서 혹은 아내를 따라서 교회에 옵니다. 그런 사람들은 사탄이 조금만 치면 그냥 떨어져나갑니다. 아이들도 마찬가지입니다. 부모가 가라고 해서 어쩔 수 없이 교회에 나오는 아이들은 자라고 나면 믿음에서 떨어져나갑니다. 주님을 바르게 섬겨서 주님께 영광을 돌려야겠다는 거룩한 열망이 있어야 합니다. 그런 사람들은 목표를 정할 때 자신의 유익에 따라 결정하지 않습니다. 돈이나 명예나 편의나 사업을 위해서 바이블 빌리버가 되었다면 곤란한 일입니다. 그런 사람들은 돈이 안 벌리거나 자신에게 유익이 없을 때면, 사라지는 사람들입니다. 목표가 다른 데 있었기 때문입니다. 여러분은 무엇을 결심할 것인지를 선택해야 합니다.

둘째, 결심을 한 사람들은 하나님의 도우심을 의지해야 합니다. 본문 7절을 보면 「주 하나님께서 나를 도우시리니」라고 말씀합니다. 하나님의 도우심을 구해야만 바른 결심을 할 수 있습니다. 자신의 능력을 가지고는 도저히 이 결심을 이룰 수 없는 것입니다. 성경적인 교회의 사역에 동참하겠다는 결심은 결코 육신적인 능력을 가지고는 이룰 수 없습니다. 사탄이 가만두지 않기 때문입니다. 여러분이 성경적인 교회에 참여하면 사탄은 여러분의 가정을 파괴시키려고 합니다. 그래서 이런 결심을 한 사람들은 하나님의 확실한 도우심을 믿어야 합니다.

7절에서 「주 하나님께서 나를 도우시리니」라고 하셨고, 9절에서도 마찬가지로 「보라, 주 하나님께서 나를 도우시리니」라고 하셨습니다. 자신의 능력으로는 안 될 때가 있습니다. 그러나 주님께서 도우시면 못 할 것이 없기 때문에 마음을 확고히 할 수 있는 것입니다. 대부분이 실패하는 이유는 그런 확고한 마음가짐이 없기 때문입니다.

결심을 한 사람들은 두 마음을 품지 않습니다. 두 마음을 가진 사람들은 이리 갈까, 저리 갈까 망설이기만 합니다. 시간만 낭비하다가 사탄이 조금만 유혹해도 바로 넘어갑니다. 어떤 사람들은 한글킹제임스성경을 최종 권위로 삼겠다고 결심하고 바른 성경의 교리대로 조금 하다가, 그후에 잘 안될 것 같으면 과거에 자기가 따르던 은사주의나 칼빈주의나 구원파의 교리를 첨가시킵니다. 그런 사람들은 순수한 성경적 교리를 끝까지 가르치지 못하고 결국에 가서는 거짓 교리를 가르쳐 혼동을 야기합니다. 한번은 이쪽을 따라가다가, 자신의 생각에 잘 안될 것 같으면 다시 저쪽을 좇아갑니다. 그쪽을 택하고서도 잘 안될 것 같아 이리저리 흔들리면서, 하나님의 복도 받지 못한 채 인생을 낭비합니다. 그것이 두 마음을 품은 사람들의 특징입니다. 하나님의 도우심을 믿는 사람은 절대로 그런 환경과 사람들에 의해 흔들려서 두 마음을 품고 살지 않습니다. 결심을 한 사람들은 굉장히 단순한 삶을 삽니다. 고민할 것이 없습니다. 성경적으로 사역하는 목회자가 되겠다, 성경적으로 사는 사람이 되겠다고 결심을 하면 흔들리지 않습니다. 왜 흔들리는 것입니까? 결심을 하지 못했기 때문입니다. 첫 단추를 잘못 끼웠기 때문입니다. 주님의 도움으로써 결정을 내린 사람들은 주님께서 끝까지 우리를 도우신다는 것을 믿습니다.

셋째, 결심을 한 사람은 정한 목표를 달성하기 위해 준비를 해야합니다. 단지 목표만 근사하게 정해 놓고 나서 게으르게 살며 꿈이나 꾸지 않습니다. 성경에 나오는 인물들 중에서 스테판이라는 성도가 있습니다. 스데판은 말씀으로 충만하고 성령으로 충만한 사람이었습니다(사도행전 6장, 7장). 그가 전한 말씀으로 인해서 그곳에 있는 이스라엘 사람들이 찔림을 받았습니다. 그가 만일 하나님의 말씀을 공부하고 준비하지 않았다면 말씀을 능력있게 전하는 그런 역사는 일어나지 않았을 것입니다. 여러분 가운데 성경적인 교회의 목회자로서 부르심을 받은 사람이 있다면 말씀을 공부하고 준비해야 합니다. 목회자로 부르심을 받지 않은 성도들이라도 바이블 빌리버가 되었으면 성경을 공부해야 합니다. 그래야만 나가서 구령을 할 수가 있습니다. 2년, 3년에 걸쳐 교리를 공부하는 이유는 기초를 단단히 쌓고 나가서 진리를 전파할 수 있도록 하기 위한 것입니다. 그렇게 기초를 쌓지 않은 사람들은 교회를 10년, 20년 동안 다녀도 바람이 불면 흔들립니다. 누군가에게 신기한 신유의 은사가 있다고 하면 은사주의가 비성경적이라는 것을 분명한 교리로 공부하지 않았기 때문에 이리저리 끌려다니다가 세월을 다 허비해 버리는 것입니다. 성경을 배워서 알면 속지 않습니다. 결심한 사람은 그 목표를 달성하기 위해서 준비를 하고 훈련을 받습니다.

성경적인 결심을 한 사람들은 어떠한 장애물이 오더라도 두려워하지 않습니다. 많은 사람들이 장애물이 오면 두려워합니다. 이집트 땅에서 나온 이스라엘 백성이 카나안 땅으로 정탐꾼들을 보냈을 때, 정탐꾼들은 모두 두려워서 나쁜 보고를 했습니다. 모두가 그 땅의 백성들은 거인들이고 자신들은 메뚜기 같아서 들어가면 다 죽는다고 했을 때, 여호수아와 칼렙만은 그 반대의 보고를 했습니다. 그 땅은 포도송이가 머리만한 기름진 땅이고 하나님께서 승리를 약속하셨으니 들어가서 차지해야 한다고 했습니다. 하나님의 약속을 믿은 그들은 적이 거인이건 아니건 상관하지 않은 것입니다. 하나님께서 분명히 그 땅을 차지하라고 하신 것과 자신들을 승리로 이끄실 것을 믿었습니다. 장애물을 보고 두려워하지 않은 것입니다. 여러분이 바이블 빌리버가 되면 여러 가지 박해가 옵니다. 그러나 결심을 한 사람들은 그런 어려움은 당연히 거쳐야 할 것으로 생각합니다. 어떠한 장애물도 그 사람을 막지 못합니다. 목표를 향해 달려가는 그 사람을 그 누구도, 어떤 환경도 막을 수가 없습니다. 제가 하나님의 사역을 한다고 결정했을 때는 그것을 막을 사람이 하나도 없었습니다. 여러분도 마찬가지여야 합니다. 여러분이 성경적으로 믿는 성도가 되면 죽기까지 아무도 내 믿음을 막을 수가 없다고 결심해야 합니다. 그렇게 하지 않는 사람은 조금만 장애가 와도 휘청거립니다. 그러다가 몇 년 지나고 나면 그런 사람은 사라져 버리고 없습니다.

하나님의 말씀에 의해서 어떠한 목표를 달성하기 위해 결심한 사람들은 절대로 장애물을 두려워하지 않습니다. 오히려 그것을 보고 준비를 합니다. 자신의 장점과 약점을 파악하고, 문제점들이 나오면 그것을 재고하고 하나님께 도움을 청하는 것입니다. 그런 사람들은 절대로 쓰러지지 않습니다. 여러분은 어떤 사람입니까?

성경적인 교회에 오셔서 어떤 각오와 결심으로 사역에 동참하고 따라오는 것입니까? 여러분은 강건한 그리스도인입니까? 용단을 내려서 한번 결정한 것은 꼭 달성하겠다는 결심을 해야 합니다. 그런 확고한 마음가짐을 가질 때 여러분을 막을 사람은 아무도 없습니다. 아내도 남편도 자녀들도 막을 수 없고, 부모님도 거짓 목사도 막을 수 없습니다. 아내가 떠나고 아이들이 떠난다 해도 막지 못하는 것입니다.

럭크만 박사님은 94세까지 버티셨습니다. 주위의 목사들과 친구들이 그를 막을 수 있었습니까? 막지 못했습니다. 94세인 지금까지도 설교를 하십니다. 그렇게 결심한 사람은 아무도 막지 못합니다. 목숨이 끊어지기 전에는 절대로 막을 수가 없습니다. 그럴 때 사탄이 어떻게 합니까? 막을 수가 없으니까 결국에는 죽이는 것입니다. 우리 믿음의 선조들이 그렇게 해서 순교당한 것입니다. 주님의 영광을 위해서 살겠다고 한번 결심하고 나갈 때 아무도 막을 수 없는 것입니다. 여러분도 그렇게 사셔야 합니다. 누가 뭐라 하면 휘청거리고, 교회 나갈까 말까 사역에 동참할까 말까 망설여서는 안 됩니다.

또한 결심한 사람들은 어떠한 유혹으로도 막을 수 없습니다. 그런 사람은 유혹도 뿌리칩니다. 이 세상의 명예나 돈, 그 어떤 것도 그 사람을 유혹할 수 없습니다. 제가 주님을 섬기기로 결심하고 성경적인 사역의 목사로 부르시는 부르심에 순종하기로 한 뒤에는 어떠한 유혹도 돈도 명예도 그 어떤 것도 저를 막을 수 없었습니다. 돈을 백만 불을 준다 해도, 일억 불을 준다 해도 저는 목사로서 끝까지 사역하는 것과 바꾸지 않을 것입니다. 어떤 유혹도 저를 막지 못하고 다 뿌리칠 수 있다는 것입니다.

여러분은 모든 것을 다 뿌리칠 수 있습니까? 가족이 막는다면 뿌리칠 수 있습니까? 예수 그리스도께서는 그렇게 하셨습니다. 주님께서 아끼셨던 제자 베드로가, 선한 의도에서 "주님, 무슨 소리이십니까? 절대 못 가십니다. 십자가에 죽으러 가신다니요, 주님, 절대 안 됩니다." 했을 때, 주님은 "사탄아, 물러서라."고 하신 것입니다. 결심한 사람은 어떠한 유혹도 다 뿌리칠 수 있는 것입니다. 여러분은 그렇게 하실 수 있습니까? '저는 성경적인 교회에 나가고 싶은데 지금 다니는 교회 목사님이 찬양 인도를 하라고 하셔서요, 목사님 말씀이 성경적이고 좋습니다, 유튜브와 인터넷 방송으로 잘 듣고 있습니다, 그러시다면 교회에 나오십시오, 저희 교회가 개척 교회라서 제가 없으면 일 할 사람이 없습니다...' 그런 사람들은 결심을 하지 않은 것입니다. 주님을 따라가겠다, 성경적으로 믿는 사람이 되어야겠다는 확고한 마음이 없는 것입니다. 어떤 것도 나를 유혹할 수 없다, 내 마음을 바꿀 수 없다는 결심이 필요합니다. 결심을 하지 않은 사람들은 어떤 유혹도 피할 수가 없습니다. 사실 유혹이라는 것은 밖에서 오는 것보다 안에서부터 오는 것이기에 더욱 이기기 힘든 것입니다. 밖에서 남들이 뭐라고 하는 것은 어느 정도 버틸 수 있어도 집안에서 가족들이 뭐라고 하는 것은 견디기 힘듭니다. 그러나 주님께서는 흔들리지 않으셨습니다. 어머니가 와서 예수님을 찾았을 때, 주님께서는 자신의 부모와 형제는 말씀을 듣고 순종하는 사람들이라고 하셨습니다.

여러분은 어떻습니까? 우리는 속칭 구원파가 그릇되이 가르치는 것처럼 부모든 형제든 자식이든 관계를 다 끊어버리라고 하는 것이 아닙니다. 관계가 다 끊어지면 누구에게 어떻게 복음을 전합니까? 우리는 그렇게 가르치지 않습니다. 죽기 전까지는 복음을 받아들이고 구원을 받을 기회가 있기 때문에, 가족들이 마음을 열 수 있도록 더욱더 잘해줘야 합니다. 그러나 가족들의 반대로 인해서 성경적인 믿음을 갖고 교회에 동참하는 것을 놓쳐서는 안됩니다.

또한 결심한 사람들은 희생을 마다하지 않습니다. 결심을 이루기 위해서는 희생을 필요로 합니다. 본문 6절을 보십시오.「내가 치는 자들에게는 내 등을, 머리카락을 뽑는 자들에게는 내 뺨들을 맡겼도다. 내가 치욕과 침 뱉음으로부터 내 얼굴을 숨기지 아니하였도다.」이런 모든 치욕과 수치로부터 후퇴해서는 안 되며 당당하게 그것을 받아야 합니다. 거리에 나가서 설교할 때 사람들이 여러분에게 욕하고 손가락질하면 그것을 당당하게 받으십시오. 그 사람들은 무지해서 그런 것입니다. 자신들이 지옥으로 향하고 있는 것을 몰라서 그러는 것입니다. 무시무시한 지옥의 영원한 형벌에 대해서 몰라서 그런 것입니다. 예수 그리스도에 대해서 몰라서 그런 것입니다. 그런 사람들에게 대적하면 안 되고 오히려 당당하게 복음을 전파해야 합니다. 당신은 지금 지옥으로 가고 있다고 말해 주어야 합니다. 그들이 손가락질하더라도 얘기해 줘야 합니다. 여러분은 희생을 할 각오를 해야 합니다. 희생을 하지 않는 결심은 결심이 아닙니다. 자신이 어떠한 희생을 하더라도 목표를 이루겠다고 마음먹은 사람들만이 진정으로 결심한 사람들입니다.

여러분은 이런 성품을 갖추어야 합니다. 시간적으로 물질적으로 손해를 보고 육체적으로 힘들다 해도, 체면이나 명예를 잃는 희생을 한다 해도, 목표를 달성하겠다고 마음먹는 것이 결심입니다. 그것이 없는 사람은 결심한 것이 아니고 두 마음을 품은 것입니다. 겉으로 드러나지만 않았을 뿐입니다. 결심이 선 사람들은 수치와 모욕을 당한다 해도 개의치 않습니다. 어떤 사람들은 조금만 무시를 당하면 자존심이 상해서 견디지 못합니다. 그런 사람들은 바이블 빌리버로 살 수 없습니다. 거리에서 설교하고 복음을 전하면 사람들은 여러분을 무시합니다. 인터넷에는 기독교를 '개독교'라고 부르며 모독하고 욕하는 사람이 너무나 많습니다. 물론 이것은 구원도 받지 않은 교인들과 거짓 목사들 때문에 기독교 신앙 전체가 비난을 받는 것입니다. 그러나 그렇게 무시한다고 해서 진리를 포기해서는 안 되는 것입니다. 성경에 페니키아 여인이 나옵니다. 그 여인은 자식의 질병을 고쳐달라고 주님께 간구했습니다. 그때 주님께서 뭐라고 하셨습니까? 자녀들을 위한 음식을 개들에게 줄 수 없다고 하셨습니다. 그때 만일 그 여인이 주님의 말씀에 좌절하고 돌아갔다면 어떻게 됐겠습니까? 그녀는 좌절하지 않고 오히려, 개도 주인의 상에서 떨어진 부스러기를 먹는다고 답했습니다. 그러자 주님께서 그녀를 도와주셨습니다. 주님의 일을 하다가 조금 무시당한다 해서 포기할 것입니까? 결심한 사람은 절대로 중도에 포기하지 않습니다.

저는 구원받기 전에도 포기하는 것을 싫어하고 무언가를 한번 결심하면 반드시 실행했습니다. 어떤 사람들은 쉽게 포기합니다. 직장도 학교도 조금 다니다가 끝을 못 맺습니다. 그런 사람들은 하나님의 일도 그렇게 합니다. 조금 하다가 포기해 버립니다. 그런 성품을 갖고서는 하나님의 일을 할 수 없습니다. 포기라는 단어는 여러분에게 없어야 합니다. 중간에 포기한다면 얼마나 수치스러운 일입니까? 잠언 24장 16절을 보십시오. 「의로운 사람은 일곱 번 넘어져도 다시 일어나나, 악인은 재앙으로 인하여 넘어지리로다.」 의로운 사람은 일곱 번 넘어져도 다시 일어난다고 말씀합니다. 한 번이 아니고 두 번도 아닙니다. 조금만 힘들면 포기합니까? 우리 교회에서는 절대로 그런 성도가 있으면 안 됩니다. 하나님의 사역을 하기 위해 한 배를 탔으면 끝까지 가야 합니다. 포기와 중단 이런 것이 여러분의 사전에 있어서는 안 됩니다. 여러분이 죽는 그날까지 결심한 것을 지켜야 합니다. 물론 잘못된 결심을 했었다면 그것은 당장 중단하는 것이 맞습니다. 그러나 주님의 영광을 위해 한 결심은 결코 죽을 때까지 포기할 수 없는 것들입니다. 왜 마음이 움직여야 합니까? 주님의 영광을 위해 살겠다고 결심을 했을 때에는 한 번, 두 번, 세 번 넘어졌어도 낙담하면 안 됩니다. 어떤 사람이 신문에 기고한 글을 읽었는데, 어릴 때 자전거를 배우다가 한 번 넘어져서 결국 자전거를 배우지 못하고 평생 자전거를 못 탔다는 얘기였습니다. 어떤 사람은 한 번 넘어졌다고 포기해서 자전거를 못 타게 되고, 어떤 사람은 일곱 번 넘어졌지만 일어나서 다시 배웠기 때문에 자전거를 타게 됩니다. 몇 번 넘어졌는지가 중요한 것이 아닙니다. 어떤 사람이 백 번 넘어졌어도 백한 번 일어났기 때문에 결국 자전거를 배웠다면 그 사람이 더 나은 사람인 것입니다.

믿음 생활에서 한 번 넘어졌다고 해서 그걸로 포기한다면 그 사람에게는 아무 소망이 없습니다. 한 번 넘어지고 두 번 넘어져도 포기해서는 안 됩니다. 과거는 중요하지 않습니다. 지금 이 순간, 자신이 하나님과의 바른 관계 가운데서 하나님을 섬기고 있는지를 생각하십시오. 항상 그것을 점검하셔야 합니다. 지금 이 순간에 주님과의 관계가 바르다면 된 것입니다. '5분 전까지는 바른 상태였는데 지금 망가졌습니다.' 하지 마십시오. '5년 전에는 바르게 주님을 섬겼는데 지금은 아닙니다.' 하지 마십시오. 지금이 중요합니다. 5분 전, 5년 전 주님을 섬긴 것은 아무것도 아닙니다. 그것은 지나갔습니다. 바로 지금 올바로 주님을 섬기고 있습니까? '아, 저는 10년 전에 이런 나쁜 짓을 했습니다.' '5년 전에, 5분 전에 이런 나쁜 짓을 했습니다.' 모두 다 지나간 일입니다. 그것 때문에 앞으로 나아가는 것을 포기해서는 안 됩니다. 과거의 일로 인해서 주님 섬기는 것을 포기하시겠습니까? 그 어떤 것도 여러분을 포기하게 만들어서는 안 됩니다.

앞으로 올 일도 그렇고 지나간 일도 그렇고, 결심을 한 사람은 절대로 포기하지 않습니다. 토마스 에디슨은 끝까지 포기를 안 했기 때문에 결국 훌륭한 발명을 이루어냈습니다. 그는 비록 성경적으로 믿는 사람이 아니었지만 그에게는 결심이 있었습니다. 실패에 실패가 꼬리를 물었을 때 사람들이 얼마나 그를 한심하게 생각했겠습니까? 한두 번도 아니고, 일곱 번도 아닌, 수백 번 실패를 했을 때 얼마나 좌절감이 들었겠습니까? 그의 가족들 중 누가 그것을 좋아했겠습니까? 매일같이 실패나 하고 있는데 말입니다. 그러나 에디슨은 천 번 실패했다고 절망하고 좌절하지 않았습니다. 오히려 성공할 확률이 늘어났다고 했습니다. 천 번 실패한 것은 그만큼 다시 반복하지 않아도 되는 것이기 때문입니다. 성경적으로 믿지 않았던 그도 그런 마음가짐으로 자기가 목표한 것을 달성하려고 노력했는데, 성경적으로 믿는 우리는 어떻습니까? 우리는 모든 것을 가지고 있습니다. 성령님께서 우리 안에 내주하시고, 하나님께서 보존하신 바른 한글킹제임스성경도 가지고 있습니다. 무엇이 부족해서 포기를 합니까? 지금까지 실패했다면, 오늘 이 순간부터 다시 일어서서 나아가야 합니다. 여러분은 결심하는 그리스도인의 성품을 갖고 계십니까? 어떤 것을 달성하려는 확고한 마음가짐을 가지고 있습니까?

　본문 7절을 보십시오. 「내가 내 얼굴을 부싯돌같이 하였으니 나는 내가 수치를 당하지 않을 줄을 아노라.」 옛날에 한국에서는 아이들이 불장난 하느라고 부싯돌을 많이 가지고 놀았습니다. 부싯돌은 때리면 때릴수록 불이 납니다. 그처럼 여러분이 주님을 섬길 때 박해를 받으면 받을수록 불이 나야 합니다. 포기를 하는 게 아니라 더욱더 마귀를 대적해야 합니다. 마귀는 우리가 대적하면 도망갑니다. 사탄이 한 대 때렸다고 절망에 빠져서 이불 뒤집어 쓰고 울지 마십시오. '그래, 네가 나를 한번 쓰러뜨렸어?' 하는 자세를 가지십시오. 주님께서 얼굴을 부싯돌같이 했다고 하셨습니다. 여러분도 사탄이 치면 칠수록 '내가 지금까지 견뎌왔는데 여기서 쓰러질 수 없다.' 하고 더 큰 각오를 하십시오. 죽는 날까지 주님을 섬기겠다는 결심을 더욱 단단히 하십시오. '네가 나를 쓰러뜨려도 나는 또 일어난다.' 그렇게 사탄을 대적하면 사탄은 여러분에게서 도망갑니다. 사탄이 어떤 사람을 건드리는지 아십니까? 한 번 쓰러졌다고 좌절하고 마음이 이리저리 흔들리는 사람들입니다. 그런 사람들은 사탄이 아주 잘 알고 건드립니다. 럭크만 박사는 킹제임스성경을 위해서 또 하나님의 복음을 위해서 살겠다고 결심하고, 맞으면 맞을수록 더 강하게 진리를 가르쳤기 때문에 94세까지 사역을 이끌어올 수 있었던 것입니다. 반면에 럭크만 박사의 가르침에 반대하던 목사들과 대적하는 목사들은 다 사라졌습니다. 결심한 사람들은 희생을 할 각오가 돼 있을 뿐만 아니라 절대로 중간에서 포기하지 않습니다. 부싯돌처럼 맞으면 맞을수록 더 불이 붙습니다. 사탄은 그 사람의 성품을 누구보다 잘 압니다. 그래서 흔들리는 사람이 사탄에게서 제일 많이 공격을 당합니다. 굳은 결심을 하고 서 있어야 합니다. 그렇지 않으면 사탄은 계속해서 공격하는 것입니다. 여러분이 하루라도 빨리 부싯돌처럼 되면 될수록 사탄은 여러분을 공격하지 않을 것입니다. 설령 공격을 하더라도 여러분이 충분히 뚫고 나갈 수가 있습니다.

열왕기하 13장에는 요아스 왕이 나오는데, 엘리사가 요아스 왕에게 화살을 취해서 땅을 치라고 했습니다. 「또 그가 말하기를 "화살들을 취하소서." 하니, 그가 그것들을 취하더라. 그가 이스라엘 왕에게 말하기를 "땅을 치소서." 하니, 왕이 세 번 치고 그치더라」(18절). 그때 요아스는 확고한 믿음이 없었기 때문에 몇 번

치다가 만 것입니다. 「그러므로 하나님의 사람이 왕에게 노하여 말하기를 "왕은 대여섯 번 치셨어야 했나이다. 그랬더라면 왕께서는 시리아를 진멸할 때까지 치셨을 것이나, 이제 왕은 시리아를 단지 세 번 치실 것이니이다." 하더라」(왕하 13:19). 17절에서 엘리사는 이렇게 말했습니다. 「"주의 구원의 화살이요, 시리아로부터 구원하시는 화살이오니, 왕께서는 아펙에서 시리아인들을 치시어 그들을 진멸하시리이다." 하고」 이 화살은 그냥 화살이 아니라 하나님께서 시리아인들을 치시는 화살이라고 했습니다. 그러나 요아스의 믿음은 반쪽밖에 되지 않았습니다. 결심이 반만 선 것입니다. 한 번, 두 번, 세 번 으로 끝나버렸습니다.

우리가 성경적인 사역에 동참하기로 결심을 했으면 절대로 포기 해서는 안 됩니다. 주님께서 승리를 약속해 주셨기 때문입니다. 고린도전서 15장 57,58절을 보십시오. 「그러나 우리 주 예수 그리스도를 통하여 우리에게 승리를 주시는 하나님께 감사하노니, 그러므로 나의 사랑하는 형제들아, 견고하라, 흔들리지 말라, 항상 주의 일을 넘치게 하라. 이는 너희의 수고가 주 안에서 헛되지 아니한 줄을 너희가 앎이니라.」 우리는 승리를 약속받았습니다. 그렇다 해도 그 길이 쉽지만은 않습니다. 갈등이 생기고 반대하는 사람이 나올 수 있습니다. 여러 가지 장애물들이 나올 수 있습니다. 그러나 주님께서 승리를 약속해 주셨습니다.

이 세상에서의 성공을 위해서 교회 사역을 하는 사람들은 결국엔 쓰러지게 되어 있습니다. '내가 세상에서 제일 큰 교회를 하겠다'는 야망을 가진 사람들은 쓰러지도록 정해져 있는 것입니다.

우리는 그런 외적 성공을 동기로 하지 않습니다. 우리는 진리를 전파하기 위해서 하나님의 사역을 하는 것입니다. 나가서 거리에서 설교하고, 구령하고, 신문이나 인터넷과 라디오 등 모든 것을 동원해서 진리를 전파합니다. 우리는 주님 앞에 설 때까지 결코 쓰러져서는 안 됩니다.

우리는 무엇을 결심해야 합니까? 바이블 빌리버로서 우선 성경을 공부하고, 기도하고, 구령하고, 선한 간증을 유지하여 많은 열매를 주님께 가져다 드릴 것을 결심해야 합니다. 또 한마음으로 주님을 섬길 것을 결심해야 합니다. 한마음이 되지 않으면 이 사역은 지탱될 수가 없습니다. 목회자가 지도한 대로 모든 사람들이 따라와야 하는데 반대 의견이 나오면 사역을 할 수가 없는 것입니다. 성경적으로 사역하는 목사가 바른 교리에서 떠나지 않고 돈이나 여자 문제 등 죄악에 연루되지 않고 교회를 이끌 때, 여러분은 그 지도자에게 순종하고 따라가야 합니다. 그래야 문제가 없습니다. 우리가 건물 외벽에 페인트칠을 베이지색으로 했습니다. 이를 두고 사람들이 불평하면 곤란합니다. 이 사람은 빨간색으로, 저 사람은 파란색으로, 또 다른 사람은 핑크색으로 고집하면, 교회가 분열되는 것입니다. 교회 건물 페인트 색 하나 때문에 말입니다.

실제로 예전에 어떤 미국 교회에서 피아노를 단상 오른쪽에 놓느냐 왼쪽에 놓느냐 하는 문제로 분열된 예가 있었습니다. 우리 교회는 여러 번 장소 이전을 했습니다. 초기에 부에나팍에 있는 한 컨퍼런스룸에서 시작해서 LA 한복판까지 갔다가 오렌지 카운티에 오는 등 남가주 전체를 아우르며 이동을 했었습니다. 그러면서 결국 교회를 중심으로 주변 지역을 가가호호 방문하며 복음도 전할 수가 있었습니다. 제가 감사한 것은 그러는 동안 이로 인한 불평이 없었다는 점입니다.

이렇게 한마음이 되어야 목회를 할 수 있는 것입니다. 사소한 것으로 의견이 충돌해서는 안 됩니다. 주님을 위해 세운 결심을 끝까지 잃지 않고 한마음으로 사역에 동참하시는 여러분 모두가 되시기를 진심으로 기도합니다.

4. 쓰임받을 자세 | Availability

또 내가 주의 음성을 들은즉 말씀하시기를 "내가 누구를 보내며 누가 우리를 위하여 가랴?" 하시기에 그때 내가 말하기를 "내가 여기 있나이다. 나를 보내소서." 하였더라. 그가 말씀하시기를 "가서, 이 백성에게 말하기를 '참으로 너희가 들으나 깨닫지 못할 것이요. 참으로 너희가 보나 알지 못하리라.' 하라. 이 백성의 마음으로 살찌게 하고, 그들의 귀로 둔해지게 하며, 그들의 눈으로 감기게 하라. 그리하여 그들이 눈으로 보지도 못하고, 귀로 듣지도 못하며, 마음으로 깨닫지도 못하고, 회심하지도 못하고, 치유받지도 못하게 하라." 하셨더라. 그때 내가 말씀드리기를 "주여, 언제까지니이까?" 하니 그가 대답하시기를 "성읍들은 거민이 없이 황폐하게 되고, 집들에는 사람이 없으며, 땅이 완전히 황폐하게 되기까지요 또 주가 사람들을 멀리 옮겨, 그 땅 가운데에 완전히 버려짐이 있을 때까지니라(사 6:8-12).

    어떤 단체에서 중책을 맡은 사람을 볼 때 '어떻게 저 사람이 리더 자리에 있을까?' 의아스러울 때가 종종 있습니다. 하나님께 쓰임받는 어떤 사람을 볼 때에도 그런 생각이 들 수 있습니다. 본문 8절에서 이사야는 「내가 여기 있나이다. 나를 보내소서」라고 합니다. 이사야는 주님께서 맡기기를 원하시는 일이 있는 바로 그때, 그 일을 할 수 있도록 준비가 된 사람이었습니다. 주님께서 누군가를 찾을 때 '저를 사용해 주십시오'라고 한 것입니다. 그는 준비된 사람이었고 자신의 시간을 드려서 주님의 일을 하겠다고 한 것입니다. 그저 보통 사람에 지나지 않은, 재능도 별로 없고 특이한 점도 없는 사람, 다른 사람보다 그다지 뛰어난 것이 없는 사람일지라도 주님의 사역에 쓰임을 받을 수 있습니다. 그는 사용받을 준비가 되었기 때문입니다. 아무리 재능이 많아도 쓰임받을 준비가 안 되어 있어 필요한 때에 사용될 수가 없으면 아무 소용이 없는 것입니다.

물론 재능과 조건을 두루 갖춘 상태에서 준비된 사람이라면 더욱 좋을 것입니다. 그러나 세상은 그렇게 돌아가지만은 않습니다. 재능이 있고 많은 것을 가진 사람들은 하나님께 쓰임받는 것보다 세상의 명예와 성공을 추구하는 쪽으로 가기가 쉬운 법입니다. 그래서 하나님께서 쓰시는 사람들 대부분을 보면, 그렇게 쓰임받을 자세와 준비를 갖추었기에 하나님께서 뽑아 쓰신다는 것을 알 수 있습니다.

오늘날 한국에는 수많은 목사들이 있고, 이곳 LA지역에 있는 교회도 천여 개나 됩니다. 목회를 하는 목사들도 많을 뿐 아니라 목사라는 직함을 가진 사람들까지 합하면 얼마나 많은지 모릅니다. 우리가 복음 전도를 위해 집집마다 방문할 때 대부분의 한인 주민들 70-80% 이상이 교회에 다닌다고 말합니다. 그러한 가정의 열의 한둘은 가족 중에 목사나 전도사가 있는 가정입니다. 그런 사람들 대부분은 소위 모태신앙에 목사 집안, 장로 집안, 권사 집안 출신입니다. 그러나 저를 포함하여 성경적으로 목회하는 목사들을 보면 그런 배경을 가진 사람들이 별로 없습니다. 직장이나 사업 현장에서 일하던 사람들이 목회자가 된 경우가 대부분입니다. 목사가 되겠다는 생각을 전혀 안 했던 사람들을 하나님께서 쓰시는 것입니다. 하나님께서는 재능이 있고 말 잘하는 사람들이 아니라, 의외의 사람들 즉 목사가 될 것 같지 않은 사람들을 부르셔서 목회자로 세우신 것입니다.

저는 비교적 늦은 나이에 구원을 받았는데, 목사가 되리라고는 꿈에도 생각을 안 했었습니다. 저는 본래 사람들 앞에 나서서 말하는 것을 좋아하는 성격이 아닙니다. 정치하는 사람들처럼 남들 앞에 나서기 좋아하는 그런 성격을 가진 사람들이 많이 있는데, 저는 그런 것과는 전혀 상관이 없는 사람이었습니다. 그러나 주님께서는 부르실 때 '제가 하겠습니다.'라고 하는 그 자세 하나를 보시고 사역을 맡기셨습니다. '너는 나의 사역을 나의 말대로 올바르게 하겠느냐?'라고 물으실 때 '제가 하겠습니다.' 한 것입니다. 그러나 수많은 목사들은 그렇지 않습니다. 어떤 이는 자신이 세상에서 제일 큰 교회를 하겠다고 합니다. 그런 사람은 주님께서 제외시키십니다. LA 지역의 어떤 대형 교회 목사도 자신이 세상에서 제일 큰 교회를 하겠다고 다짐했다고 말했습니다. 하나님께서는 그런 사람들을 성경적 교회의 목사로 부르시지 않습니다. 자신이 설교를 제일 잘하는 목사가 되겠다든지, 무엇을 제일 잘하는 무언가가 되겠다고 하는 사람들은 결코 안 쓰십니다.

우리 교회 사역의 경우 여러 형제 자매님들이 컴퓨터로 많은 일들을 하는데, 그분들이 컴퓨터 전공을 해서 하는 것이 아닙니다. 그 사역을 위해 쓰임받을 준비가 되어 있었기 때문에 하나님께서 들어 쓰시는 겁니다. 컴퓨터에 대해 아무리 많이 알아도 교회 사역에 동참하겠다고 하지 않으면 아무 소용이 없습니다. 지금 유튜브나 웹사이트 등 온라인 사역으로 인해 곳곳에서 많은 사람들이 구원을 받고 있습니다. 미국 전역과 한국, 일본, 유럽, 호주 등지에서 연락이 오고 사람들이 구원을 받는 역사가 일어나고 있습니다. 이 일을 컴퓨터 전공도 안 한 그저 평범한 우리 성도들이 하는 것입니다. 우리 교회 피아니스트 자매님들도 전공은 영어영문학, 한의학 등입니다. 그렇지만 피아노 반주를 함으로써 주님께 영광을 돌립니다. 이렇듯 주님께서 보시는 것은 마음가짐이기 때문에 여러분은 주님의 일에 준비되어 있어야 합니다. '나는 항상 쓰임받을 준비가 되어 있어야겠다, 주님의 부르심에 응답하여 내가 할 수 있는 무언가를 하겠다.' 는 이런 준비된 마음가짐이 있어야 합니다.

주님께서는 어떤 사람을 쓰십니까? 첫째, 주님은 성실한 사람들을 부르십니다. 하나님은 하는 일 없이 빈둥거리고 백수건달 노릇하는 사람들은 안 뽑으십니다. 빈둥거리는 사람들이 쓰임받을 준비가 돼 있을 것 같습니까? 그런 사람들에게 시간이 많으니 일을 맡기려 하면 하지 않습니다. 시간이 많고 게으른 사람들에게 무엇을 시켜 보면 하지 않습니다. 게으른 사람들은 절대로 하나님께서 부르실 수가 없습니다. 침대에서 뒹굴면서 잠만 자는데 어떻게 쓰임을 받습니까? 주님께서는 첫째로 성실하며 열심히 바쁘게 사는 사람을 부르십니다.

그러나 여기 모순이 있습니다. 바쁜 사람들은 시간이 없을텐데 어떻게 주님을 위해 쓰임받을 준비가 될 수 있을까요? 많은 사람들이 바쁜 일이 좀 정리가 된 다음에 하나님을 섬기겠노라고 합니다. 진리에 갈급해서 우리 교회에 연락을 하는 사람들 중 어떤 이들은 사업이 안정되면, 직장이 안정되면, 집안이 안정되면 교회에 오겠다고 합니다. 그러나 지금까지 사역하면서 제가 경험한 것은, 그런 사람들은 결국 교회에 오지 않는다는 것입니다. (사람들은 세상 일에 바쁠 수가 있고, 그것이 반드시 나쁜 것만은 아닙니다. 더구나 다른 사람들을 도와준다든지 이런저런 좋은 일들을 하느라 분주할 수 있습니다. 그렇게 바쁘게 일을 하면서 정작 주님의 일에는 시간을 낼 수 없는 사람들이 있습니다.) 좋은 일이기는 하지만, 그 세상 일을 하느라 너무 분주하다면 최선은 아니라는 말입니다. 구원받은 사람들에게 최선은 하나님의 뜻대로 행하는 것입니다. 사람들이 좋은 일들을 하지만, 정작 최선의 것은 놓치는 경우가 많습니다.

거짓 목사들을 보십시오. 그들 중 많은 사람들의 간증을 들어보면, 전혀 성실하지도 못하고 세상의 잣대로도 한참 미달되는 사람들이 목사가 되어 있는 것을 많이 봅니다. 제가 보기에는 한국 교회들이 오늘날 이렇게 비참한 모습이 된 원인 중 하나가 바로 그것이라고 생각합니다. 그런 사람들이 목사가 되어 강대상에 서서 설교를 하고 있습니다. 요즘은 어떤지 모르지만 제가 대학 다닐 때는 일반대학에 떨어져 갈 데가 없는 사람들이 많이들 신학대에 갔습니다. 요즘은 또 신학대 학생들이 시험을 볼 때 컨닝들을 한다는 말도 들었습니다. 그런 식으로 어찌저찌 신학교에 가서 졸업을 하고 주변의 눈도 있고 해서 목사 안수를 받아 목사가 된 사람들이 많이 있습니다. 그런 목사를 하나님께서 사용하시겠습니까? 또 일을 제대로 안 해 사업이 실패했거나 직장에서 성실치 못해 해고되어 일자리를 잡기 힘드니, 제일 쉽게 할 수 있는 목사나 되자는 생각으로 목회하는 사람들도 있습니다. 그런 사람들을 하나님께서 쓰시겠습니까? 한국 목사들 중에 그런 사람들이 많을 것입니다. 세상 일에서도 게으르고 성실하지 못한 그런 사람들은 하나님께서 절대로 사용할 수 없는 사람들입니다.

어제 거짓 목사에게 수년 간 속고 살다가 진리를 깨닫고 우리 교회에 온 형제 자매님들의 간증을 들었습니다. 그분들은 비록 거짓 목사가 이끄는 교회에서 미혹된 상태였다 할지라도 그곳에서 너무나도 성실하게 열심히 섬겨 왔습니다. 이제 진리를 깨닫고 성경적으로 믿는 교회에 온 뒤로는, 진리 안에서 더욱 성실하게 섬기고 있습니다. 하나님께서 사용하는 사람들은 그런 사람들이지 게으른 사람들이 아닙니다.

두 부류의 사람들이 있습니다. 항상 바빠서 주님이 부르셔도 아무것도 할 수 없는 사람들이 있고, 항상 바쁘나 그 와중에 시간을 내어서 주님을 섬기는 사람들이 있습니다. 여러분은 어떤 사람이 되시겠습니까? 그냥 바쁘게 살면서 주님께 아무 것도 드리지 않겠습니까, 아니면 바쁘지만 시간을 쪼개서 주님께 쓰임을 받겠습니까? 여러분은 후자가 되어야 합니다.

주님께서 사용하시는 사람으로는 둘째, 재능이 부족해도 항상 드릴 자세를 갖춘 준비된 사람입니다. 한번은 우리 교회에서 결혼식 준비를 했던 적이 있습니다. 망치질을 해야 할 일이 있었는데 망치가 없었기 때문에 결국 망치 대신 플라이어를 써야 했습니다. 여러분, 망치가 없을 땐 어떻게 합니까? 구두라도 벗어서 치면 되는 겁니다. 그게 쓰임받을 준비가 된 것입니다. 망치를 쓰든 플라이어를 쓰든 못만 박으면 되는 것입니다. 그래서 결국 못도 잘 박았고, 결혼식도 잘 마쳤습니다. 우리 성도님들이 거리 설교하러 나갈 때 바쁘면 전도지를 박스째 그대로 가지고 갈 때가 있습니다. 테이프로 붙여진 박스는 칼로 열면 쉽게 열립니다. 그러나 바쁠 때는 칼을 준비해 갈 겨를이 없습니다. 그러면 우리 형제님 한 분은 항상 자동차 열쇠로 테이프를 갈라서 박스를 엽니다. 바로 이런 것입니다. 주님께서는 재능 있는 사람을 기다리다가 기회를 놓치는 대신, 큰 재능이 없더라도 쓰임받을 준비가 된 사람을 써서 일을 마치시는 것입니다. 이것을 이해하지 못하면 '주님은 왜 저 사람을 쓰실까, 왜 저런 일을 저 사람이 맡고 있을까?' 하는 의아한 생각이 들 수가 있습니다. '그 일에 맞는 완벽한 사람을 쓰시면 사역에 더 좋을텐데.'라고 생각합니다. 왜 그럴까요? 답은 쓰임받을 준비가 돼 있는지 여부에 달려 있습니다. 주님께서는 그런 사람을 써서 주님의 일을 성취하기를 원하시는 것입니다.

고린도전서 1장 26절을 보겠습니다. 「형제들아, 너희는 너희의 부르심을 보라. 부르심을 받은 자들은 육신을 따라 지혜로운 자가 많지 않고 권력 있는 자도 많지 않으며 좋은 가문에서 태어난 자도 많지 아니하니라. 그러나 하나님께서 세상의 어리석은 것들을 선택하심은 지혜로운 자들로 부끄럽게 하시려는 것이요, 하나님께서 세상의 약한 것들을 선택하심은 강한 것들을 부끄럽게 하시려는 것이라. 하나님께서 세상의 천한 것들과 멸시받는 것들을 선택하신 것은 없는 것들로 있는 것들을 쓸모없게 만들려 하심이라. 그리하여 아무 육체라도 그분의 면전에서 자랑하지 못하게 되리라.」

예수님께서 이 땅에 오셨을 때 하버드대 교수나 예일대 교수 중에서 열두 제자를 부르시지 않고, 하찮은 어부들과 당시 창녀와 다를 바 없게 여겨진 세리를 제자로 삼으신 까닭은 그들이 쓰임받을 준비가 됐기 때문입니다. 그들은 그물을 내던지고 자기 직장인 배까지 뒤로하고 주님을 따라갔습니다. 그랬기 때문에 주님께서 그들을 쓰신 것입니다.

모세는 처음에는 자신이 말을 잘 못한다는 이유를 들며 주님의 부르심을 거절하려 했습니다. 하나님께서는 그랬던 그를 사용하신 것입니다. 하나님께서는 군대의 유명한 장수들을 쓰지 않고 왜 어린 청년 다윗을 써서 이스라엘의 원수인 거인과 맞서게 하셨습니까? 당시 이스라엘 군대에는 다윗보다 더 힘세고 유능한 사람이 많았을 것입니다. 그러나 주님께서는 다윗을 써서 골리앗을 무너뜨리셨습니다. '아, 저는 재능이 없습니다.' 하고 변명할 시간이 없는 것입니다. 주님께서 부르신 사람은 부르심에 응답하고 지역 교회에서 주님께 사용받으면 되는 것입니다.

'나는 재능이 없으니 주님께 쓰임받을 수 없다'고 생각했다면 그런 생각은 지금 지워버리십시오. 위대한 설교자 D.L. 무디는 교육도 제대로 받지 못한 구두 가게 점원이었습니다. 그러나 그의 설교로 수많은 사람들이 구원을 받았습니다. 한번은 그가 설교를 했는데 어떤 청년이 설교 후에 그를 찾아와서는 설교 중에 세어봤더니 무려 38번이나 문법이 틀리더라고 지적했습니다. 그 정도로 무디는 영어 실력이 모자랐던 것입니다. 그때 무디가 젊은이에게 말했습니다. "나는 내가 아는 모든 영어 실력을 발휘해서 하나님께 영광을 돌렸는데, 젊은이 자네는 무엇을 했나?" 그러자 청년이 한 마디도 대답을 못 했다는 일화가 있습니다. 재능이나 국어 문법이 문제가 아닙니다. 내가 하나님께 쓰임받고 내 입으로 하나님의 말씀을 전했을 때, 듣는 사람들이 회개하고 예수 그리스도를 믿는 것이 중요하지, 문법이 38번 틀린 것이 왜 중요합니까? 그건 인간의 발상입니다.

여러분은 지금 어떤 변명을 하고 계십니까? 주님이 부르셨을 때 이사야처럼 '주님, 내가 여기 있나이다. 나를 보내소서.'라고 하셔야 합니다. 본문 9절에서 12절까지의 예언을 보면 정말 설교할 마음이 들지 않습니다. 나가서 아무리 말씀을 전해도 오히려 그 말로써 사람들이 보지도 못하고 듣지도 못하게 될 것이다, 즉 기껏 나가서 목이 상하도록 설교를 해도 한 명도 그 말로 깨우치는 사람이 없을 것이라는 예언입니다. 그걸 알면서도 나가서 설교한다는 것이 얼마나 힘든 일이겠습니까? 그래서 이사야는 위대한 선지자인 것입니다. 그가 나가서 전한 말씀을 모든 사람들이 거절했습니다. 이처럼 우리 성경적으로 믿는 목사들도 지금 한국 교회를 향해 외치지만, 많은 사람들이 거절합니다. 그러나 여러분과 같은 소수가 있습니다. 한국이나 이곳 LA에서, 세계 곳곳에서 매일 몇 사람씩 끊임없이 성경적으로 믿는 사람들이 나옵니다. 우리는 하나님의 바른 말씀인 <한글킹제임스성경>으로 바른 교리를 가르칩니다. 성경적으로 가르치는 목회자들은 사도 바울 시대부터 가르쳐 온 은혜의 복음 곧 로마 카톨릭에 저항하고 순교한 침례교도들이 가르친 그 복음을 전하는 것입니다. 믿음을 지키기 위해 미국으로 건너온 그 침례교도들이 성경적으로 믿는 침례교도들이 되었고, 그 믿음을 그대로 전수한 우리들(바이블 빌리버)이 오늘날 사역을 하는 것입니다. 우리는 2,000년의 믿음의 역사를 가졌습니다.

무디는 죽었습니다. 전도서 9장 4절은 죽은 사자보다 산 개가 낫다고 말씀합니다. 무디는 그렇게 훌륭한 하나님의 군사였지만 죽고 없습니다. 여러분과 제가 지금 상태에서는 그보다 더 나은 것입니다. 우리는 복음을 전할 수가 있습니다. 단지 쓰임받을 준비만 갖추면 되는 것입니다.

셋째로, 주님께서 어떤 사람을 사용하시는 데에는 그 사람의 신분을 보시지 않습니다. 누가복음 10장 30,31절을 보면 여러분이 잘 아시는 선한 사마리아인의 비유가 나옵니다. 「예수께서 대답하여 말씀하시기를 "어떤 사람이 예루살렘에서 여리코로 내려가다가 강도들을 만났는데, 그들이 그의 옷을 벗기고 상처를 입히고 반쯤 죽은 채로 버려 두고 갔느니라. 그때 어떤 제사장이 우연히 그 길을 가다가 그를 보았으나 다른 편으로 지나갔으며」 여기서 제사장이, 오늘날로 말하면 목사나 신부가 강도 당한 사람을 보고 외면하는 것입니다. 갈 길도 바쁘니 누가 강도를 만나 당했든 관심이 없는 것입니다.

많은 거짓 목사들은 박사나 의사같이 직업이 '사'자로 끝나는 사람들을 좋아합니다. 그런 교인들은 VIP 대우를 하며 심방을 가도 그런 교인에게 갑니다. 혼자서 어렵지만 열심히 사는 한 자매가 있었는데, 마침 할머니가 방문을 하셨기에 자신이 다니던 교회 목사에게 심방을 와 달라고 부탁을 했지만 목사가 오지 않았습니다. 나중에 알고보니 그 목사는 같은 날 부잣집에 심방을 가 있었습니다. 이것이 오늘날 목사들의 현주소입니다.

　　32절에 같은 부류의 사람이 또 나옵니다.「또 마찬가지로 한 레위인도 그곳에 있다가 다가가서 그를 보고 다른 편으로 지나갔느니라.」당시에 레위인이면 위대한 신분이었지만 그는 도움을 필요로 하는 사람을 보고 그냥 지나쳐갔습니다. 그는 쓰임받을 준비가 된 사람이 아니었던 것입니다. 바쁘다는 핑계, 이러저러한 핑계를 대고 빠져나간 것입니다.

　　「그러나 여행하던 어떤 사마리아인이 그에게 와서 그를 보고 가엾게 여겨 그가 그 사람에게 가서 기름과 포도주를 부어 상처를 싸매 주고 자기 짐승에 태워 여관으로 데려가서 그를 돌보아 주었느니라」(눅 10:33,34). 당시 사마리아인들은 혼혈 민족이기 때문에 유대인들에게 개처럼 취급을 당했습니다. 그런 사마리아인을 하나님께서 쓰신 이유는 단 하나, 하나님이 부르실 때 '제가 하겠습니다.' 하고 응답했기 때문입니다. 주님께서는 지금 복음 전파를 위해서 사람들을 필요로 하십니다. 지금은 2,000년 전처럼 하나님께서 직접 육신의 몸으로 오셔서 다니시며 설교하시던 때가 아닙니다. 하나님께서는 사람을 사용해서, 교회를 사용해서 복음을 전파하십시오.

끝으로 마태복음 20장 말씀을 보겠습니다. 포도원 일꾼의 비유가 나옵니다. 「"천국은 마치 자기 포도원을 위하여 일꾼을 구하러 아침 일찍 나간 집주인과 같으니 그 주인이 일꾼들과 하루 품삯을 한 데나리온으로 정하고 그들을 자기 포도원으로 들여보냈더라」(마 20:1,2). 집주인은 아침 6시부터 나가서 일꾼들을 뽑았습니다. 그 뒤 제삼시경(오전 9시)에 나가서 다른 사람들을 데려왔고, 제육시(정오)와 제구시(오후 3시)에도 사람들을 데려왔습니다(마 20:3,5). 주인이 「제 십일시경(오후 5시)에도 나가서…그들이 말하기를 '아무도 우리를 고용해 주지 않기 때문이니이다.'라고 하더라. 주인이 그들에게 말하기를 '너희도 포도원으로 가라. 그러면 적절한 대가를 받으리라.'」(마 20:6,7) 고 했습니다.

하루 일이 끝나자, 아침 6시에 포도원에 온 사람부터 오후 5시에 온 사람까지 모두 한 데나리온씩 받았습니다. 그때 일찍부터 일한 사람들이 불평을 했습니다. 하나님께서는 약속하신 대로 대가를 지불하셨는데도 말입니다. 왜 오후 5시에 와서 한 시간밖에 일을 안 한 사람들이 하루 종일 일한 사람들과 똑같이 한 데나리온을 받을까요? '아무도 우리를 고용해 주지 않기 때문이니이다.' 즉, 비록 고용은 받지 못했으나 그들에게는 일을 해야겠다는 마음이 있었던 것입니다. 여러분, 하나님께서는 여러분의 마음가짐을 보고 계십니다. 여러분은 주님의 일에 쓰임받을 자세가 되어 있습니까? 주님을 섬기고 계십니까? 자기 자신에게 솔직하게 답해 보시기 바랍니다. 만약 그렇지 못하다면 주님께 자백하시고 앞으로는 주님이 부르실 때 언제든지 쓰임받을 준비가 되어 있으시기를 바랍니다.

5. 신뢰성 | Dependability

그러므로 내가 그리스도 안에서 큰 담력을 가지고 마땅히 해야 할 것을 네게 명령할 수도 있지만 사랑으로 인하여 나 바울은 나이 많은 자로서 이제 또한 예수 그리스도의 죄수로서 오히려 네게 간청하노라. 내가 갇힌 중에 낳은 내 아들 오네시모를 위하여 네게 간청하노니 그가 전에는 네게 무익하였으나 이제는 너와 나에게 유익하므로 내가 그를 다시 보내노니 그러므로 너는 그를 받아들이라. 그는 내 마음 같은 자라. 내가 그를 나와 함께 있게 하여 복음을 위하여 갇혀 있는 나를 네 대신 섬기게 하고 싶었으나 네 승낙이 없이는 내가 아무것도 하기를 원치 아니하노니 이는 너의 선한 일이 억지로 되지 아니하고 자의로 되게 하려 함이라. 그가 잠시 떠나 있게 된 것은 아마 이로 인하여 네가 그를 영원히 얻게 하려는 것인지도 모르니 이제는 종으로서가 아니라 종 이상의 사랑하는 형제로서 내게 특별히 그러한데, 하물며 너에게는 육신과 주 안에서 더욱 그러하지 않겠느냐? 그러므로 네가 나를 동역자로 여긴다면 그를 나와 같이 영접하라. 만일 그가 네게 잘못을 저질렀거나, 갚아야 할 빚이 있으면 내게로 넘기라. 나 바울은 친필로 썼노니 내가 그것을 갚으리라. 그러나 나는 네가 비록 나에게 빚진 것이 있다 해도 말하지 않겠노라. 정녕 형제여, 내가 주 안에서 너로 인하여 기쁨을 얻게 하고, 주 안에서 내 마음이 새 힘을 얻게 하라. 내가 너의 순종을 확신하고 너에게 썼노니, 이는 또한 내가 말하는 것 이상으로 네가 행할 줄 앎이라(몬 1:8-21).

신뢰성을 가진 사람은 믿을 수 있는 사람, 든든한 의지가 되어 줄 수 있는 사람입니다. 오늘날은 믿을 수 있는 사람을 찾기가 점점 힘들어지고 있습니다. 오늘 본문 구절을 보면서 자신이 빌레몬과 같이 신뢰할 만한 사람인지 점검하는 시간이 되시기를 바랍니다.

믿음과 사랑을 겸비한 성도였던 빌레몬은 부유한 사람이었습니다. 빌레몬서는 사도 바울이 감옥에서 쓴 옥중서신으로, 빌레몬의 종이었던 오네시모를 감옥에서 구령한 뒤 다시 빌레몬에게 돌려보내는 것을 내용으로 하고 있습니다.

오네시모는 자신의 주인인 빌레몬에게 죄를 짓고 도망쳐 나왔습니다. 그런 이유 때문에 사도 바울은 오네시모를 빌레몬에게 다시 보내면서 그를 영접하라는 부탁을 합니다. 저는 본문을 읽으면서 제가 만약에 감옥에서 누군가를 구령했는데, 그가 우리 교회 성도에게 해를 끼치고 도망 온 사람이었고, 제가 우리 성도에게 그를 돌려보낸다면, 과연 몇 사람이나 다시 받아주겠는지 생각해 보았습니다. 여러분은 '그 사람은 사기로 내 돈을 훔친 사람인데 내가 어떻게 받아들여요?'라고 하시겠습니까.

21절에서 사도 바울은 「내가 너의 순종을 확신하고 너에게 썼노니」라고 했습니다. 목사인 제가 여러분에게 부탁의 편지를 쓸 때, 순종할 것을 확신할 수 있는 즉 신뢰성 있는 사람이 과연 몇 명이나 되겠습니까. 빌레몬은 바울이 신뢰할 수 있는 성도였기 때문에 사도 바울이 자신있게 이런 편지를 그에게 쓸 수 있었습니다. 뿐만 아니라 사도 바울은 자신이 부탁하는 것 이상으로 빌레몬이 행할 것을 믿는다고 말했습니다(21절).

여러분 자신은 과연 빌레몬과 같은 성도가 될 수 있는지 또는 여러분 주위에서 그런 사람을 찾아볼 수 있는지 생각해 보십시오. 어려운 상황에 처해 있고 무언가를 부탁하고 싶을 때 과연 신뢰하고 믿을 수 있는 그런 사람을 찾을 수 있으십니까. 또 자신이 도움을 청하고 부탁하는 것 이상으로 도와줄 수 있는 사람이 주변에 몇 명이나 있는지도 생각해 보십시오. 그런 사람들이 많다고 생각할 수 있지만, 실제로는 여러분의 가족도 자녀들도 그러한 신뢰의 대상은 아닐 수 있습니다. 그것은 신뢰성이 있느냐 없느냐의 문제입니다.

「내가 갇힌 중에 낳은 내 아들 오네시모를 위하여 네게 간청하노니」(10절). 감옥에서 거듭난 오네시모는 사도 바울의 영적 아들이 되고 새로운 피조물이 되었습니다. 바울은 그러한 그가 과거에는 빌레몬에게 해를 끼쳤지만 이제는 형제요 동역자라고 말하고 있습니다. 사도 바울이 이런 확신을 가지고 편지를 쓸 수 있었던 이유는 빌레몬의 성품 때문이었습니다.

「예수 그리스도의 죄수 된 바울과, 우리 형제 디모데는 우리가 참으로 사랑하는 동역자 빌레몬과」(1절),「주 예수와 모든 성도를 향한 너의 사랑과 믿음을 들음이니」(5절),「우리가 너의 사랑으로 큰 기쁨과 위로를 얻었노라. 형제여, 이는 너로 인하여 성도들의 마음이 새 힘을 얻었기 때문이라」(7절). 위 구절들을 통해 보았듯이 빌레몬은 성도들을 향한 사랑을 가진 사람이었습니다. 주님을 사랑할 뿐 아니라 성도들을 사랑함으로써 주변에 있는 많은 사람들에게 덕을 베풀고 선한 일을 했던 성도였습니다. 그 점 때문에 사도 바울이 확신을 가지고 편지를 쓸 수 있었던 것입니다. 여러분도 그런 성도가 되셔야 합니다. 그래야 제가 여러분에게 확신을 가지고 쓸 수 있습니다. 18년 동안 사역을 했는데 그런 사람이 한 명도 없다면 제가 감옥에서 얼마나 괴롭겠습니까. 누구에게 편지를 써야 할지, 과연 누가 이 부탁을 들어줄지 고민을 한다면 말입니다.

사랑은 본질적으로 주는 것이며, 준다는 것은 희생을 전제로 합니다. 주님께서는 십자가에서 그 사랑으로 우리에게 구속을 주셨습니다. 마지막 때인 현 세대의 특징은 자기를 사랑하는 것입니다. 자기만을 사랑하는 사람은 신뢰할 수 있는 사람이 아닙니다. 신뢰성이 있는 사람은 곤경에 처한 이를 도와줄 수 있는 사람입니다.

지난 주에는 쓰임받을 자세에 대해 말씀드렸습니다. 이는 주님께서 쓰시고자 부르실 때 쓰임받을 준비가 되어 있어 부르심에 응하는 자세인데, 그것만 가지고는 부족합니다. 군대의 병사들을 예로 들면, 누구나 군대에 입대는 할 수 있지만 모든 병사에게 전쟁을 맡길 수 있는 것은 아닙니다. 전쟁이 일어났을 때 도망갈 병사에게는 어떤 일도 맡길 수가 없습니다. 신뢰할 수가 없기에 전쟁을 맡길 수 없는 것입니다.

여러분은 어떤 사람입니까. 하나님께서 과연 믿고 맡길 수 있는 사람인지 생각해 보십시오. 수많은 정치가들은 신뢰성을 잃어버린 자들입니다. 목사들 중에도 강대상에서 거짓말하는 목사들이 많습니다. 정치가들과 목사들, 이 두 부류가 지금 세상에서 가장 신뢰성이 없는 사람으로 1,2위일 것입니다. 그들은 결코 사랑이 넘치는 사람들이 아닙니다.

　반면 빌레몬은 사랑과 믿음을 가진 사람이었습니다. 그 사랑으로 다른 사람을 위해 희생할 줄 아는 사람이었고, 다른 사람이 도움을 필요로 할 때 자신이 책임지고 그 일을 할 수 있는 사람이었습니다. 그랬기 때문에 사도 바울이 빌레몬에게 자신있게 부탁할 수 있었던 것입니다. 신뢰할 수 있는 사람은 자신에게 부탁하는 사람의 모든 것을 이해하고 도와줍니다. 또한 핑계를 대며 도움 주는 것을 회피하지 않고, 모든 것을 이해하고 해결해 주는 사람입니다. 그런 사람이 신뢰성이 있는 사람입니다. 많은 사람은 무엇을 부탁받거나 도움을 요청받을 때 어떻게 해서든지 빠져나가려는 생각을 먼저 합니다. 그러나 신뢰할 수 있는 사람은 결코 그렇지 않습니다. 누군가가 자신을 믿고 맡길 때, 어떻게 하면 그런 상황에서 해결해 줄 수 있을지를 먼저 생각합니다.

　많은 사람이 말로만 하는 약속은 쉽게 하지만, 실제로 그 약속을 지키지는 않습니다. 혹시 여러분도 그런 사람이십니까. 본인이 할 수 없는 것도 해주겠다고 약속만 먼저 해놓고서, 하루 지난 다음에 생각해 보니 안 되겠다고 말할 것이라면, 아예 말을 꺼내지도 마십시오. 말로는 약속을 했는데 집에 가서 가만히 생각해 보니, 자신이 조금 손해 보는 것 같아 안 하겠다고 말을 번복하는 것은 그리스도인다운 모습이 아닙니다. 한 번 약속한 것은 목에 칼이 들어와도 지켜야 합니다. 약속한 것을 쉽게 번복하는 사람은 신용과 신뢰성을 잃어버립니다.

　신뢰성은 그리스도인의 성품 가운데 참으로 중요한 특성입니다. 말로만 무조건 약속하는 사람들은 자신이 급할 때 도움을 받기만 하고 정작 자신이 한 약속은 지키지 않습니다. 그런 사람들에게 약속은 더이상 약속이 아닙니다. 여러분들은 약속을 지키는 사람이 되어야 합니다. 누가 무엇을 부탁하고 당부했을 때 자신이 약속을 했다면 손해를 보더라도 지키셔야 합니다. 내가 왜 손해 보면서 그 일을 해야 하냐고 후회하려면, 처음부터 약속을 하지 말아야 합니다.

배신하는 사람들도 많습니다. 특히 정치계가 그렇습니다. 주님께서는 자신의 제자 중 한 사람에게 배신을 당하셨습니다. 그것도 요즘 말로 재정을 담당하는 재정부장에게 당하신 것입니다. 유다 이스카리옷은 자기가 관리 책임을 맡은 돈 주머니에서 돈을 훔치는 도둑이었으며 나중에 주님을 배신했습니다. 여러분은 절대로 그런 사람이 되면 안 됩니다.

한편 신뢰성이 있는 사람은 세상적인 사람일 수가 없습니다. 분명히 빌레몬은 사람들 앞에서 믿음에 대한 좋은 간증을 지닌 영적인 형제였을 것입니다. 여러분이 누군가에게 어떤 일을 맡길 때 아무리 가까운 사람이라 할지라도 그 사람이 세상적인 사람이라면 맡길 수가 없습니다.

하나님께서 여러분에게 천만 불을 주신다고 가정해 보십시오. 여러분이 그 돈을 관리할 수가 없어서 누군가에게 맡겨야 할 때 믿고 맡길 사람이 여러분 주위에 몇 명이나 되겠습니까. 만약 아내나 남편이나 자녀가 영적이지 않다면, 그 돈을 가지고 뭘 할지 모르는데 무턱대고 맡길 수는 없는 것입니다. 이렇듯 가까운 사이라고 무조건 신뢰할 수 있는 것은 결코 아닙니다. 이곳 LA에는 카지노가 많습니다. 요즘 신문에서는 한국에서 도박하러 왔다가 들통나는 정치인과 기업인의 기사를 종종 볼 수 있습니다. 그런 사람들에게 천만 불을 맡기면 어디로 갈지는 뻔합니다. 천만 불을 맡길만한 사람이 누구일까를 생각해 보면, 정작 믿을 수 있는 사람은 많지 않다는 것을 깨닫게 됩니다. 하나님께서 천만 불을 주시려 할 때 누구에게 맡기실 수 있겠습니까. 정작 맡길 수 있는 사람이 하나도 없을지도 모릅니다.

제사장 엘리는 자기 아들들이 믿고 맡길 수 없는 자들임에도 불구하고 그들에게 맡겼다가 결국 아들들뿐 아니라 자신까지 한 날에 죽고 말았습니다. 사무엘 선지자도 믿고 맡길수 없는 자기 아들들을 재판관으로 삼아, 결국에는 반란이 일어났고 백성들이 왕을 원하는 일이 일어나게 되었습니다. 그로 인해 이스라엘은 거짓 왕인 사울을 왕으로 세우는 운명을 맞습니다. 신뢰할 수 있는 사람이 없었기 때문입니다.

여러분도 주변에 있는 사람들을 생각해 보시면 신뢰할 사람이 많을 것 같지만 실상은 그렇지 않다는 것을 깨달을 것입니다. 영적인 사람이 아니면 결코 신뢰할 수 없습니다. 영적이지 않은 사람들은 육신적인 쾌락과 세상의 정욕을 좇아가기 때문에 무엇을 맡길 수가 없습니다. 하나님의 말씀을 맡기는 것도 마찬가지입니다. 어떤 사람이 능력이 있고 말을 잘 하고 머리가 좋다 해도, 세상적인 사람이라면 그는 절대로 하나님의 말씀을 전파하지 않습니다. 세상적인 사람은 신뢰성이 없기 때문에 하나님의 진리를 전파하는 사람이 될 수 없습니다.

한편 신뢰할 수 있는 사람은 그것을 행할 능력도 있는 사람입니다. 맡겨진 일을 수행할 능력이 없으면 그 사람은 자신이 맡은 부탁을 들어줄 수가 없습니다. 마음은 굴뚝 같지만 들어줄 능력이 없는 것입니다. 세상적이지는 않지만 능력이 안되는 사람입니다.

예를 들어서 목사가 교회에서 설교를 하지 못할 상황이 되어 누군가에게 설교와 성경 공부를 맡겨야 할 경우가 있습니다. 그런데 성도들 중에 성경 공부를 한 사람이 아무도 없다면 맡길 수가 없습니다. 뛰어난 재능이 있는지가 중요한 것이 아니라, 성경을 공부했고 쓰임받을 자세가 되어 있는지가 중요합니다. 감사하게도 저희 교회에는 믿고 맡길 수 있는 분들이 있습니다. 이처럼 신뢰할 수 있는 사람이 되려면 맡을 일을 수행할 능력도 가지고 있어야 합니다.

조금 전에 들었던 예로 돌아가서, 천만 불을 맡기려 하는 대상이 있는데 그가 능력이 없는 사람이라면 그에게는 맡길 수가 없습니다. 아무리 성격 좋고 착한 사람이더라도 능력이 없어 늘 사업에 실패하는 사람에게는 천만 불을 맡길 수가 없는 것입니다. 또한 예로, 의사가 아무리 인격적으로 훌륭하고 남들에게 모범이 되는 사람이라 할지라도 돌팔이 의사라면 아무 소용이 없습니다. 암에 걸려서 갔는데 진통제만 준다면 그 사람을 어떻게 신뢰할 수 있겠습니까. 결국 필요한 것은 의사로서의 능력 곧 실력입니다.

마찬가지로 하나님의 말씀을 맡길 때도 능력이 없으면 안 됩니다. 성경을 공부해서 실력을 갖추어야 합니다. 복음을 전파하러

나갈 때도 최소한 구령을 어떻게 해야 하는지 배우고 나가야 합니다. 자신이 과연 신뢰할 수 있는 사람인지 생각해 보십시오. 바로 지금 돈이든 하나님의 말씀이든, 그것을 부탁하고 의뢰할 수 있는 사람인지 판단해 보십시오. 상대방의 모든 것을 이해하고 사랑으로써 도와줄 사람이 몇 명이나 있겠는지 생각해 보십시오. 여러분이 그런 사람이 되어야 합니다. 신뢰할 수 있는 사람, 의지할 수 있는 사람으로 인정받는 그런 간증을 소유하십시오. 그렇지 않고서는 그리스도인으로서의 성품이 부족한 사람이 됩니다. 빌레몬처럼, 사도 바울이 그런 부탁을 할 수 있고 의지할 수 있는 사람이 되십시오.

또한 신뢰할 수 있는 사람은 강인해야 합니다. 약하면 조금만 박해가 오고 유혹이 와도 약속을 지키지 못하는 사람이 되어 버립니다. 구원받은 사람에게 오는 사탄의 박해와 유혹은 엄청난 것입니다. 사탄은 그리스도인 한 사람 한 사람을 모두 실족시키기 위해 울부짖는 사자처럼 눈을 부릅뜨고 찾아다니고 있기 때문입니다(벧전 5:8).

열왕기상 13장에는 하나님의 일을 잘 수행한 후에 저주받는 불쌍한 선지자가 나옵니다. 그는 주님께서 맡기신 일을 잘 처리했지만 끝까지 가지 못했습니다. 제단에서 여로보암왕의 손이 말라 버린 사건이 나옵니다.「여로보암왕이 벧엘에 있는 제단을 향하여 외치는 그 하나님의 사람의 말을 듣고, 제단에서 손을 펴며 말하기를 "그를 잡으라." 하더라. 그때 여로보암이 그 사람을 향하여 편 손이 말라 버려서 자기에게로 다시 거두어들이지 못하더라. 또

한 하나님의 사람이 주의 말씀으로 준 표적에 따라 제단이 갈라지고, 재가 제단에서 쏟아지더라. 왕이 하나님의 사람에게 대답하여 말하기를 "이제 주 너의 하나님 앞에 간구하고 내 손이 다시 회복되도록 나를 위해 기도하라." 하므로 하나님의 사람이 주께 간구하니 왕의 손이 다시 회복되어 전과 같이 되었더라」(왕상 13:4-6). 그는 하나님께 간구하여 왕의 손을 회복시킨 아주 위대한 능력까지 갖춘 하나님의 사람이었습니다.

「왕이 하나님의 사람에게 말하기를 "나와 함께 집에 가서 쉬자. 그리하면 내가 네게 상을 주리라." 하니 하나님의 사람이 왕에게 말하기를 "왕께서 내게 왕의 집 절반을 준다고 하실지라도 내가 왕과 함께 들어가지 아니하고, 이곳에서는 빵도 먹지 아니하고, 물도 마시지 아니하리이다. 이는 주의 말씀으로 내게 그렇게 명하여 말씀하시기를 '빵도 먹지 말고 물도 마시지 말며, 네가 왔던 길로 돌아가지도 말라.' 하셨음이니이다." 하더라」(왕상 13:7-9). 왕이 손을 치유받게 해 준 일로 인해 고마워서 제안을 했는데 하나님의 사람은 절대 안 된다며 거절합니다. '빵도 먹지 말고 물도 마시지 말며, 네가 왔던 길로 돌아가지도 말라'는 주님의 말씀 때문에 왕의 제안을 들어줄 수 없다고 말하고 떠납니다.

「이에 그가 다른 길로 가고 벧엘로 왔던 길로 돌아가지 아니하였더라. 그때 벧엘에 한 늙은 선지자가 살았는데 그의 아들들이 와서 그 날 하나님의 사람이 벧엘에서 행한 모든 일을 그에게 고하고 그가 왕에게 고한 말도 그들의 아버지에게 고하니라. 그들의 아버지가 그들에게 말하기를 "그가 어느 길로 가더냐?" 하였으니

이는 그의 아들들이 유다에서 온 하나님의 사람이 어떤 길로 갔는지를 보았음이더라. 그가 그의 아들들에게 말하기를 "나를 위하여 나귀에 안장을 얹으라." 하니 그들이 그를 위하여 나귀에 안장을 얹더라. 그가 그 위에 타고, 하나님의 사람을 따라 가서 그가 상수리나무 아래 앉아 있는 것을 보자 그에게 말하기를 "당신이 유다에서 온 하나님의 사람이니이까?" 하니 그가 말하기를 "그렇소이다." 하더라. 그가 하나님의 사람에게 말하기를 "나와 함께 집으로 가서 빵을 드소서." 하자 그가 말하기를 "내가 당신과 함께 돌아가지도 못하겠고 들어가지도 못하겠으며, 내가 이곳에서는 당신과 함께 빵도 먹지 아니하고, 물도 마시지 아니하리이다. 이는 주의 말씀으로 내게 말씀하시기를 '너는 거기서 빵도 먹지 말고 물도 마시지 말며, 네가 왔던 길로 돌아가지도 말라.' 하셨음이니이다." 하니, 그가 하나님의 사람에게 말하기를 "나도 당신과 같은 선지자라. 한 천사가 주의 말씀으로 내게 일러 말하기를 '그를 네 집으로 데리고 가서 그에게 빵을 먹이고, 물을 마시게 하라.' 하였나이다." 하였으나 그가 그에게 거짓말을 한 것이었더라」(왕상 13:10-18). 이 늙은 선지자는 하나님의 사람이 끝까지 하나님의 말씀을 지키는지 보려고 거짓말로 시험한 것이었습니다. 여러분에게도 깜빡 속을 만한 그런 유혹이 올 수 있습니다. 여러분은 영적 분별력을 항상 가지고 계십니까. 영적 분별력 없이는 그 하나님의 사람처럼 시험에 넘어가게 됩니다.

「그리하여 그가 그와 함께 돌아가 그의 집에서 빵을 먹고 물을 마시니라. 그들이 식탁에 앉았을 때 주의 말씀이 그를 데려온 선지자에게 임하니 그가 유다에서 온 하나님의 사람에게 외쳐 말하기를 "주가 이같이 말하노라. 네가 주의 말씀에 불순종하고 주 너의 하나님께서 네게 명하신 명령을 지키지 아니하며, 돌아와서 주께서 네게 빵도 먹지 말고, 물도 마시지 말라 하신 곳에서 빵을 먹고 물을 마셨으니 네 시체가 네 선조들의 묘에 들어가지 못하리라." 하더라」(왕상 13:19-22). 하나님의 사람은 결국 하나님으로부터 죽음의 징벌을 받게 됩니다. 시험이 왔을 때 걸려 넘어졌기 때문입니다.

우리에게 오는 유혹은 단번에 쉽게 분별할 수 있는 유혹이 아닙니다. 그렇기 때문에 정신을 바짝 차려야 한다고 성경은 말씀하십니다. 하나님의 말씀으로 무장하지 않으면 당하게 됩니다. 바이블 빌리버가 많지 않은 이유도 여기에 있습니다. 현재 세계 곳곳에서 인터넷과 유튜브를 통해 많은 분들이 진리를 듣고 나서 사역에 동참하고 싶다는 의사를 표시해 옵니다. 이것은 너무나도 감사한 일이고 연락해온 한 분 한 분이 정말 귀하지만, 진정한 바이블 빌리버로서 끝까지 계속해서 같이 사역을 하는 사람들은 안타깝게도 많지 않습니다. 도중에 이런저런 유혹과 시험 때문에 중도 하차하는 사람들이 많기 때문입니다. 물론 그중에는 복음을 지식으로만 알았을 뿐 마음으로 믿어 구원받지 못한 사람도 있을 수도 있겠지만, 대부분은 구원을 받았어도 사탄의 유혹과 계략에 넘어져 실족하기 때문에 끝까지 함께하지 못하는 것입니다.

「그가 빵을 먹고 물을 마신 후에 그 사람이 자기가 데려온 그 선지자를 위하여 나귀에 안장을 얹으니라. 그가 갈 때 사자가 길에서 그를 만나 죽이니, 그의 시체가 길에 버려졌고 나귀가 그 곁에 서 있었으며 사자도 그 시체 곁에 서 있더라」(왕상 13:23,24). 그 하나님의 사람은 주의 말씀에 불순종한 하나님의 사람이라고 불립니다. 여러분이 구원받고 하나님의 일에 아무리 열심히 동참했다 하더라도, 영적 분별력이 없으면 결국 그와 같이 될 수도 있음을 명심하시기 바랍니다. 이런 유혹과 시험에 걸려 넘어져 종국에는 '주의 말씀에 불순종한 하나님의 사람'이라 불릴 수도 있으니 정신을 똑바로 차리셔야 합니다.

구원받고 성경적인 교회에 출석한다고 다 되는 것이 아닙니다. 우리가 걸어야 할 믿음의 여정은 깁니다. 그러나 하나님께 밀착하는 사람은 하나님의 보호하심을 받고 끝까지 갈 수 있습니다. 그렇지 않고 딴짓하는 사람들은 유혹과 박해가 올 때 도중에서 하차하기 쉽습니다. 14절에서 하나님의 사람이 상수리나무 아래에 앉아 있는 것을 볼 수 있습니다. 뭔가 조금 나태한 상태에 빠졌을 때, 그때 사탄이 바로 와서 쳐 버린 것입니다.

여러분도 바이블 빌리버로서 믿음 생활이 힘들다고 생각하며 나태해질 때 사탄이 와서 치면 바로 쓰러지게 됩니다. 그러나 바이블 빌리버로서 살지 않는 것이 더 힘들다는 것을 아십니까. 저는 바이블 빌리버가 된 후로 삶이 훨씬 쉬워졌습니다. 어중간하게 사는 것이 오히려 더 힘들다는 것을 사람들은 잘 알지 못합니다. 세상에 한 발 걸쳐 두고 교회에 한 발 걸쳐 두는 그런 사람들의 삶은 비참한 것이고, 아주 힘들게 걸어나가고 있는 겁니다. 하나님 편에만 서면 얼마나 쉬워지는지 경험해 보면 아실 것입니다.

디모데후서 4장 말씀을 통해 그 유명했던 사도 바울의 제자들이 결국에는 어떻게 되었는지를 보고 경각심을 가져야 합니다. 사도 바울이 행한 모든 위대한 사역과 하나님의 능력을 직접 눈으로 본 사람들이 결국 떠나 버렸습니다. 그들이 사도 바울의 동역자들이었음에도 불구하고 믿음에서 떨어져 나간 것을 보면서 우리는 더욱 정신을 바짝 차려야 합니다.

「내가 선한 싸움을 싸우고 달려갈 길을 마치고 믿음을 지켰으니」(딤후 4:7). 여러분도 사도 바울처럼 이런 고백을 할 수 있어야 합니다. 「이후로는 나를 위하여 의의 면류관이 마련되어 있어 의로운 재판관이신 주께서 그 날에 그것을 내게 주실 것이며 또 나뿐만 아니라 그의 나타나심을 사모하는 모든 사람에게도 주실 것이라. 너는 내게로 속히 오도록 힘쓰라. 데마는 이 현 세상을 사랑하여 나를 버리고 데살로니가로 갔고, 크레스케는 갈라디아로, 디도는 달마디아로 갔으며 누가만 나와 함께 있느니라」(딤후 4:8-11). 사도 바울 곁에 누가만 남고 모두 떠났습니다. 사도의 능력을 목격했고 모든 위대한 일들에 동참했던 사람들이 사도 바울의 생애 마지막에 그를 버리고 떠나버린 것입니다. 그들은 사도 바울이 신뢰했던 사람들이었고 의지했던 사람들이었습니다. 그러나 세상을 더 사랑했기 때문에 사도 바울의 곁을 떠났습니다.

우리도 정신을 바짝 차리고 믿음 생활을 해야 합니다. 여러분은 주님께서 신뢰할 수 있는 성도가 되어야 합니다. 그런 성품을 갖지 못하면 믿음에서 떨어져 나가게 될 것입니다. 다시 말씀드리지만 여러분은 디모데와 빌레몬같이 신뢰할 수 있는 성도가 되어야 합니다. 과연 자신은 사람들이 신뢰하고 의지할 수 있는 사람인지, 하나님께서 무언가를 맡기실 수 있는 사람인지 생각해 보십시오. 그렇지 못하다면 회개하시고 신뢰성을 가지기 위해 노력하시기 바랍니다.

6. 일관성 | Consistency

내 아들아, 그러므로 너는 그리스도 예수 안에 있는 은혜 가운데서 강건하라. 그리고 네가 많은 증인들 가운데서 내게 들은 것들을 신실한 사람들에게 맡기라. 그들이 또 다른 사람들을 가르칠 수 있으리라. 그런즉 너는 예수 그리스도의 훌륭한 군사로서 고난을 견뎌내라. 전쟁에 임하는 자는 아무도 이생의 일들에 얽매이지 아니하나니 이는 자기를 군사로 뽑은 자를 기쁘게 하려 함이라. 또 이기려고 애쓰는 사람이 규칙대로 하지 아니하면 면류관을 얻지 못하리라. 수고하는 농부가 먼저 그 소출에 동참함이 마땅하니라. 내가 말하는 것을 숙고해 보라. 주께서 너에게 모든 일에 명철을 주시기 원하노라. 나의 복음대로 다윗의 씨인 예수 그리스도께서 죽은 자들로부터 일으켜지셨음을 기억하라. 이 복음으로 인하여 내가 악을 행하는 자처럼 매여서까지 고난을 받고 있으나 하나님의 말씀은 매이지 아니하느니라. 그러므로 내가 택함받은 자들을 위하여 모든 것을 참음은 그들도 그리스도 예수 안에 있는 구원을 영원한 영광과 함께 얻게 하려 함이라(딤후 2:1-10).

우리는 누군가에 대해 말할 때 처음부터 끝까지 한결같다는 말을 합니다. 오늘 설교의 주제는 일관성 있는 성품에 대한 것입니다. 우리는 하나님의 말씀을 들을 때 마음에 찔림을 받고 그에 따라 어떤 것을 해야겠다, 어떤 것은 하지 말아야겠다는 신념(Conviction)을 갖게 됩니다. 오늘 말씀드리는 일관성은 한번 갖게 된 신념을 한결같이 지속해나가는 것을 의미합니다. 어떤 사람들은 감정의 기복이 심합니다. 감정으로든 무엇으로든 여러 가지

요인으로 인해 흔들리는 사람은 일관성이 없는 사람입니다. 일관성과 관련하여 먼저 살펴볼 것은 말과 행동 사이의 일관성, 즉 언행의 일치입니다. 언행일치는 오늘날 강대상에서 찾아보기 힘든 덕목입니다.

오늘날 한국 사람들이 복음을 받아들이지 않는 가장 큰 이유는 교회나 목사에 대한 신뢰를 잃었기 때문이며, 이는 목사들이 언행일치가 되지 않기 때문입니다. 강대상에서는 거룩한 것을 가르치지만, 정작 자신은 나가서 사기나 치고 음행이나 저지르는 등 믿지 않는 세상 사람들보다도 더 못한 짓을 하므로 사람들의 손가락질을 받는 것입니다. 교회의 돈으로 자식들의 사업 자금을 대 주고 심지어 도박 자금까지 대 주었는데도, 그런 자가 감옥에 가지도 않고 버젓이 강대상에 서 있습니다. 이것이 오늘날 한국 교회의 모습입니다. 그 목사 혼자만의 잘못은 아닙니다. 목사의 사기와 음행과 모든 죄악을 그대로 보는데도 불구하고 그 목사를 여전히 따라가는 자들에게도 잘못이 있습니다. 그런 사람들 때문에 예수님을 믿는다 하면 모두 비난을 받는 것입니다. 교회의 명예는 땅에까지 실추되었고, 교회가 하나님께 영광을 돌리기는커녕 하나님의 이름에 먹칠을 하고 있습니다.

사람들은 더 이상 교회에 나가기를 원치 않습니다. 한국 교회의 많은 신도들이 카톨릭으로 옮기고, 결국에는 아예 종교 자체를 버리기도 합니다. 그 이유는 목사들이 교리도 잘못 가르칠 뿐 아니라 자신이 말하는 것을 지키지도 않으면서 강대상에서 거룩한 체하며 설교를 하기 때문입니다. 세상의 사기꾼들보다도 못한 자들이 목사가 되어 강대상에 서 있습니다. 그런 자들을 따라가는 사람들은 더 한심한 것입니다. 사기는 한 번 당하면 그것으로 족합니다. 이 세상을 살아가는 동안 사기를 당할 수도 있습니다. 그러나 그 사기꾼에게 반복되이 당하는 것은 그 사람 안에 악한 마음이 있기 때문입니다. 이것이 오늘날 교회의 모습입니다. 이처럼 언론에 목사들의 비리가 폭로되는데도 불구하고, 여전히 그 목사를 따라가고 그 교회에 남아있는 사람들이 있습니다. 어떤 목사는 여러 여성들을 성희롱해서 고발을 당했습니다. 그런 사람이 사역의 규모를 불려서 더 큰 교회를 하겠다고 합니다. 사람들이 교회 앞에서 피켓을 들고 시위를 하지만, 그 교회 신도들은 여전히 그를 추종하고, 오히려 더 많은 사람들이 그 교회로 가니, 시위가 아무 소용이 없습니다. 그런 목사들의 비리와 죄악이 언론에 보도가 되고 유튜브에 폭로가 돼도 소용이 없는 것입니다. 그렇기 때문에 한국 교회에는 희망이 없습니다. 목사가 신도들 앞에서 버젓이 거짓말을 하는데도, 신도들은 그것이 거짓인 줄 알면서도 계속해서 그를 따릅니다. 이런 일관성이 없는 자들로 인해 교회가 비난을 받는 것입니다. 교회는 그리스도의 몸이기에 교회가 비난을 받는 것은 하나님께서 모욕을 받으시는 것입니다.

여러분은 처음에 가졌던 신념과 확신을 가지고 계속해서 일관되게 주님을 섬기고 계십니까? 이것이 사도 바울이 본문에서 말하는 것입니다. 「내 아들아, 그러므로 너는 그리스도 예수 안에 있는 은혜 가운데서 강건하라. 그리고 네가 많은 증인들 가운데서 내게 들은 것들을 신실한 사람들에게 맡기라. 그들이 또 다른 사람들을 가르칠 수 있으리라」(1,2절). 만일 모든 목회자들이 사도 바울이 2천 년 전에 말한 이 구절을 마음에 깊이 새기고 사역에 임했더라면, 오늘날 한국 교회들에서 너무나 많이 볼 수 있는 사기꾼 목사들이 나오지 않았을 것입니다. 일관성이 없었기 때문에 교회사 2천 년을 거치는 동안 변질이 된 것입니다. 사도 바울이 가르쳤던 것을 배운 디모데가 다음 사람에게 그대로 가르치고, 다음 사람도 배운 것을 그 다음 사람에게 그대로 가르치고…, 이렇게 주님의 사역이 이어졌더라면 오늘날 이런 배교하고 타락한 교회의 모습을 목도할 일이 없었을 것입니다. 누군가가 그 가르침을 변질시킨 것입니다.

여러분이 교회사를 공부하면 알겠지만 최초에 사도 바울이 전한 은혜의 복음을 사람들이 들었을 때에는 혼동될 것이 없었습니다. 예를 들어 로마서 3장을 보면 오직 믿음만으로 구원받는다는 말씀이 나오는데, 구원에 대한 가르침이 명확하게 제시되어 있습니다. 그런데 왜 오늘날 한국 교회 내에서 믿음만으로 구원받는다는 것과 한번 구원받으면 영원히 구원을 잃어버리지 않는다는 것을 가르치면 오히려 잘못되었다고 하는 것입니까? 하나님의 말씀을 전파하는 사도 바울이 분명하게 성경에 기록해 두었는데도 불구하고, 무지한 사람들이 그 말씀을 마음으로 새겨듣지 않기 때문입니다. 로마서 3장 20절에서 「그러므로 율법의 행위로는 그분 앞에 의롭게 될 육체가 없나니 이는 율법을 통해서는 죄의 깨달음이 있음이니라」고 분명하게 율법의 행위로는 의롭게 될 수 없다고 말씀했습니다. 그런데 어떻게 해서 행위를 통한 구원을 가르치게 된 것입니까? 누군가가 디모데후서 2장 1,2절에서 사도 바울이 말한 것을 지키지 않았기 때문입니다. 사도 바울이 떠난 뒤 초대 교회 시대에 등장한 소위 교부라는 자들이 세례로써 거듭난다는 교리를 가르쳤습니다. 즉 물로써 세례를 받으면 중생한다는 것입니다. 그러한 거짓 교리가 교계 내에 들어와 자리를 잡음으로써 점점 심한 혼란을 가져오고, 결국 오늘날 오직 믿음만으로 구원을 받는다고 가르치는 것이 오히려 이단시되고 있습니다.

「그러나 이제는 율법 없이 하나님의 의가 나타났으니 율법과 선지서들을 통해 증거된 것이니라. 곧 하나님의 의는 예수 그리스도를 믿음으로 인한 것으로 모든 자와 믿는 모든 자에게 미치나니 차별이 없느니라. 이는 모든 사람이 죄를 지었으므로 하나님의 영광에 이르지 못하다가 그리스도 예수 안에 있는 구속을 통하여 그의 은혜로 값없이 의롭게 되었음이라」(롬 3:21-24). 주님의 은혜로 값없이 의롭게 되었다고 말씀하는데도 불구하고 그것을 있는 그대로 받아들이지 않는 것입니다. 예수님도 믿고 거기다 침례도 받고 교회에 헌금도 내는 등의 모든 행위를 더해야 구원받는다고 가르칩니다. 저는 지금 출석을 하거나 헌금을 내는 행위로써 의롭게 될 수 없다는 것을 말하는 것이지, 교회에 나가지 않아도 된다거나 헌금을 내지 않아도 된다고 하는 것이 아닙니다. 우리가 그리스도 예수 안에 있는 구속을 통하여 그의 은혜로 값없이 받는 구속은 하나님의 선물입니다. 대가를 지불하고 받는 것은 선물이 아닙니다. 이것을 제대로 가르치지 않기 때문에 오늘날 수많은 교회들이 잘못된 구원 교리로 신도들을 지옥으로 부내는 것입니다.

예수님도 믿고 거기에 덧붙여 무언가를 해야만 곧 대가를 치러야만 하늘나라에 간다고 가르치니 모두 다 지옥으로 보내고 있는 것입니다. 하나님의 그 귀중한 영생의 선물이, 구원의 선물이 무너져 버린 것입니다.

교회사 2천 년 동안 목사들이 디모데후서 2장 말씀을 마음으로 받아들이지 않았기 때문에 오늘날 구원에 대한 거짓 교리가 만연하게 된 것입니다. 스스로 교만해져서 자신이 사도 바울보다 더 잘 안다고 생각했기 때문에, 사도 바울은 믿음으로 값없이 의롭게 된다고 했음에도 불구하고 자신은 그렇게 가르치지 않는 것입니다. 결국 교만한 자들이 이단 교리를 만들어낸 것입니다. 성경의 교리들을 있는 그대로 가르치기만 해도 가르칠 것이 넘치는데 거기에 무엇을 더 혼합해서 가르치는 이유가 무엇입니까? 이는 순수함에서 나온 것이 아니라 교만에서 나온 것이요, 자신의 권력을 세우기 위한 것입니다. 세례를 통한 중생의 교리를 가르치는 카톨릭 교회는 카톨릭 교회에서 세례를 받아야만 구원을 받는다고 가르쳐서 중세 암흑 시대에 절대적인 권력을 누렸습니다. 그러니 지옥에 가기 싫은 사람들이 그 교회로 안 들어가겠습니까? 이렇게 권력을 향한 인간의 욕망 때문에 결국 사도 바울이 죽고 나서 얼마 지나지 않아 순수한 교리가 무너져버린 것입니다. 곧바로 교리적인 혼란이 오고 카톨릭 교회가 등장하게 된 것입니다.

「하나님께서는 그의 피를 믿는 믿음을 통하여 그를 화목제물로 세우셨으니 이는 하나님의 오래 참으심 가운데서 이전에 지은 죄들을 사하심으로 인하여 그의 의를 선포하려 하심이요, 곧 이때에 자기의 의를 선포하심은 자신도 의롭게 되시고 또한 예수를 믿는 자도 의롭다 하려 하심이니라. 그러므로 자랑할 데가 어디 있느냐? 있을 수 없느니라. 무슨 법으로냐? 행위의 법으로냐? 아니라. 오직 믿음의 법에 의해서니라. 그러므로 우리는 사람이 율법의 행위들이 없이 믿음으로 의롭게 된다고 단정하노라」(롬 3:25-28). 이렇게 성경이 단정한다고 말씀하는데, 왜 많은 목사들은 오직 예수님을 믿음으로써 구원받는다는 교리를 이단시합니까? 그들은 로마서 3장은 제쳐두고 요한계시록, 사도행전, 마태복음, 히브리서, 야고보서를 들어 행위로 받는 구원 교리를 가르칩니다. 즉 오늘날 은혜 복음 시대가 아닌, 대환란과 천년 왕국 때 적용되는 구절들을 가지고 신도들에게 설교를 하고 있습니다. 왜일까요? 그런 구절들을 가지고 설교를 해야 신도들에게 구원을 잃을지 모른다는 두려움을 줄 수 있고, 따라서 자신들이 권력을 가질 수 있기 때문입니다. 사람들이 목사의 말을 들을 수밖에 없게 됩니다.

오늘날 사이비 종교를 구별할 수 있는 가장 쉬운 방법이 있습니다. 회개하는 마음으로 예수님만 믿으면 구원을 받는다고 가르치는 것은 사이비 종교가 될 수 없습니다. 반면에 유튜브의 많은 종교 전파자들은 자신만을 믿고 따라야 구원을 받는다고 가르칩니다. 예수님을 믿는 믿음에 무언가를 더해서 가르칩니다. 이렇게 가르치는 것이 사이비 종교입니다. 그들 자신만이 말씀이고 진리이고, 자신이 이기는 자이고, 자신이 있는 곳이 SCJ라고 해서 사람들을 속입니다. 요한계시록에 나오는 십사만 사천 명은 이스라엘의 열두 지파를 말하는 것인데도, 이것이 SCJ 신도들이라고 속입니다. 여호와의 증인들이 가르친 이단 교리를 모방해서 사람들을 지옥으로 몰고 가는 것입니다. 그런 사이비 종교 지도자에게 걸려들면 가정도 파괴됩니다.

사도 바울이 가르친 분명한 은혜의 복음이 가려지게 된 이유는 이 디모데후서 2장 2절을 지키지 않았기 때문입니다. 사도 바울은 '주님께서 은혜의 복음을 나에게 계시해 주셨으니 내게서 들은 것, 다른 그 누구에게서 들은 것이 아니라 내게서 들은 것을 그대로 신실한 사람들에게 맡기라.'고 디모데에게 당부했습니다. 그러나 신실한 사람들에게 맡기지 않은 것이 문제였습니다. 디모데는 신실했지만 그의 뒤에는 어떻게 되었는지 알 수 없습니다. 그가 가르친 사람 중에는 신실한 사람들도 있었을 것이고 그렇지 않은 사람들도 나왔을 것입니다. 신실하지 않은 사람들이 이단 교리를 퍼뜨리기 시작했을 것입니다. 이렇게 해서 과연 장사가 될까, 믿음만으로 구원받는다고 하면 사람들이 교회에 올까, 길에서 복음을 전할 때 교회에 오지 않고 그 자리에서 믿어도 구원을 받는다고 하면 과연 교회가 커질 수 있을까, 안되겠다, 우리 교회에 와서 물로 세례를 받아야 구원받는다고 하자. 욕망을 가진 누군가가 그런 교리를 만들어냈을 것입니다. 주의 만찬에서 뗀 빵을 받아 먹는 것이 예수님을 먹는 것이라고 가르치자, 우리 교회에 와서 주의 만찬(카톨릭 교회의 성체성사)에 동참해야 은혜를 받는다고 가르치자고 한 것입니다. 사람들을 자신의 교회로 끌어들이기 위해서 사기를 친 것입니다. 중세 암흑 시대에는 카톨릭 교회 안으로 들어와야 구원을 받고 카톨릭 교회 밖으로 나가면 모두 지옥에 간다고 가르쳤습니다. 세례와 미사 등 여러 가지 성사들로 사람들을 교회에 묶어두고 마귀의 교리들을 가르쳤습니다. 신실하지 못한 사람들이 자신들이 들은 것을 그대로 가르치지 않은 것입니다.

오늘날 성경적으로 믿는 사람들이 곳곳에서 사역을 하고 있습니다. 자신의 말씀을 영감으로 기록하신 하나님께서는 그 말씀을 섭리적으로 보존하셨습니다. 영어 킹제임스성경이 1611년에 나온 이래 하나님께서는 이 성경을 사용하셔서 영국이 가는 길마다 복음이 전파되게 하셨고, 세계 곳곳에 부흥을 가져왔습니다. 어느 선교사가 증언했듯 아프리카 사람들이 한국 사람들보다 먼저 킹제임스성경을 알고 복음을 받아들였습니다. 이렇게 하나님께서 위대하게 사용하신 킹제임스성경을 없애려는 자들이 성경을 변개했습니다. 1800년대 말에 마귀가 사람들을 속이려고 웨스트코트와 홀트를 사용하여 변개된 성경을 만들었고, 한국 교회가 사용해 온 개역한글판성경은 이들이 만든 비평 원문에서 번역되었습니다. 이처럼 마귀에 의해 3만 6천 군데가 변개된 성경으로 시작된 한국의 기독교는 오늘날 썩은 열매를 거두고 있는 것입니다.

본문 3,4절을 보십시오. 「그런즉 너는 예수 그리스도의 훌륭한 군사로서 고난을 견뎌 내라. 전쟁에 임하는 자는 아무도 이생의 일들에 얽매이지 아니하나니」 이생의 일로 흔들리지 않아야 합니다. 그래야만 일관성 있게 믿음을 지킬 수 있는 것입니다. 많은 사람들이 이생의 일에 휘둘립니다. 그러나 여러분은 세상 사람들에게 휘둘리지 않아야 하고 주변에서 오는 일시적인 고난과 역경과 변화에 흔들리지 않아야 합니다. 대신 길게 보는 안복을 갖고 그리스도의 심판석을 바라봐야 합니다. 주변에서 일어나는 작은 변화만을 따라서 움직이며 살다 보면 항상 기복이 심한 사람이 되고 초지일관할 수가 없습니다. 많은 사람들이 경제적 고난이 오면 믿음을 저버립니다. 자신이 겪는 일시적인 어려움에 눈을 돌렸기 때문입니다. 베드로는 물 위로 오시는 주님을 보자 주님께 간구하여 자신도 물 위를 걸었습니다. 그러나 파도가 일자 주님을 쳐다보는 데서 눈을 돌려 폭풍을 바라보았고 결국 물에 빠지고 말았습니다. 여러분도 눈을 돌려서 고난과 역경을 바라보면 쓰러질 수밖에 없습니다. 고난과 역경이 왔을 때 이생의 일에 흔들리면 믿음을 지속할 수 없게 됩니다.

주님께서는 여러분에게 필요한 것을 채워주신다고 약속하셨습니다. 필요가 채워지지 않는다면, 하나님께서 이를 통해 여러분이 무엇을 깨닫도록 이끄시는지를 알아야 합니다. 그리고 그 문제를 해결해야 합니다. 이처럼 우리는 길게 보아야 합니다. 세상 사람들도 주식에 투자를 할 때 길게 보고 투자를 합니다. 그렇게 해야 돈을 벌 수가 있습니다. 그때그때 단기적으로 일어나는 변화에 따라 이리저리 움직이다 보면 나중에는 하나도 남는 것이 없게 됩니다. 여러분이 이생의 일에 흔들리면 믿음의 생활은 지속될 수 없습니다. 본문 말씀은 우리에게 예수 그리스도의 훌륭한 군사로서 고난을 견뎌 내라고 분명하게 말씀하십니다.

여러분이 성경적으로 살 때 주님께서는 여러분을 책임져 주십니다. 많은 사람들이 반대로 생각합니다. 자신이 처한 문제가 해결이 되어 생활이 안정되고 나면 예수님을 믿겠다거나 주님께 헌신하겠다고 합니다. 그러나 그것은 순서가 뒤바뀐 것입니다. 그래서 일마저도 안 풀리는 것입니다. 그렇게 말하는 사람들치고 믿음으로 다시 돌아오는 사람을 저는 지금까지 한 명도 보지 못했습니다. 어떤 고난과 역경이 오더라도 믿음을 지키겠다고 결심하고, 그 결심을 기반으로 영적으로 성장하여 자신의 잘못을 말씀에 근거해서 고칠 때, 주님께서는 분명히 그 사람이 처한 고난과 역경을 해결해 주십니다. '어떻게 확신할 수 있죠?'라고 묻는 사람이 있다면, 지난 18년 동안 제가 주님께 헌신하고 말씀대로 따랐을 때 주님께서 한 번도 어김없이 신실하게 저를 돌보아 주셨다는 간증으로 답할 수 있습니다. 여러분이 주님을 믿고 주변 환경에 흔들리지 않을 때 하나님께서는 여러분을 책임져 주십니다.

하나님의 말씀이 있고 은혜의 복음을 아는데, 이것을 버리고 누구를 따라가겠습니까? 정치인들은 그럴 수가 있습니다. 그러나 여러분은 그래서는 안 됩니다. 정치인들이 하는 말은 10%가 진실이고 90%는 거짓말입니다. 오바마는 대통령이 되기 전에는 동성 결혼은 절대 합법화해서는 안 된다고 했지만, 재선이 되고 난 뒤에는 이를 찬성하는 쪽으로 말을 바꿨습니다. 그것이 인간이고 그것이 정치인입니다. 인디아나 주에서는 어떤 피자 가게 주인이 자신의 종교적 신념에 의해 동성 결혼식에 피자 배달하기를 거부했다가 고발당해서 유죄판결을 받았습니다. 그 주는 주지사가 보수주의인 공화당인데도 불구하고 동성연애자들의 압력에 못 이겨 동성 결혼을 합법화시켰습니다. 자유 민주주의 국가에서 피자 가게 주인이 자신의 신념에 어긋나는 피자 배달은 하지 않겠다는데, 왜 그것이 죄가 되고 감옥에 가야 합니까? 우리는 지금 이런 시대에 살고 있는 것입니다. 주지사가 공화당원인데도 동성연애자들의 목소리가 커지자 타협해 버린 것입니다. 이렇게 정치인들은 일관성 없이 이리저리 흔들립니다. 그러나 여러분이 그렇게 되어서는 결코 안 됩니다. 목에 칼이 들어와도 하나님의 말씀을 타협해서는 안 된다는 신념을 가지고 나아가야 합니다.

「전쟁에 임하는 자는 아무도 이생의 일들에 얽매이지 아니하나니 이는 자기를 군사로 뽑은 자를 기쁘게 하려 함이라」(딤후 2:4). 우리는 누구를 기쁘게 해야 합니까? 여러분은 주님을 기쁘시게 하는 데 마음을 써야 합니다. 우리는 지금 영적 전쟁을 하고 있는데, 사소한 일에 걸려 넘어지면 안 됩니다. 구원받지 못한 혼들이 멸망하느냐 구원받느냐가 달린 중요한 전쟁에 임한 상태에서, 누가 자신에게 상처를 줬다느니 하면서 토라져 있으면 어떻게 하나님을 기쁘시게 할 수 있겠습니까? 자신이 생각하기에 목사님이 설교 시간에 자신에 대한 예를 들었다는 오해로 마음이 상해 교회에 안 나온다는 사람도 있었습니다. 저는 설교할 때 결코 특정 사람을 표적 삼아 설교하지 않습니다. 그 사람이 왜 마음에 찔림을 받은 것입니까? 성경이 말씀하는 모든 죄들은 모든 사람의 옛 성품에 들어 있는 것들이기 때문에, 설교 말씀을 들으면 모두 자신에 대해 하는 말처럼 들리게 됩니다. 그런 설교가 올바른 설교입니다. 찔림을 전혀 주지 않는 설교는 올바른 설교가 결코 아닙니다. 영어로 설교를 뜻하는 sermon이라는 단어는 찔림을 준다는 뜻을 갖고 있습니다. 성령의 칼인 하나님의 말씀으로 찔림을 받아서 피를 흘려야만 하는 것입니다. 거짓 목사들은 입만 열면 매일같이 '여러분은 하나님을 아주 잘 믿고 계십니다'라고 거짓말을 합니다. 저는 그런 말을 하라고 해도 못 합니다. 18년 동안 사역하면서 한번도 '여러분은 하나님을 잘 믿고 계십니다'라고 말한 적이 없습니다. 우리가 모두 부족한데 어떻게 하나님을 잘 믿고 있다고 말할 수가 있습니까? 여러분은 그런 데 넘어가면 안 됩니다.

우리는 영적 전쟁에 임하고 있습니다. 사소한 일에 흔들리거나 낙심과 고난이 온다고 해서, 믿음을 저버리면 안 됩니다. 지금 사람들이 지옥으로 가고 있는 상황인데 어떻게 그런 사소한 일에 걸려 넘어져 실족한다는 말입니까? 실족하는 일은 사탄에게 속았기 때문에 일어납니다. 사탄은 항상 실족할 일들, 고난과 역경만 보게 만듭니다. 그렇다면 여러분이 성경적으로 해야 할 일은 무엇입니까? 항상 감사하고 항상 기뻐해야 합니다. 그 두 가지만 지키면 됩니다. 고난을 생각하는 대신, 내가 지금 숨을 쉴 수 있고 지옥에 가지 않는 것만으로도 얼마나 감사한지를 생각하면 되는 것입니다. 그러면 아무리 사탄이 여러분을 누르려고 해도 그 기쁨이 사라지지 않습니다. 우리는 치열한 영적 전쟁을 치르고 있기 때문에 길게 보고 크게 봐야 합니다. 주변의 일시적인 조그만 변화를 보면서 실족하면 안 됩니다.

「또 이기려고 애쓰는 사람이 규칙대로 하지 아니하면 면류관을 얻지 못하리라」(딤후 2:5). 이기려면 규칙대로 해야 합니다. 인생은 항상 흥미진진한 것이 아닙니다. 매일 TV만 보는 사람은 인생이 늘 흥미진진하고 신나는 것으로 착각하고 살 것입니다. 아내와 남편에게 더 이상 흥미진진함을 못 느낄 때 많은 사람들이 이혼해 버립니다. 그러나 인생은 지루한 것입니다. 성경적으로 믿는 사람들의 삶은 일하고 먹고 성경 읽고 기도하고 자고, 다시 나가서 일하고 복음 전하고 들어와서 자고, 이렇게 다람쥐 쳇바퀴 돌듯 반복되는 것입니다. 그런 인생을 헐리우드 마귀들은 장밋빛으로 보게끔 해서 사람들을 혼란에 빠지게 합니다. 지금 함께 있는 배우자와 이혼하고 다른 사람과 살면 지루한 것이 없어지고 흥미진진하게 바뀔 것 같습니까? 사람들이 모두 사탄에게 속고 있는 것입니다. 여러분은 지루한 것이 인생이라는 것을 알아야 합니다. 지루하다고 해서 멈추거나 포기해서는 안 됩니다. 우리의 오늘은 어제와 거의 다를 바 없이 지나가는 것입니다. 그렇기 때문에 사람들로 흥미진진함을 느끼게 하기 위해서 거짓 목사들은 각종 프로그램을 도입합니다. 한 달에도 몇 번씩 행사가 있고 부흥회를 합니다. 지루함 때문에 신도들이 흥미를 잃을까 봐 염려해서입니다.

　인생은 그렇게 흥미진진하지 않다는 것을 알아야 합니다. 우리의 믿음 생활은 지루한 것입니다. 우리는 그것을 이겨내야 합니다. 이기려고 애쓰는 우리는 규칙대로 합니다. 하나님의 말씀을 전파하지, 프로그램 같은 것으로 사람들을 속이고 교회 안에 드럼이나 갖다 놓고 락뮤직을 하지 않습니다. 드럼이나 전자기타를 치면서 무슨 CCM이니 크리스쳔 락뮤직이니 하며 마귀의 음악으로 청소년들을 망가뜨리고 지옥으로 보내서는 안 됩니다. 크리스쳔 락뮤직이라는 것은 어불성설입니다. 락앤롤은 본래 거리의 창녀들이 쓰는 말입니다. 어떻게 그 말이 크리스쳔이라는 단어와 나란히 쓰여서 교회 안으로 들어올 수 있습니까? 그런데도 오늘날 남 가주에 그렇게 하지 않는 한국 교회가 없습니다. 목사들은 교인들이 지루해할까 봐 그런 변칙들을 쓰는 것이고 규칙대로 하지 않는 것입니다.

본문 10절 보십시오. 「그러므로 내가 택함받은 자들을 위하여 모든 것을 참음은 그들도 그리스도 예수 안에 있는 구원을 영원한 영광과 함께 얻게 하려 함이라.」 사도 바울이 말한 대로 영광을 얻으려면 모든 것을 참아야 합니다. 그래야만 한결같고 일관성 있는 믿음의 소유자가 되는 것입니다. 지속하기란 쉽지 않기 때문에 인내심을 가지고 모든 것을 참아야 되는 것입니다. 여러분은 현재 모든 것을 참고 있습니까?

재판관기를 읽으면 이스라엘이 한 세대, 두 세대를 거치면서 점점 더 타락으로 나아가는 것을 봅니다. 일관성을 잃어버렸기 때문입니다. 이스라엘 백성이 모세와 여호수아가 가르치는 대로 했으면 그렇게 되지 않았겠지만, 다음 세대에서 조금 변질되고, 그 다음 세대에서 조금 더 변질됨으로써 결국엔 포로로 잡혀가는 지경에까지 이르렀습니다. 여러분도 이 점을 조심해야 합니다. 처음에는 잘 믿었던 사람인데 나중에 보면 그 믿음은 어디론가 사라져 버리고 완전히 다른 사람이 되어 있는 것을 보는 경우가 있습니다. 그 사람이 그렇게 변한 것은 한 순간에 일어난 일이 아니라 오랜 과정에 거쳐 일어난 일입니다. 믿음에서 한 단계 떨어지고, 그 다음 단계로 또 떨어지고, 또 그 다음 단계로 떨어지고…. 눈에 드러났을 때에는 벌써 모든 단계를 거친 뒤의 마지막 단계입니다.

사탄은 어떤 사람을 한꺼번에 망가뜨리지 않습니다. 조금씩 조금씩 눈치채지 못할 정도로 끌어내립니다. 돈이나 명예나 이성 등 무언가를 써서 그 사람을 끌어내립니다. 그러면 고기가 낚싯밥을 물듯이 덥석 물어서 끄는 대로 끌려갑니다. 그렇게 해서 자신의 신념과는 완전히 반대되는 일을 하게 만드는 것입니다.

여러분은 견뎌야 합니다. 어려움이 온다고 해서 조금 물러서고 유혹이 온다고 조금 물러서면 안 되는 것입니다. 신실했던 아브라함과 다윗의 다음 세대가 어떻게 되었습니까? 아브라함과 다윗의 일관성 없는 행동을 그 자녀들이 보았습니다. 아브라함이 목숨을 부지하기 위해 자기 아내를 누이라고 거짓말을 하니, 그 아들 이삭은 한 번도 아니고 두 번을 똑같은 거짓말을 합니다. 그리고 그 다음 다음 세대에 나온 아들은 완전히 찬탈자가 되어서 꾀를 써서 형의 권리를 빼앗습니다. 야곱은 찬탈자라는 이름답게 평생을 자기 꾀로 살아가는 사람이 되었습니다. 겨우 세 세대를 거치면서 그렇게 된 것입니다. 그 뒤 야곱의 자식들은 입에도 담지 못할 해괴한 짓을 합니다. 왜 그럽니까? 일관성이 상실되었기 때문입니다.

자녀를 제대로 양육하려면 일관성을 보여야 합니다. 하나님의 말씀을 믿는다고 하면서 말씀대로 살지 않는 모습을 보여 주면, 아이들이 '우리 엄마, 아빠는 성경적으로 믿는 교회에 나간다면서 왜 저렇게 살까?' 생각하고 부모의 신앙을 따르려고 하지 않습니다. 일관성 있게 가르친다 해도 자녀들 중에는 제대로 하는 아이가 있는가 하면 그렇지 않은 아이도 있는데, 하물며 일관성 없는 모습을 보인다면 아이들이 성경의 가르침대로 자랄 가능성이 더욱 희박해지는 것입니다. 부모가 교회를 사랑하고 성도들을 사랑하는 마음이 없는데, 어떻게 아이들이 교회에 잘 나오기를 바라겠습니까? 아이가 교회에 가기 싫다고 말하는 이유가 무엇이겠습니까? 예배가 끝나고 집으로 가는 길에 목사님 설교가 좋다 나쁘다 판단을 하고, 어느 주에 설교가 길면 길다 짧으면 짧다 하면서 불평을 늘어 놓는다면, 아이들이 교회에 나오고 싶겠습니까? 교회로 오는 길과 집으로 돌아가는 길에서 다른 성도들을 비난하고 교회를 비난한다면, 아이들이 옆에서 듣고 교회에 나오고 싶어하지 않을 것입니다.

 우리는 사도 바울의 권면의 말씀을 잊지 말아야 합니다. 사도 바울이 가르친 것을 그대로 신실한 사람들에게 맡기면 그 사람이 또 다른 사람을 가르칠 수 있다고 했습니다. 우리는 일관성 있게 행동해야 합니다. 그래야 믿음의 선한 싸움을 다 싸운 후에 영광을 얻을 수 있습니다.

7. 신실함 | Faithfulness

많은 사람들은 각기 자신의 선함을 선언하나, 누가 신실한 사람을 만날 수 있으리요?(잠 20:6)

그리스도인의 성품에 대해서 공부하다 보면 각 성품들이 서로 비슷한 부분이 있습니다. 예를 들어 앞서 다룬 책임감, 신뢰성과 오늘 배우게 될 신실함은 일상적 의미로는 유사하게 사용될 수 있는 단어들이지만, 저는 주님께서 여러분에게 무엇을 원하시는지 그 관점에서 개별적으로 설명하려 합니다.

앞서 살펴본 책임감은 어떤 임무를 맡아 목표를 달성하는 데 필요한 성품이고, 신뢰성은 누군가가 믿고 의지할 수 있는 사람이 되는 데 필요한 성품입니다. 오늘 배울 신실함은 어떤 능력이나 목표 달성과는 상관없이 끝까지 최선을 다해 하나님의 말씀에 복종하기 위해서 필요한 성품입니다.

주님께서는 신실함에 대해서 많이 말씀하셨는데 신실한 사람을 만나기란 참 어려운 일입니다. 자신이 신실한 사람인지 점검해 보십시오. 여러분은 주님께서 명령하신 것을 게으름 피우지 않고 끝까지 최선을 다해 복종하는 사람입니까. 신실함과 연관해서 성경에 청지기라는 단어가 나옵니다. 신실한 청지기를 생각하면서 오늘 주제를 생각하시기 바랍니다.

본문 6절이 「많은 사람들은 각기 자신의 선함을 선언하나」라고 말씀하듯 지금은 많은 사람들이 스스로가 선하다고 외치는 시대입니다. 그러나 성경은 「기록된 바와 같으니 "의인은 없나니 없도다, 한 사람도 없도다"」(롬 3:10)라고 말씀하십니다. 많은 사람들은 자신이 선하고 의롭다고 말하지만, 주님께서 보시는 인간의 모습은 전혀 다릅니다. 「그러나 우리는 다 불결한 것 같고, 우리의 모든 의는 더러운 걸레 같으며」(사 64:6). 자신이 이 세상에서 남들보다 선하고 의롭다고 생각하는 인간들을 향해 성경은 그들의 의가 더러운 걸레와 같다고 말씀하십니다.

그리스도의 심판석 앞에 섰을 때 주님 앞에 내 놓는 것이 더러운 걸레 같은 '자기 의'라면 어떻게 되겠습니까. 더러운 걸레는 깨끗이 빨았다고 해도 그것을 입고 다닐 사람이 없고, 그것을 그릇 닦는 행주로도 쓸 사람이 없을 겁니다. 하나님 앞에서 우리의 의는 아무리 깨끗이 빨아도 냄새나는 더러운 걸레 같은 것입니다. 구원받지 않았다면 하나님의 심판석 앞에 섰을 때 이렇게 냄새나는 모습으로 서게 됩니다. 교회에서 봉사를 아무리 많이 했어도, 세상에서 불쌍한 사람들을 먹여주고 입혀주는 선한 일을 아무리 많이 했어도, 주님께서 '너의 의는 더러운 걸레 같다'고 하십니다.

「우리의 모든 의는 더러운 걸레 같으며, 또 우리는 다 잎사귀처럼 시들며 우리의 죄악들은 바람처럼 우리를 옮겨갔나이다」(사 64:6). 이것이 주님께서 우리 인간들을 보시는 관점입니다. 여러분이 아무리 다른 사람보다 선하다 할지라도 거룩하신 하나님 앞에 섰을 때 여러분은 죄인일 뿐입니다. 자신은 죄를 짓지 않았다고 하는 사람들은 거짓말쟁이입니다. 오직 하나님만 참되시고 인간은 모두가 거짓말쟁이라고 말씀하셨기 때문입니다(롬 3:4). 평생에 거짓말을 열 번밖에 안 했다 하더라도 그 사람은 거짓말쟁이일 뿐입니다. 거짓말을 열 번을 했든 만 번을 했든 똑같이 거짓말쟁이입니다. 평생에 거짓말을 열 번밖에 안 했다는 그 말도 물론 믿을 수 없는 말입니다.

「많은 사람들은 각기 자신의 선함을 선언하나, 누가 신실한 사람을 만날 수 있으리요?」 본문 말씀처럼 마지막 때인 지금 신실한 사람을 만나기가 어렵습니다. 성경이 없었다면 인간은 자기 자신을 제대로 측정할 수가 없었을 것입니다. 그저 남들과 비교했을 때 자신이 더 괜찮다고 생각하면서 삽니다. 저도 구원받기 전에는 같은 생각을 하고 살았습니다. 여러분도 마찬가지였을 것입니다. 열 사람을 살인하고 감옥에 가 있는 살인자일지라도 뇌물 받고 부패한 정치가보다는 그래도 자신이 더 낫다고 생각합니다. 자신의 죄악은 보지 못하고 남들보다 자신이 더 선하다고 생각하는 것이 어리석고 비참한 인간의 마음입니다.

신실한 사람들을 찾아보기 어려운 이유가 시편 12편 1절에 나와 있습니다. 「주여, 도우소서. 경건한 자가 끊어지며 신실한 자도 사람의 자손 중에서 사라지나이다.」 하나님께서는 이 세상의 마지막 때에는 죄악의 충만함으로 인해서 경건한 자가 끊기고 신실한 자도 찾아보기 어렵게 된다고 말씀하십니다. 로마서 11장 25절에 나오는 '이방인들의 충만함'은 후천년주의에서 말하듯 이방인들의 충만한 수가 구원받는다는 말씀이 아니고, 이방인들의 죄악이 충만하게 됨을 뜻합니다. 주님께서 이스라엘 백성을 이집트에 400년 이상이나 두신 이유도, 아모리인들의 죄악이 찰 때까지 기다리신 후에 그들을 심판하시기 위해서였습니다(창 15:16). 하나님은 그 후 이스라엘에게 나가서 어린아이와 가축까지 모두 죽일 것을 명하셨습니다. 하나님께서는 지금 주님을 거절하는 인간들을 심판하실 날을 기다리고 계십니다. 죄악이 충만해져서 심판으로 멸하실 수 있는 그때까지 주님은 참고 기다리고 계시는 것입니다.

시간이 가면 갈수록 이방인의 죄는 더 넘쳐나고 있는데도, 앞으로 점점 더 좋아진다고 설교하는 목사들이 있습니다. 그들은 긍정적인 설교로 교인 수를 늘리고 자신의 배를 채우려는 거짓 목사들입니다. 죄악의 충만함으로 인해 세상이 멸망할 때가 가까이 왔다고 진리를 설교하고, 죄악과 회개와 지옥에 대해 설교하는 성경적인 교회에는 사람들이 모이지 않습니다. 여러분은 하나님의 말씀을 바로 알고 믿기 때문에 그런 부정적인 설교를 들어도 성경적인 교회에 나오는 것입니다. 그러나 대형 교회 목사들은 앞으로 세상은 번영의 날이 이어지고, 예수님 믿으면 자녀들이 잘되고 집안이 잘되고 사업이 잘된다며 사람들을 모으려 합니다.

교인이 술집을 여는 데 가서 개업 예배를 집도하는 목사들도 있습니다. 술집 개업식에 가서 뭐라고 기도하겠습니까. 술 때문에 음주운전 사고로 사람들이 다치거나 죽고, 술 때문에 폭력과 살인이 일어나는데, 목사가 그런 술집 개업식에 가서 술을 많이 팔아 복받으라고 기도하겠습니까. 그런 목사는 교인들이 술을 팔든 마약을 팔든 개의치 않고, 일주일에 한 번 교회에 나와 헌금만 두둑이 내면 하나님께서 복 주신다고 가르칠 것입니다. 또 그 교인들도 하나님의 말씀을 알지 못하기에 술집이 잘되려면 목사를 모셔다가 개업 예배를 드리고 기도를 받아야 한다고 생각합니다.

성경이 말씀하는 마지막 때는 그런 번영의 때가 아닙니다. 마지막 때는 노아의 때와 같습니다(마 24:37-39). 노아의 때에 인간들이 얼마나 타락했으면 하나님께서 오직 한 가족만 남겨 놓고 모조리 물로 죽이셨겠습니까. 많은 사람들은 어떻게 사랑의 하나님께서 인류를 거의 멸절시키기까지 하시고 또 요한계시록에 나오는 그런 무시무시한 일들을 하실 수 있느냐며 성경을 믿지 않습니다. 하나님을 모르고 성경을 모르는 사람들이 하나님에 대해 오해를 하고 있는 것입니다.

하나님께서 우리에게 주신 말씀에 의하면 마지막 때는 번영의 때가 아니라, 죄악 때문에 경건한 자도 사람의 자손 중에서 끊어지고 신실한 자도 끊어지는 때입니다. 바른 말씀에 의한 설교는 이렇게 부정적이지만, 우리 안에 계신 성령님 때문에 항상 기쁜 마음으로 살 수 있습니다. 아무리 세상이 어둡고 악해진다는 설교를 들어도 마음에 기쁨을 유지하며 살 수 있습니다. 이것이 믿지 않는 자들과 바이블 빌리버의 차이점입니다.

요즘 한국 교회는 뉴스, 신문, 유튜브 등 언론을 통해 세상의 조롱거리가 되고 있습니다. 이곳 LA에서 목회하다가 한국으로 건너간 O목사도 논문 위조와 공금 횡령으로 연일 매스컴을 타고 있습니다. 자신을 반대하는 사람들을 교회 안으로 못 들어오게 무력으로 막고 예배를 드리는 장면들이 고스란히 유튜브를 통해 나감으로써 수치가 되었습니다. 그 큰 건물을 짓는 데 교인들의 돈이 엄청나게 들어갔을 겁니다. 그 목사는 보수로 2억 6천만원을 받는다고 합니다. 한국에서 청빙해 갔을 때 LA 교인들을 뒤로하고 흔쾌히 떠난 이유가 그것이었나 봅니다. 엄청난 사례비 외에도 교회 서점 등에서 나오는 수익을 그가 제3자의 계좌를 통해 챙긴 사실이 조사를 통해 밝혀졌습니다. 이것은 오늘날 많은 한국 목사들의 실상입니다.

C목사, K목사도 마찬가지입니다. 그들은 강대상에 서서 하나님을 운운하며 기복 신앙을 전파하는 마귀의 종들입니다. 그런 자들 때문에 사람들이 복음을 믿지 않는 것입니다. 그런 목사들도 나쁘지만 그런 목사들을 따르는 교인들도 나쁩니다. 사기를 한 번 당하는 것은 있을 수 있는 일이겠으나, 그 목사가 사기꾼인 것을 알려주었음에도 불구하고, 똑같은 사기꾼의 똑같은 수법에도 그 교회에 가서 앉아 있는다면, 문제는 교인들에게 있는 것입니다. 몇 년 전 장로들의 고발로 C목사와 그의 아들의 혐의가 드러나 기소가 됐는데도, 교인들은 여전히 깨어나지 못하고 그의 설교를 듣겠다고 몰려갑니다. C목사를 따르는 사람들 중에는 그 교회에 나가야 이득을 보는 사람들도 있을 것입니다. 예를 들어 식당을 운영하는 장로가 있는데 S교회처럼 큰 교회에서 야유회를 간다고 생각해 보십시오. 그 많은 사람들의 식사를 준비하기로 계약을 했다면 그 장로는 그 교회를 안 나갈 수가 없을 것입니다. 이런 이유 때문에 여전히 C목사를 따르는 사람들이 더 악하다고 말하는 것입니다.

세월호 사건으로 구원파의 실체가 드러났음에도 아직도 구원파에서 나오지 않은 사람들이 있습니다. 제가 구원파의 이단성에 대해 했던 설교들을 듣고 구원파에서 빠져나온 분들이 많이 있고, 성경적인 교회에 나오는 분들도 있습니다. 그러나 대다수는 안 빠져나옵니다. 그런 사람들 때문에 거짓 목사들이 계속 설칠 수 있는 것입니다. 저는 계속 그런 거짓 목사들에게서 빠져나오라고 글로 쓰고 또한 설교하고 있습니다. 한국 교회에 복음이 제대로 전파되려면 그런 거짓 교회들이 문을 닫아야 합니다. 그런 사람들 때문에 바른 교회와 바른 목사들까지 비난을 받고 있습니다.

그런 목사들은 신실함과 전혀 상관이 없는 자들입니다. 주님께서 마지막 때는 노아의 때와 같고 롯의 때와 같다고 하셨기 때문에 우리는 더 이상 이 세상을 핑크빛으로 보지 않습니다. 이 세상 사람들은 악해져 가지만 그 가운데서도 우리는 신실함을 지켜야 합니다.

많은 사람들이 주님께 크게 쓰임받기를 원하지만, 주님께서 명하신 것은 작은 일에 신실한 것입니다. 작은 일, 소소한 일들을 하찮게 생각하는 사람들이 있습니다. 그런 사람들에게 주님께서는 「지극히 작은 일에 신실한 사람은 큰 일에도 신실하며, 또 지극히 작은 일에 부정한 사람은 큰 일에도 부정하니라」(눅 16:10)고 말씀하십니다.

누가복음 19장의 므나의 비유를 보겠습니다. 「그리하여 자기의 종 열 명을 불러 그들에게 열 므나를 주며 말하기를 '내가 올 때까지 장사하라.'고 하였더니 그의 백성이 그를 미워하여 그의 뒤로 소식을 보내어 말하기를 '우리는 이 사람이 우리를 통치하는 것을 원치 아니한다.'고 하더라. 그 귀인이 그 왕국을 받아서 돌아와 자기가 돈을 준 그 종들을 불러오라고 명하니, 이는 각자가 장사를 하여 얼마나 벌었는가를 알고자 함이더라. 그때 첫 번째 사람이 와서 말하기를 '주여, 주께서 주신 한 므나로 열 므나를 벌었나이다.'라고 하니 그에게 말하기를 '잘하였다, 착한 종아. 네가 아주 작은 일에 신실하였으니 열 성읍을 다스리는 권세를 가지라.'고 하더라」(눅 19:13-17). 아주 작은 일에 신실한 종을 착한 종이라고 칭찬하십니다.

「그 다음에 두 번째 사람이 와서 말하기를 '주여, 주께서 주신 한 므나로 다섯 므나를 벌었나이다.'라고 하니 그에게도 이같이 말하기를 '너도 다섯 성읍을 다스리는 자가 되라.'고 하더라. 또 한 사람이 와서 말하기를 '주여, 보소서, 주께서 주신 한 므나가 여기 있나이다. 내가 그것을 손수건에 싸서 간직하였나이다. 당신은 엄격한 분이시기에 내가 당신을 두려워하였으니, 당신은 두지 않았던 것에서 취하시고 또 심지 않았던 것에서 거두시는 분이시니이다.'라고 하니 주인이 그에게 말하기를 '악한 종아, 네 입에서 나오는 말로 내가 너를 심판하리라. 너는 내가 두지 않았던 것에서 취하고, 심지도 않았던 것에서 거두는 그러한 엄격한 사람인 줄 알았도다」(눅 19:18-22).

신실하여 착한 종이 있는가 하면 악한 종도 있습니다. 교리적으로 므나의 비유는 교회 시대에 적용할 수 있으며(므나는 이방인의 화폐 단위입니다), 교회시대에는 달란트의 비유에서와는 달리 모두가 한 므나를 가지고 하나님의 사역을 합니다. 한 므나를 가지고 열심히 일해서 열 므나를 남긴 사람은 열 고을을, 다섯 므나를 남긴 사람은 다섯 고을을 다스리게 됩니다. 아무것도 하지 않고 한 므나 그대로 가지고 나온 악한 종은 수치를 당하지만, 달란트의 비유에서 나오는 악한 종과는 달리 지옥에는 가지 않습니다.

마태복음 25장에 나오는 달란트의 비유를 보겠습니다. 「그가 각자의 능력에 따라 한 사람에게는 다섯 달란트를, 또 한 사람에게는 두 달란트를, 또 다른 사람에게는 한 달란트를 주고 곧 여행을 떠났더라. 그후 다섯 달란트 받은 사람은 가서 그것으로 장사하여 다섯 달란트를 더 벌었고, 마찬가지로 두 달란트 받은 사람도 두 달란트를 더 벌었더라. 그러나 한 달란트 받은 사람은 가서 땅을 파고 자기 주인의 돈을 숨겨 놓았더라. 한참 후에 그 종들의 주인이 와서 그들과 계산을 하였는데, 다섯 달란트 받은 사람은 다섯 달란트를 더 가지고 나와 말하기를 '주여, 주께서 나에게 다섯 달란트를 주셨나이다. 보소서, 그것들 외에도 내가 다섯 달란트를 더 벌었나이다.'라고 하더라. 그의 주인이 그에게 말하기를 '잘하였도다. 착하고 신실한 종아. 네가 적은 일에 신실하였으니 내가 너로 많은 것들을 다스리도록 하리라. 네 주인의 기쁨에 동참하라.'고 하더라」(마 25:15-21).

주님께서는 여러분이 적은 일에 신실하면 많은 것들을 다스리게 해 주십니다. 주님을 섬길 때는 작은 일부터 시작해야 합니다. 작게 보이는 일들을 무시하지 마십시오. 교회에서 중요하게 보이는 일이나 큰 일만 하고 싶어하는 사람이 있지만 작은 일부터 시작하지 않는 사람은 큰 일을 할 수가 없습니다. 그래서 저는 성도들이 작은 일부터 하도록 훈련을 시킵니다. 이것이 성경적인 교회의 양육 방법입니다. 저도 그렇게 훈련받았고 지금은 목회까지 하고 있습니다. 저도 여러분이 지금 하고 계시는 것처럼 똑같이 회계도 맡고 구령팀 인도도 했었습니다. 이렇게 적은 일에 신실했을 때 주님께서 신실한 종이라고 하십니다.

「두 달란트 받은 사람도 나와서 말하기를 '주여, 주께서 나에게 두 달란트를 주셨나이다. 보소서, 그것들 외에도 내가 두 달란트를 더 벌었나이다.'라고 하니, 그의 주인이 그에게 말하기를 '잘하였도다. 착하고 신실한 종아, 네가 적은 일에 신실하였으니 내가 너로 많은 것들을 다스리도록 하리라. 네 주인의 기쁨에 동참하라.'고 하더라」(마 25:22,23). 앞서 21절의 종은 다섯 달란트를 벌었고 22절의 종은 두 달란트를 벌었는데, 주님께서 다섯 달란트 남긴 종에게는 많은 것들을 다스리라고 하시고 두 달란트 남긴 종에게는 그보다 좀 덜 다스리라고 하지 않으셨습니다. 두 종 모두에게 많은 것들을 다스리라고 하셨습니다.

교리적으로 달란트의 비유는 유대인들에게 적용할 수 있는 것으로, 시대적으로 행위 구원과 연관이 있습니다. 이를 명확히 알 수 있는 것은 이후 30절에 나오는 악한 종이 흑암 즉 지옥으로 던져지기 때문입니다. 「너희는 그 쓸모없는 종을 바깥 흑암에 내어 던지라. 거기서 울며 이를 갈고 있으리라.'고 하더라」(마 25:30). 행위로 구원을 받는 대환란 시대에는, 예수님을 믿을 뿐만 아니라 적그리스도의 표를 받지 않는 행함이 있어야 구원을 잃어버리지 않습니다.

한편 구원의 영원한 보장을 가진 우리가 달란트의 비유에서 얻을 수 있는 영적 교훈이 있습니다. 달란트를 받은 종들에게 주님께서는 양적으로 많이 벌었든 적게 벌었든, 동일하게 많은 것들을 다스리라고 하셨습니다. 주님께서는 우리가 가진 달란트 즉 우리의 재능을 어떻게 사용했는지를 중요하게 보시는 것입니다. 다섯 달란트 가진 사람이 다섯 달란트 버는 것과 두 달란트 가진 사람이 두 달란트 버는 것을 똑같이 보십니다. 주님께서 우리 각자에게 주시는 임무는 다양합니다. 어떤 사람에게는 눈에 띄지 않게 봉사하는 임무를, 또 어떤 사람에게는 강단에 서는 목사라는 임무를 주시는데, 각자가 그 일을 신실하게 수행한다면 주님께서는 둘 다 똑같은 것으로 여기십니다. 따라서 각자 능력이 되는 대로, 주님께서 맡겨 주신 대로 일하면 되는 것입니다. 다른 사람들은 큰 일을 하는데 내가 하는 일은 고작 이것이냐며 불평할 필요가 전혀 없는 것입니다. 주님께서 주신 달란트대로 자신의 은사를 사용해서 일하시고, 큰 일만 하겠다는 마음을 갖지 마시기 바랍니다.

　우리는 그리스도의 몸의 지체들입니다. 어떤 사람은 발가락이 되어야 하는데, 발가락은 냄새나서 싫으니 손가락을 하겠다고 하면 곤란합니다. 모두가 그런 생각을 하면 손가락은 20개가 되고 발가락은 하나도 없는 사람이 돼 버립니다. 주님께서 발가락이 되라고 하시면 발가락이 되면 되는 것입니다. 발가락 하나가 얼마나 중요한지 아십니까. 발가락이 아파본 적이 있다면 발가락 하나가 얼마나 중요한지 금방 깨닫게 됩니다.

　주님께서 작은 일이든 큰 일이든 여러분에게 알맞은 일을 주실 때 그 일에 신실한 자가 되셔야 합니다. 「지극히 작은 일에 신실한 사람은 큰 일에도 신실하며, 또 지극히 작은 일에 부정한 사람은 큰 일에도 부정하니라」(눅 16:10). 교회 안에서 작은 일일지라도 다 해 봐야만, 나중에 주님께서 목사로 부르실 때 교회를 운영하고 지도할 능력을 갖추게 됩니다. 맡은 임무를 수행하는 성도들이 어떤 어려움과 고뇌를 겪는지 모르면, 리더가 되었을 때 무엇을 어떻게 할지 알지 못합니다. 작은 일을 무시하는 사람은 신실하지 않은 사람입니다.

신실함을 갖추기 위해서는 자신이 주님의 종이라는 사실을 마음 깊은 곳에 늘 새겨야 합니다. 종이란 자신의 권리가 없는 존재인데도 많은 그리스도인들이 자신의 권리를 주장합니다. 구원을 받았다면 자신이 원하는 교회를 출석하는 것이 아니라 하나님께서 원하시는 교회에 나가야 합니다. 또한 자신이 원하는 성경을 쓰는 것이 아니라 하나님께서 원하시는 성경을 써야 하는 것입니다. 자신이 종이라는 사실을 잊어버린 사람들이 마치 자신에게 무슨 권한이라도 있는 줄 착각하며 주님을 경배드리러 갈 것인지 말 것인지를 고민합니다.

「그러므로 사람들이 우리를 그리스도의 일꾼이며 하나님의 신비들을 맡은 청지기로 여기게 하라. 청지기에게 요청되는 것은 무엇보다도 신실한 사람으로 발견되는 것이라」(고전 4:1,2). 주님께서 원하시는 것은 신실한 사람입니다. 외적으로 뛰어난 사람, 재능이 있는 사람, 리더십이 있는 사람이 아닙니다.

주님께서 여러분을 부르시면 여러분은 어떤 사역이든 하실 수 있습니다. 그 일에 필요한 은사를 주시기 때문입니다. 누구든지 주님의 부르심이 있으면 목사나 선교사로 사역을 할 수 있습니다. 다만 한 가지 요구되는 조건은 그가 신실한 사람이어야 한다는 것입니다. 청지기에게 요청되는 것은 모태신앙도 아니고 화려한 언변도 아닙니다.

하나님의 부르심과 무관하게 자신이 원해서 목사가 된 사람들은 화술이 좋습니다. 사기꾼치고 화술이 안 좋은 사람이 없습니다. 언변이 좋기 때문에 사람들이 속는 것입니다. 그런 사람들의 말을 듣고 있으면 진짜 말 그대로 될 것 같이 느껴져 빨려 들어가게 됩니다. 사기꾼같이 언변이 좋은 한국 교계 목사들 때문에 많은 사람들이 속고 있습니다. 그러나 주님께서 원하시는 것은 뛰어난 언변이 아닙니다. 모세는 주님께서 부르실 때 자신은 언변이 없는 자라고 했습니다.

또한 사도 바울은 언변이 거칠고 서툴렀기 때문에 사람들은 그런 사도 바울을 조롱하고 얕보기까지 했습니다. 그러나 교회사 2천 년 동안 사도 바울같이 위대한 그리스도인은 없었습니다. 그런 사도 바울에게 있었던 것은 언변이 아니라 신실함이었습니다. 그는 청지기로서 하나님의 말씀에 대한 지식과 신실함으로 사역에 임했던 것입니다. 따라서 여러분 스스로가 '나는 하나님의 사역을 할 수 없는 사람'이라는 틀에 자신을 가두는 것은 잘못된 생각입니다. 먼저 하나님의 말씀을 공부함으로써 준비하고 또한 신실함을 갖추면 됩니다. 그렇게 하면 하나님의 부르심이 있을 때 그 부르심에 순종함으로써 누구나 다 쓰임받을 수 있습니다. 주님께서 원하시는 것은 신실한 사람이며, 사역에 필요한 사람도 신실한 사람입니다.

「그리고 네가 많은 증인들 가운데서 내게 들은 것들을 신실한 사람들에게 맡기라. 그들이 또 다른 사람들을 가르칠 수 있으리라」(딤후 2:2). 이것은 사도 바울이 죽기 전에 디모데에게 했던 말입니다. 제가 미국의 바이블 빌리버 목사님들과 교사들로부터 들은 것들을 누구에게 맡길 수 있겠습니까. 여러분 가운데 그런 신실한 사람들을 찾을 수 있어야 합니다. 바이블 빌리버가 소수인 이유는 이런 일들을 맡길 신실한 사람을 찾기가 어렵기 때문입니다.

청지기로서, 주님의 종으로서 사역을 할 때 가져야 할 태도가 누가복음 17장에 나옵니다. 「그러나 너희 중에 누가 종이 밭을 갈거나 가축을 치다가 들에서 돌아오면 곧바로 말하기를 '가서 앉아 먹으라.'고 하겠느냐? 오히려 그에게 말하기를 '먹을 것을 준비하라. 내가 먹고 마시는 동안 띠를 두르고 내 시중을 들라. 이런 일을 한 후에야 먹고 마시라.'고 하지 않겠느냐?」(7,8절). 여러분은 종이기에, 밖에서 힘들게 일하고 들어왔다고 해서 자기 앞에 음식을 차려내라고 명령할 처지가 아니라는 말씀입니다. 이처럼 자신은 무익한 종이라는 겸손한 태도를 가져야 합니다.

「명령한 대로 그가 행하였다고 해서 그 종에게 고맙다고 하겠느냐? 나는 그렇게 생각하지 아니하노라. 그러므로 너희도 그와 같이 너희에게 명령한 모든 일을 하고 나서는 '우리는 무익한 종들이라. 우리가 해야 할 일을 하였을 뿐이라.'고 말하라."고 하시더라」(눅 17:9,10). 여러분은 구원을 받았기 때문에 당연히 사역의 동참자가 되어야 합니다. 그리고 당연히 해야 할 일을 한 것뿐이라는 태도를 가져야 신실하게 주님을 섬길 수가 있습니다.

'이 일을 하면 나에게 이런 이득이 돌아오겠지' 하는 사심을 가지고 사역에 임하는 사람들은 끝까지 신실하게 사역할 수가 없고 결국에는 떨어져 나가게 됩니다. 바이블 빌리버 사역에 동참하다가 떨어져 나가는 사람들이 있는가 하면, 떨어져 나간 사람들끼리 모여서 다른 교회를 하는 사람들도 있고, 몇 년 동안 대충 중요한 것만 배우고 나가서 교회를 차리겠다는 마음으로 온 사람들도 있습니다. 시간이 지나도 목사 안수를 주지 않자 나가서 스스로 안수하고 목사가 된 사람도 있습니다. 사역에 임할 때 그리스도인으로서 당연히 할 일을 했을 뿐이라는 자세로 임하면 문제가 없습니다. 그러나 이렇게 사심을 가지고 교회에 나오면 반드시 문제가 생깁니다. 자신이 성경적인 교회에 나오는 이유가 무엇인지 스스로 점검해 보십시오.

반드시 이득이 있어야 신앙 생활을 하겠다고 하는 사람들이 가는 곳이 S교회인데, 여기서는 예수 믿으면 복받는다고 가르칩니다. C목사의 <4차원의 세계>에는 그가 천막 교회를 하던 당시 동네를 돌아다니며 자기 교회에 나오면 부자가 된다는 말로 사람들을 모아 사역을 키웠다는 내용이 나옵니다. 이것이 C목사가 말하는 '큰 교회'를 하게 된 계기입니다. 제가 <C목사에 대해 아십니까(동제목의 유튜브 설교 동영상 참조)>라는 제목의 한 설교에서 그 책의 내용을 자세하게 다루었습니다. 당시 그의 천막 교회가 있었던 곳은 재래시장 부근이었고, 그가 불러 모았던 사람들은 그 시장에서 힘들게 일하는 사람들이었습니다. C목사가 교회에 나오면 부자가 되고 사업이 잘된다고 했을 때, 그들에게는 부자가 되고 사업이 잘된다는 것이 좋은 소식 곧 복음으로 들렸을 것입니다. 이처럼 C목사가 그들에게 전한 것은 혼의 구원과는 전혀 상관이 없는, 비성경적인 기복 신앙입니다.

기복 신앙의 원조는 캘리포니아 애너하임에서 얼마 전에 죽은 로버트 슐러 목사입니다. 종교로 사기 치다가 그 유명한 수정 교회를 카톨릭 교회에 빼앗겼고, 그가 이끈 60년 간의 사역도 모두 수포로 돌아갔습니다. 수정 교회 건물은 1만 장의 유리로 외관을 장식해 건축에 20년이나 걸린 엄청나게 크고 화려한 건물입니다. 본 건물 옆에는 서적을 판매하는 서점 건물이 따로 있는데 거기에는 '모든 것이 가능하다'라는 문구가 걸려 있습니다. 불가능한 것이란 없다고 말하는 그들은 복음을 전하는 자들이 아니라 돈을 좇는 장사꾼들입니다. 그런 로버트 슐러의 영향을 받은 거짓 목사들이 수만 명에 달합니다. 예수님만 믿으면 무조건 잘된다고 하는 조엘 오스틴도 그들과 같은 부류입니다. 신실함이라고는 전혀 없는 자들이 강단에 서서 하나님의 거룩한 교회들을 망치고 있습니다.

주님의 사역을 할 때는 무익한 종으로서 마땅히 해야 할 일을 할 뿐이라는 태도로 임해야 합니다. 목사가 되어서 큰 돈을 벌겠다는 사심을 가지고 해서는 안 됩니다. 앞서 언급한 O목사가 받은 돈도 엄청나게 많지만 그보다 더 큰 돈을 받는 목사들도 많을 것입니다. 그런데도 그들은 욕심을 부리고 사기를 쳐서 더 많은 돈을 모으려 합니다. 한국 교회에서 이런 일들이 비일비재한 이유는 그들이 신실함을 버리고 변질되었기 때문입니다. 주님의 사역에 동참함에 있어 신실함은 정말 중요한 것입니다.

마지막으로, 신실함에는 우리의 죽음이 요구될 수도 있습니다. 오늘날 이슬람 국가에서는 기독교인이라는 이유로 처형당하는 일이 비일비재합니다. 그 중에 진정으로 구원받은 그리스도인이 몇 명이나 될지는 알 수 없지만, 어쨌든 모슬렘은 구원을 받았든 안 받았든 간에 기독교인이라고 하면 다 죽이고 있습니다.

진리를 지키기 위해서 목숨을 버린 성도들의 행렬은 2천 년 동안 끊이지 않았습니다. 성도들의 피로 점철된 교회사를 그린 <폭스의 순교사>라는 책에는 모라비안의 시초가 되었던 잔 후스가 나옵니다. 그는 존 위클리프의 말에 감동을 받아 하나님의 진리를 전파하다가 잡혀서 화형을 당하게 되었는데, 화형을 당하면서도 찬송을 부르며 숨을 거두었습니다. 그를 죽인 자들은 이미 40여년 전에 죽은 위클리프의 뼈를 땅에서 파내어 다시 불로 태울 정도로 그를 증오했습니다. 여러분도 하나님의 경륜과 같은 진리를 전파할 때 그런 박해를 받을 수 있습니다.

윌리엄 틴데일은 모국어인 영어로 번역된 영어 성경을 만들고자 했다가 처형을 당했습니다. 친구의 배반으로 잡히게 되었던 그는 화형대에서 불에 타 죽으면서도 영국 왕의 눈을 뜨게 해 달라고 하나님께 기도했습니다. 하나님께서 그의 기도에 응답해 주셔서 틴데일이 죽은 1535년으로부터 80년 뒤인 1611년에 킹제임스성경이 나오게 되었습니다. 1611년에 나온 킹제임스성경을 통해 전 세계에 복음과 진리가 전해졌습니다.

열두 사도들을 비롯해 사도 바울도 순교당했고 그 후에도 수많은 사람들이 진리로 인해 순교당했습니다. 「너는 고난받게 될 일들을 전혀 두려워하지 말라. 보라, 마귀가 너희 중 몇 사람을 감옥에 던져서 시련을 당하게 하리니 그러면 너희가 열흘 동안 환란을 받으리라. 죽기까지 신실하라. 그러면 내가 네게 생명의 면류관을 주리라」(계 2:10). 이 구절은 구원에 대한 교리로서는 대환란 시대에 적용됩니다. 그러나 교회 시대를 사는 우리도 진리를 전하고 주님을 섬기는 일에 생이 다하는 날까지 신실해야 한다는 영적 교훈을 얻습니다.

그리스도의 심판석에서 주님은 여러분이 주님을 위해 한 모든 일들을 불로 태워 심판하십니다(고전 3:12-15). 여러분이 신실하게 주의 일을 했다면 그 일들은 어떤 종류의 일이었는지 시험을 거친 뒤에 금, 은, 보석으로 남을 것입니다. 작은 일이라도 주님을 위해 신실함으로 했으면 그 일은 금, 은, 보석이 되는 것입니다. 그러나 신실함이 없이 한 일들이라면 모두 불에 타 버릴 것입니다. 여러분이 받을 유업은 신실함과 직접적으로 연관이 있습니다.

과거는 중요하지 않고 이제부터가 중요합니다. 주님을 위한 믿음의 삶에서 과거에 실패했다면 자백하고, 이제부터는 신실하게 주님을 섬기겠다고 주님께 고백하고 다시 시작하면 됩니다. 매일 아침 일어나자마자, 주님께 오늘도 주님의 영광을 위해서 주님의 뜻을 신실하게 행하겠으니 도와주시길 기도하십시오. 시계가 올바른 시각에 맞추어져 있어야 하는 것처럼 우리는 늘 신실함을 갖추고 있어야 합니다. 여러분이 구원받은 뒤 주의 일에 신실하지 못했다면 주님 앞에 자백하고, 늘 신실함 가운데 행할 수 있도록 주님께 도움을 구하시기를 바랍니다.

8. 충성심 | Loyalty

믿음의 선한 싸움을 싸우라. 영원한 생명을 붙잡으라. 이를 위하여 네가 또한 부르심을 받았고, 많은 증인들 앞에서 선한 고백으로 고백하였느니라. 만물을 살리시는 하나님 앞에서와 폰티오 빌라도 앞에서 선한 고백으로 증거하셨던 그리스도 예수 앞에서 내가 너에게 명하노니, 우리 주 예수 그리스도께서 나타나실 때까지 흠 없고 책망받을 것도 없이 이 명령을 지키라. 자기 때가 되면 주께서 나타나시리니 그분은 복되시고 유일하신 통치자시요, 만왕의 왕이시며 만주의 주시라. 오직 그분만이 불멸하시며, 어떤 사람도 접근할 수 없는 빛 가운데 거하시며, 어떤 사람도 보지 못하였고 또 볼 수도 없는 분이시니, 그분께 영원한 존귀와 능력이 있기를 원하노라. 아멘(딤전 6:12-16).

신실함과 충성심은 유사한 개념이지만, 우리는 앞서 주님을 '섬김에 있어' 신실함을 갖추는 것에 초점을 두고 살펴 보았고, 오늘은 흔히 왕이나 국가에 대한 충성심에 착안하여 충성심이란 마음가짐에 대해 살펴보겠습니다. 본문 15절은 주님께서 만왕의 왕이시며 만주의 주시라고 말씀하고 계십니다. 세상의 흔한 왕이 아니라 우리가 충성해야 마땅한 만왕의 왕, 만주의 주이십니다. 그런 주님과 주님의 일에 우리는 마땅히 충성을 다해야 합니다.

여러분은 믿음생활을 하는 동안 하나님과 하나님의 말씀과 하나님의 사역에 얼마나 충성심을 보이셨는지 자신을 점검하시기 바랍니다. 세상 통치자들이나 독재자들은 그들이 내리는 명령에 실수가 있을 수 있지만, 주님은 이 세상의 통치자들과 달리 실수가 없이 완벽하신 분이시고 우리가 마음 놓고 신뢰할 수 있는 분이십니다. 왕이신 주님과 신하인 우리의 관계에서 문제가 될 만한 것이 하나도 없다는 말씀입니다. 세상 사람에게도 충성하고 국가에도 충성하면서 만왕의 왕이신 하나님께 충성을 못 한다는 것은 말이 되지 않습니다.

본문 14절에 「주 예수 그리스도께서 나타나실 때까지」라고 하셨고, 15절에 「자기 때가 되면 주께서 나타나시리니… 만왕의 왕이시며 만주의 주시라」고 말씀합니다. 즉 예수 그리스도께서 육신으로 오신 여호와 하나님이시라는 말씀입니다. 아버지 하나님만 하나님이 아니라 아들 하나님이신 예수님도 하나님이시며, 성령 하나님도 하나님이십니다. 그 예수님을 만왕의 왕으로 섬기고 절대적으로 지지하고 따라야 하는 것입니다. 과거 왕권이 있던 시대에 충신들이 많으면 나라가 잘되고, 충신들이 없으면 나라가 망했습니다. 충성심을 가진 충신들이 많은 나라는 왕의 권력이 강했습니다. 우리는 예수님께 어떤 충성심을 보여야 하는지 말씀을 통해 살펴볼 것입니다.

사무엘상 17장에는 다윗이라는 인물이 등장하고 이스라엘이 이방 민족으로부터 치욕을 당하는 장면이 나옵니다. 골리앗이라는 필리스타인 거인에게 사울 왕과 모든 이스라엘 군대가 수치를 당했습니다. 「다윗이 아침에 일찍 일어나서 양들을 양치는 자에게 남겨 두고 이새가 명한 대로 가지고 가니라. 그가 참호에 이르니, 군대가 싸우려고 나가며 전투를 위하여 함성을 지르고 있었으며 이스라엘과 필리스티아인들이 전열을 갖추었으니 진영과 진영이 서로 대치하고 있더라」(삼상 17:20,21). 이런 상황일 때 다윗이 전장에 있는 형들을 찾아갑니다. 「다윗이 곁에 서 있는 사람들에게 일러 말하기를 "이 필리스티아인을 죽이고 이스라엘로부터 치욕을 제거하는 사람에게는 무엇이 주어지느냐? 이 할례받지 않은 필리스티아인이 누구기에 살아 계신 하나님의 군대를 모독하느냐?" 하니」(삼상 17:26). 다윗은 체격도 평범하고 나이도 어리지만 거인 장수 골리앗을 향해 할례받지 않은 필리스티아인이라고 당당하게 말합니다. 왕과 자신의 나라를 향한 충성심으로 가득했던 그는 왕과 자신의 백성이 모욕당하는 것을 참을 수가 없었습니다.

여러분 중에는 은혜 복음을 믿고 구원받기 전에, 열심히 신앙생활을 한다면서 거짓 교회와 거짓 목사에게 속아 가정이 파탄나고 비참한 일을 당한 분들도 있습니다. 하나님을 섬긴다고 생각하고 모든 것을 희생하며 열심히 살아온 것이 결국 거짓 교리에 속아 지옥으로 향하고 있었다는 것을 깨달았을 때, 여러분도 다윗처럼 분노를 느끼셔야 합니다. 어린 소년에 불과한 다윗이 골리앗을 보고 당당하게 소리쳤듯이, 거짓 목사에게 '나뿐만 아니라 나의 가족까지 망가뜨린 자'라고 당당하게 말할 수 있어야 합니다. 성경적인 사역을 통해 구원받고 거짓 교회에서 빠져나올 수 있었는데도 불구하고, 성경적인 목사들은 왜 다른 목사들을 지적하고 책망하느냐고 반문하는 사람들이 있습니다. 거짓 목사들에게 속아서 자신이 지옥으로 향하고 있었던 사실은 잊은 채 말입니다.

한국 교회는 100년 이상 바른 성경의 부재 속에 있었습니다. 마귀가 변개시킨 카톨릭 사본에서 나온 개역한글판성경은 믿음으로만 구원받는 은혜 복음, 예수 그리스도의 신성 등 수많은 핵심 구절들이 변개되었습니다. 이처럼 기존의 성경이 부패했던 까닭에 많은 사람들이 은혜 복음을 제대로 전하지도 듣지도 못해 지옥으로 향하고 있습니다. 성경을 변개한 마귀의 의도가 정확히 실현된 것입니다. 그런 것을 보고 다윗처럼 분노가 일어나야 합니다. 오늘날 거짓 목사들이 변개된 성경으로 사람들을 지옥으로 보내고 있다고 외친 적이 있습니까?

제가 사역을 위해 LA에 왔을 때 초창기에 한국일보 종교부 기자와 인터뷰를 한 적이 있었습니다. 그때 당시 한국일보에 근무하던 제 친척은 믿음에 대해 잘 몰랐기에 그 기자에게 제가 한 말이 맞는지 물었고, 그 기자가 '김경환 목사님이 하시는 말이 다 맞지만, 저런 식으로 사역하면 이 LA 바닥에서 1년도 못 버티고 교회 문 닫아야 한다'고 말한 것을 전해 들었습니다. 그런데 그 기자가 그 말을 한 지 18년이 넘도록 우리 교회는 하나님의 사역을 신실하게 해 오고 있습니다.

당시 신문에 계속해서 거짓 목사들을 지적하는 기사를 냈을 때는 거짓 목사들과 신도들에게 협박 전화도 많이 받았습니다. 새벽부터 죽이겠다는 협박 전화가 온 적도 있습니다. 카톨릭 교회에서는 어떤 일 때문에 저에게 단체로 전화를 한 적이 있었습니다. 그 일은 제가 한 것은 아니었습니다. 어떤 사람이 우리 교회 복음전파용 만화전도지(칙 전도지)를 카톨릭 부흥회가 열리는 장소의 주차장에서 차 유리마다 꽂아 놓는 바람에 제가 오해를 받았던 것입니다. 그 일로 카톨릭 신부가 제게 전화를 걸었고, 다 된 밥에 재 뿌리고 있냐며 저를 비난했습니다. 또 <직분을 팔아먹는 거짓 목사들>이라는 제목으로 신문에 전면광고 크기의 글을 실었더니, 어떤 목사가 전화해서 저 같은 사람은 도끼로 쳐서 천천히 죽여야 한다고 협박을 했습니다. 그 녹음본이 아직도 교회 인터넷 웹사이트에 있습니다. 그 자는 아마도 그것을 보면 자신이 언제 잡혀갈지 몰라 가슴이 두근두근할 것입니다.

우리가 바른 하나님의 말씀인 한글킹제임스성경과 성경적인 교리를 가지고, 그들이 거짓 목사인 것을 지적했더니 그들은 견디지를 못합니다. 제가 목회를 시작한 것은 40세가 넘어서였지만, 다윗은 십대 소년에 불과했습니다. 여러분에게는 다윗과 같은 용기가 있으십니까? 다윗은 하나님을 모독하는 것을 듣고 견디지 못한 것입니다. 지금 거짓 목사들도 강대상에서 하나님을 모독하고 있습니다. 진리인 하나님의 말씀은 선포하지 않고 오히려 하나님의 말씀에 상반되는 것들을 말하는 거짓 목사들이 있는데도 사람들은 그냥 가만히 있습니다. 다윗이 가졌던 분노를 가지고 그들에게 도전장을 내지 못하고 있는 이유는 충성심이 없기 때문입니다.

우리가 섬기는 만왕의 왕 예수님에 대해 사람들이 뭐라고 말하든 상관 않고, 진리를 전파하는 성경적인 사역에 대해 남들이 뭐라고 하든 상관 않는 것은, 충성심이 없는 사람의 태도입니다. 성경적으로 하는 사역을 비난하는데도 분노가 일어나지 않는 것은 그 안에 만왕의 왕이신 예수님에 대한 충성심이 없는 것입니다. 세상에서 무기력하게 살고, 먹고 살기도 힘들다고 하며 비겁하게 도망가시겠습니까? 만왕의 왕이 무시당했을 때 어떤 태도를 취하시겠습니까? 다윗은 참지 못했습니다. 자신의 왕과 하나님을 대적한 것에 분노해 자신의 위치나 자신의 생명 따위는 개의치 않았습니다.

「다윗이 사람들과 말하고 있을 때, 그의 큰 형 엘리압이 들은지라, 다윗을 향하여 엘리압이 분노를 발하며 말하기를 "어찌하여 네가 여기에 왔느냐? 광야에 있는 그 양 몇 마리는 누구에게 남겨 두었느냐? 내가 네 교만과 네 마음의 방자함을 아노니, 이는 네가 전쟁을 구경하러 내려왔음이라." 하니」(삼상 17:28). 엘리압이 다윗을 향해 분노하는 모습이 나옵니다. 다윗이 했던 것처럼 이런 의로운 분노를 일으킬 때, 가장 먼저 반대하는 부류가 가족과 주변 사람들입니다. 외부에서 오는 공격은 참을 수 있지만 내부에서 오는 공격은 참기 힘듭니다. 목사인 제가 하나님을 위한 의로운 분노로 설교하는데 성도들이 '목사님은 왜 항상 다른 교회들을 지적하실까'라고 한다면, 힘이 드는 것입니다. 자신이 바로 그 설교를 통해 복음과 진리를 깨닫고, 거짓 교회에서 나올 수 있었고, 구원 받을 수 있었는데 말입니다.

다윗의 경우에는 가장 가까운 사이인 친형이 반대를 하고 나왔습니다. 그런 사람들은 골리앗이 하나님을 모독하는 사실은 뒷전으로 하고 자기 자신만 생각합니다. 원수가 하나님을 수치스럽게 하는 것은 개의치 않고, 오히려 의로운 분노를 발하는 다윗을 향해 교만하다며 화를 내고 있습니다. 지금 많은 사람들도 유튜브를 보며 '왜 성경적으로 사역하는 목사들은 계속 다른 교회 목사들을 지적할까'라고 할 수 있습니다. 그러나 우리는 앞으로도 계속 그렇게 설교할 것입니다. 사람들의 비난을 받았다고 설교를 바꿀 것이었다면 시작하지도 않았을 것입니다. 우리는 주님 오실 때까지 바꾸지 않을 것입니다. 저는 거짓 목사들의 죄와 오류를 지적해 한국 교회를 개혁하기 위해서 목사로 부르심을 받고 이 자리에 서 있습니다.

여러분도 누군가가 우리 교회를 비난하고 저를 비난하고 성경적으로 설교하는 목사들을 비난했을 때, 우리가 잘못했다며 태도를 바꾸시겠습니까? 형 엘리압의 말을 듣고도 다윗은 태도를 바꾸지 않았습니다. 「다윗이 말하기를 "내가 지금 무엇을 하였나이까? 어찌 이유가 없겠나이까?" 하더라」(삼상 17:29). 다윗은 자신이 할례받지 않은 필리스티아인인 골리앗에게 분노하는 이유가 있다고 말하고 있습니다. 마찬가지로 우리가 거짓 목사들을 비판할 이유가 있기 때문에 이 사역을 하는 것입니다. 거짓 목사들은 수많은 사람들을 지옥으로 보내고 있기 때문입니다.

저는 럭크만 목사님을 존경합니다. 킹제임스성경을 고수한 것과 성경을 잘 가르치시는 것 외에도 존경할 부분이 많이 있으시지만, 특히 타협하지 않는 강직함 때문에 더욱 존경합니다. 럭크만 목사님은 복음은 제대로 전하면서도 킹제임스성경을 버리고 타협하려는 독립침례교회 목사들을 향해서 칼을 뽑아 드셨습니다. 솔직히 저는 그렇게까지는 못할 것 같습니다. 만약 한국 교회 목사들이 구원의 복음만큼은 제대로 전한다면 저는 이렇게까지 못했을 것입니다. 그런 점에서 럭크만 목사님은 뛰어나신 분입니다.

지금 한국 교계는 거짓 목사들이 판을 치고 있고, 그 때문에 세상 사람들은 교회와 하나님을 우습게 보고 있습니다. 저주받을 인간들이 하나님을 향해 입에 담지 못할 말로 조롱하는 이유는 바로 거짓 목사들 때문입니다. 그 이름들을 다 나열하기도 힘들 만큼 많은 한국의 거짓 목사들을 보고 세상 사람들이 어떻게 하나님을 경외할 수 있겠습니까? 그들 때문에 하나님의 이름이 비방을 받고 있는데 우리가 어떻게 가만히 있겠습니까?

「다윗이 사울에게 말하기를 "왕의 종이 자기 아버지의 양을 지키는데, 사자와 곰이 와서 양무리에서 새끼 양을 잡아가면, 내가 그를 따라가서 그를 치고 그 입에서 새끼를 건져내었으며, 그가 나를 향하여 일어나면 내가 그 수염을 잡아 쳐서 죽였나이다. 왕의 종이 사자와 곰도 죽였는데, 이 할례받지 않은 필리스티아인이 살아 계신 하나님의 군대를 모독하는 것을 보았으니 그도 그들 중 하나같이 되리이다." 하더라」(삼상 17:34-36). 다윗은 자신의 양을 지키기 위해서 사자와 곰을 두려워하지 않는 담대함을 가지고 있었습니다. 그런 성품 때문에 두려움 없이 골리앗과도 싸우겠다고 할 수 있었던 것입니다. 다윗이 자신의 양을 지키기 위해 사자와 곰을 두려워하지 않고 담대함을 가지고 싸운 것처럼 여러분도 구원받은 후에 악에 대적해서 싸울 수 있도록 담대하게 믿음을 행사하셔야 합니다. 구원받은 후 여러분은 어떻게 행하고 계십니까? 악을 대적해 싸울 준비가 되셨습니까? 죄 때문에 패배하는 삶을 살고 있다면, 골리앗과 싸우기도 전에 사자와 곰에게 죽게 될 것입니다. 골리앗과 싸울 준비를 하셔야 합니다.

「다윗이 더 말하기를 "사자의 발톱과 곰의 발톱에서 나를 구해 주신 주께서 이 필리스티아인의 손에서도 나를 구해 주시리이다." 하니 사울이 다윗에게 말하기를 "가라, 주께서 너와 함께하시리라." 하니라」(삼상 17:37). 다윗은 주님을 신뢰했습니다. 아무리 많은 거짓 교회들, 거짓 목사들이 덤빈다 해도 흔들리지 마십시오. 주님께서 저와 여러분 같은 그리스도인들을 부르셨기 때문에 구해 주실 것입니다.

「다윗이 그의 갑옷 위에 칼을 차고 걸으려고 해 보았으나 익숙하지 아니하므로, 다윗이 사울에게 말하기를 "이것들이 내게 익숙지 아니하므로 입고 가지 않겠나이다." 하고 그것들을 벗은 후 그가 손에 막대기를 들고 시냇가에서 매끄러운 돌 다섯 개를 골라서 자기가 갖고 있는 목자의 자루, 즉 여행자의 자루에 넣었으며, 손에 물매를 가지고 그 필리스티아인에게 다가가더라」(삼상 17:39,40). 사울이 다윗을 위해 자신의 튼튼한 갑옷을 입혀 주었지만 다윗은 그것이 불편해 벗고 갔습니다.

여러분도 바이블 빌리버가 되었다면 바이블 빌리버의 갑옷을 입으셔야 합니다. 머리에는 은사주의 투구를 쓰고, 손에는 마귀의 개역한글판성경을 들고 싸우시겠습니까? 한국 교회를 120년 동안 속인 저들의 방식을 따르는 것이 아니라, 성경적인 방식대로 싸우셔야 한국 교회를 개혁시킬 수 있습니다. 옳지 않은 것은 다 벗어 버리고, 한글킹제임스성경과 바이블 빌리버의 교리로 무장해서 나가서 싸워야 합니다. 만약 다윗이 자기에게 맞지 않는 갑옷을 입고 나갔다면 한방에 나가 떨어졌을지도 모릅니다. 성경적으로 믿는 사람들(바이블 빌리버)에게는 성경적인 방식이 있고 우리는 그 방식대로 싸워야 합니다.

다윗이 시냇가에서 고른 돌이 다섯 개인 것처럼 성경적으로 믿는 그리스도인들이 한국 교회를 개혁하기 위해서는 다섯 가지 교리를 죽여야 합니다. 잘못된 성경, 행위 구원, 칼빈주의 예정론, 은사주의, 기복신앙을 비롯한 여러 이단 교리입니다. 이 다섯 가지를 없애야 한국 교회가 소생할 수 있습니다.

다니엘서 3장에도 만왕의 왕께 충성심을 가졌던 소년들이 나옵니다. 모두가 잘 아시는 다니엘과 세 친구의 이야기입니다. 바빌론으로 끌려간 이 소년들에게 금으로 만든 형상에 경배하라는 느부갓넷살왕의 명령이 내려지고, 이를 따르지 않으면 불타는 뜨거운 용광로에 던져진다고 합니다. 「엎드려 경배하지 않는 자는 누구나 불타는 뜨거운 용광로 가운데에 던져질 것이라고 하셨나이다」(11절). 히브리 소년들은 왕의 명령을 따르지 않았고 이를 본 칼데아인들이 왕에게 일러 바칩니다. 이를 들은 왕은 분노하였고 히브리 소년들은 왕 앞에 끌려갑니다. 「그러자 느부갓넷살이 심히 분노하여 사드락과 메삭과 아벳느고를 데려오라고 명하니 그들이 이 사람들을 왕 앞에 데려왔더라」(단 3:13).

분노한 느부갓넷살왕이 형상에 경배하라고 명령하자 소년들은 담대히 왕에게 말합니다. 「사드락과 메삭과 아벳느고가 왕에게 대답하여 말하기를 "오 느부갓넷살이여, 우리가 이 일에 대하여 왕께 담대히 말하나이다. 만일 그렇게 된다 해도 우리가 섬기는 우리의 하나님께서는 불타는 뜨거운 용광로에서 우리를 구해 내실 수 있으며, 오 왕이여, 그분께서는 우리를 왕의 손에서 구해 내실 것이니이다」(단 3:16,17). 그들은 형상을 만들어 경배하지 말라는 하나님의 법인 십계명에 충성한 것입니다. 만왕의 왕께 충성할 뿐만 아니라 그 왕의 법과 명령에도 충성해야 합니다. 하나님께 충성하는 것이 곧 하나님의 말씀에 충성하는 것입니다.

  왕을 위해 죽을 수도 있는 충신들은 담대합니다. 소년들에게는 충성심이 있었기 때문에 담대하게 말할 수 있었습니다. 소년들은 왕이신 하나님을 신뢰했습니다. 하나님께서 주관해 주실 것을 신뢰하기 때문에 그 명령에 목숨을 걸고 충성할 수 있는 것입니다.

  「그러나 만일 그렇게 되지 아니할지라도, 오 왕이여, 우리가 왕의 신들을 섬기지 아니할 것이며 왕께서 세우신 금상에 경배하지도 아니할 것을 왕께서는 아소서." 하더라」(단 3:18). 이 어린 소년들은 비록 죽는 한이 있더라도 절대로 하나님의 계명을 어길 수 없고 만왕의 왕이신 주님께서 하지 말라고 하신 일은 하지 않겠다고 담대하게 말합니다. 「왕이 대답하여 말하기를 "보라, 내가 보니, 네 사람이 풀려서 불 가운데서 걸어다니고 있는데, 그들이 다치지도 않았으며, 그 넷째의 모습은 하나님의 아들과 같도다." 하더라」(단 3:25). 그들이 불 가운데로 던져졌을 때 하나님의 아들이신 예수님께서 그 용광로 속에서 함께해 주시고 그들을 구해주셨습니다.

  히브리 소년들이 하나님의 말씀에 순종하기 위해 죽음도 두려워하지 않고 충성했던 이 일로 인해 이방인 왕인 느부캇넷살왕이 하나님을 송축하게 됩니다. 「그러자 느부캇넷살이 일러 말하기를

"사드락과 메삭과 아벳느고의 하나님을 송축할지로다. 그분께서 그의 천사를 보내시어, 자기를 의뢰하며 왕의 명령을 바꾸고 자기들의 몸을 내어준 그의 종들을 구해 내셨으니, 이는 그들로 그들의 하나님 말고는 어떤 다른 신도 섬기거나 경배하지 않게 하려 하심이라」(단 3:28).

여러분이 세상에 나가서 살 때 주님의 말씀에 충성하고 따르면, 오히려 세상 사람들이 여러분을 존경하고 그들의 입에서 하나님을 찬양하고 드높이는 일이 일어나게 됩니다. 그러나 성도가 한 발은 교회에 두고 한 발은 세상에 둔 채 세상과 타협하는 모습을 보이면, 세상 사람들의 조롱을 받습니다. 목사는 다른 교회들의 잘못을 지적하는데 정작 그 교회 성도가 전혀 성경적으로 살지 않는다면 어떡합니까. 여러분이 세상에서 하나님의 말씀에 복종하며 살면, 세상 사람들은 그 교회와 성도는 뭔가 다르다고 느낄 것이고 그 일이 주님께 영광이 되는 것입니다. 세상 사람들이 여러분을 보고서 저 사람들이 믿는 하나님이 진짜 하나님이고, 저 교회가 진짜 하나님의 교회이고, 저 목사가 진짜 하나님의 종이라고 말함으로써 하나님께 영광을 돌리도록 해야 합니다.

「그러므로 내가 한 칙령을 내리노니, 어느 백성이나 민족이나 언어라도 사드락과 메삭과 아벳느고의 하나님께 거슬러 무엇을 잘못 말하면 그들은 토막으로 잘려질 것이요 그들의 집은 퇴비더미가 될 것이니라. 이는 이처럼 구해 낼 수 있는 다른 신이 없기 때문이라." 하고, 왕이 사드락과 메삭과 아벳느고를 바빌론 지방에서 높였더라」(단 3:29,30). 여러분이 하나님의 말씀에 충성을 보이면 이 세상에서뿐만 아니라 오는 세상에서도 상을 받게 됩니다. 비록 박해를 받더라도 이 세상에서는 하나님의 보호하심이 있고, 오는 세상에서는 상을 주실 것입니다. 우리는 왕에게 충성해야 하고, 왕의 명령에 충성해야 함을 배웠습니다.

마지막으로 우리가 충성해야 할 대상은 성경적으로 믿는 믿음의 선배들입니다. 우리는 그들의 가르침을 존중하고 따라가야 합니다. 예레미야 35장에는 하나님께서 예레미야를 통해 레갑인들의 후손들을 포도주로 시험하시는 일이 나옵니다.

「그들이 말하기를 "우리는 포도주를 마시지 아니하겠노라. 이는 우리의 조상 레갑의 아들 요나답이 우리에게 명하여 말하기를 '너희와 너희 자손들은 영원히 포도주를 마시지 말라. 너희는 집도 짓지 말고 씨도 뿌리지 말며 포도원도 만들지 말고 아무것도 갖지 말고 너희의 모든 날 동안 장막에 거하라. 그리하면 너희가 타국인으로 있는 땅에서 많은 날들을 살게 되리라.' 하였으므로 우리가 우리의 조상 레갑의 아들 요나답의 음성에, 곧 그가 우리에게 명한 모든 일에 복종하여 우리와 우리의 아내들과 우리의 아들들과 우리의 딸들이 모든 날 동안 포도주를 마시지 아니하였고 우리가 거할 집들도 짓지 아니하였고 포도원이나 밭이나 씨앗도 가지지 않았으며 장막에 거하여 우리 조상 요나답이 우리에게 명한 모든 것에 따라 복종하고 행하였음이라」(6-10절). 시험을 받을 때 레갑인들은 그들의 조상이 명한 모든 일에 복종하고 충성했습니다. 여러분도 레갑인들처럼 예레미야 같은 선지자가 시험을 한다 해도 넘어가면 안 됩니다. 성경적인 가르침은 어떤 상황에 따라서 변할 수 있는 것이 아닙니다. 여러분이 성경대로 가르침을 받았다면, 레캅인들이 자신들의 조상이 명한 모든 일이 하나님의 가르침이기 때문에 포도주를 마실 수 없다고 한 것처럼, 시험이 왔을 때 분별할 수 있습니다.

「레캅의 아들 요나답의 아들들은 그들의 조상이 그들에게 명령한 그 명령을 실행하였으나 이 백성은 내게 경청하지 아니하였도다. 그러므로 만군의 주 하나님, 이스라엘의 하나님이 이같이 말하노라. 보라, 내가 유다와 예루살렘의 모든 거민에게 내가 그들에게 선언했던 모든 재앙을 가져오리니 이는 내가 그들에게 말해도 그들이 듣지 아니하며 내가 그들을 불러도 그들이 대답하지 아니하였음이라」(렘 35:16,17). 모든 이스라엘 백성들은 하나님을 거역하는 쪽으로 가고 레캅인들만 하나님께 나아가듯이, 오늘날 세상의 많은 사람들은 모두 죄악을 향해 가고 있고 성경적으로 믿는 여러분만 절대 다수가 가는 길을 거슬러 가고 있습니다. 수많은 사람들이 성경적인 가르침을 믿지 않는 이유도 여기에 있습니다. 레캅인들은 말씀을 알기 때문에 다수의 이스라엘 백성이 가는 길로 가지 않았고, 이후 하나님의 재앙은 레캅인이 아니라 다수인 이스라엘에게 내려졌습니다.

지금은 마지막 때입니다. 거짓 목사들과 그 거짓 교리에 속아 구원받지 못한 모든 다수에게 재앙이 내려질 것입니다. 하나님께서는 인간 역사 속에서 지속적으로 소수를 구원해 주신 것을 성경을 통해 알 수 있습니다. 노아의 때와 같이 소수를 위하시고 소수를 사용하시는 것은 다수가 미워서가 아니라, 선천적으로 다수는 하나님의 말씀을 따르지 않기 때문입니다. 인간은 아담의 죄된 성품을 가지고 태어났기 때문에 하나님의 말씀을 따를 수 있는 사람은 소수일 수밖에 없습니다. 현재 이 지구상에도 70억이 넘는 인구가 살고 있지만 다수는 하나님의 말씀을 거절하고 있습니다.

「예레미야가 레갑인들의 집에 말하니라. "만군의 주, 이스라엘의 하나님이 이같이 말하노라. 너희가 너희 조상 요나답의 명령에 복종하여 그의 모든 훈계를 지키고, 그가 너희에게 명령한 모든 것대로 행하였도다 그러므로 만군의 주, 이스라엘의 하나님이 이같이 말하노라. 레갑의 아들 요나답에게는 내 앞에 설 사람이 영원히 한 사람도 부족하지 아니하리라」(렘 35:18,19). 레갑인들이 성경 그대로 믿은 조상들의 명령에 충성했더니 하나님께 이렇게 축복을 받았습니다.

지금까지 만왕의 왕이신 예수님께 충성하고, 그분의 말씀에 충성하고, 그분의 말씀을 가르치며 성경적으로 믿는 조상들의 명령에 충성했을 때 복을 받는 것에 대해 살펴보았습니다. 여러분은 이 세 가지 대상에 충성하고 계십니까? 다윗이 의로운 분노로 골리앗을 쓰러뜨릴 수 있었듯이, 지옥으로 가고 있는 수많은 혼들이 있는 한국 교회를 향해 분노하고 잘못된 것을 지적할 수 있어야 합니다.

주님께서는 성경 곳곳에서 믿음을 시험하십니다. 여러분에게 그런 시험이 왔을 때 성경적으로 믿는 교리와 믿음 위에 단단히 서지 못하면 결국에는 다수를 쫓아가게 됩니다. 성경을 올바로 공부해야만 속지 않을 수 있습니다. 성경에서는 항상 다수가 아닌 소수가 옳았습니다. 인간의 6천 년 역사 동안 하나님 편에 서고 구원받는 사람은 항상 소수였습니다.

주님께서는 영원 세계에서 엄청난 나라를 만드실 것인데 그 왕국은 계속 증가한다고 이사야 9장에 기록하셨습니다. 6천 년 동안 구원 받은 사람들을 다 모으시고, 천년왕국을 지난 엄청난 숫자의 백성들을 모으셔서 그 영원 세계에 들어갈 것입니다. 그것을 위해서 주님께서 기다리고 계신 것입니다.

여러분은 만왕의 왕과 그 분의 말씀과 성경적으로 믿는 조상들의 명령에 복종하고 충성하셨는지 자신의 태도를 점검하시기 바랍니다.

9. 담대함 | Boldness

형제들아, 우리가 너희에게로 들어간 것이 헛되지 않았음을 너희 자신들이 알고 있노라. 너희가 아는 바와 같이 우리가 이전에 빌립보에서 고난을 받고 모욕을 당하였으나 우리의 하나님 안에서 담대하여 많은 투쟁을 하며 하나님의 복음을 너희에게 전하였노라. 우리의 권면은 기만이나 부정이나 교활로 말미암지 않았고 오히려 하나님의 승인을 받아 복음을 위탁받은 대로 전하노니 이는 사람들을 기쁘게 하려 함이 아니며 우리의 마음을 시험하시는 하나님만을 기쁘시게 하려 함이니라. 너희도 아는 바와 같이 우리가 어느 때에도 아첨의 말이나 탐심의 구실로 하지 아니한 것을 하나님께서 증거하시느니라(살전 2:1-5).

그리스도인으로서 지녀야 할 성품을 갖추기 위해서는 지속적인 훈련이 필요합니다. 성품은 우리가 가지고 태어나는 기질과는 다르며, 우리가 노력해서 갖추어야 하는 것입니다. 우리는 구원받은 이후에 어떠한 그리스도인의 성품을 갖추어야 하는지를 알아야 합니다. 그럼으로써 승리하는 삶을 살아서 주님께 영광을 돌릴 수가 있습니다.

그리스도인이 갖추어야 할 성품 중에는 담대함이 있습니다. 본문은 「하나님 안에서 담대하여」라고 말씀합니다. 이 담대함은 하나님 안에서 나오는 것이라야 합니다. 용기와도 같은 의미인 담대함은 세상 사람들이 말하는 소위 배짱과는 다릅니다. 죄를 짓고 악을 행하고서도 뻔뻔해서는 안되는 것입니다. 그것은 담대함이 아닙니다. 우리는 하나님 안에서 담대해야 합니다.

여러분이 담대하지 못한 이유가 무엇입니까? 두려움 때문입니다. 세상 사람들은 죽음을 두려워합니다. 요한계시록 21장 8절은 둘째 사망에 대한 말씀인데, 불못에 가는 사람들 중 제일 처음 나열된 것이 두려워하는 자들입니다. 사람들은 구원받지 못했기 때문에 항상 죽음에 대한 두려움 속에서 삽니다. 그러나 구원받아 영원한 생명을 가진 사람들은 하나님이 보호해 주시고, 죽으면 주님이 계신 하늘나라에 가기 때문에 두려워할 필요가 없습니다. 이처럼 하나님을 두려워하면, 나머지 모든 것들을 두려워할 필요는 사라집니다. 그러나 하나님을 두려워하지 않을 때는, 대신 죽음이나 사람이나 다른 모든 것을 두려워하며 살 수밖에 없습니다. 하지만 막상 사람들은 예수 그리스도를 시인하지 못하는데, 이는 사람들에게 받을 조롱을 두려워하기 때문입니다.

또 사람들은 고난이 올까 봐 두려워합니다. 경제적인 고난, 육체적인 고난, 박해, 질병 등을 겪게 되는 것을 두려워합니다. 그런 어려움이 올까 봐, 불행해질까 봐 두려워합니다. 그런 두려움들 때문에 담대하게 살 수가 없습니다. 그렇다고 해서 여러분에게 만용이나 객기를 부리고 살라는 것이 아닙니다. 폭동을 일으켜서 상점을 터는 행위는 담대함이 아닙니다. 악한 일에 담대한 것은 만용입니다. 아이시스 같은 테러리스트들이 얼마나 많은 무고한 사람들을 무자비하게 죽입니까? 담대함은 그런 것이 아닙니다. 뻔뻔스럽다거나, 폭동에 가담한다거나, 사람들을 괴롭히고 죽이는 테러 행위를 하는 것은 우리가 대적해야 할 일입니다.

그렇다면, 담대해야 할 때는 언제입니까? 전쟁을 할 때입니다. 여호수아의 때에 하나님께서는 계속해서 담대하라고 명하셨습니다. 전쟁할 때 목숨이 왔다갔다 하는 상황에서 담대함이 없으면 임무를 완수할 수 없습니다. 오늘날 군인들이 전장에 나가서 싸울 때에도 담대해야 합니다. 성경에서도 적과 싸울 때, 적진에 스파이로 나갔을 때 담대하라는 말씀을 합니다. 전쟁에서 가장 중요한 것이 담대함입니다. 담대하지 못하면 임무를 수행할 수가 없습니다. 전쟁할 때 겁쟁이들이 있으면 그 소대나 분대는 지는 것입니다. 겁쟁이 한 명이 있으면 그것이 전염돼서 결국 모두가 다 겁쟁이가 되어 전쟁에 패배하게 됩니다. 그래서 전쟁에 나갈 때에는 지휘관들이 담대함을 심어줍니다.

본문 말씀은 고난을 받고 모욕을 당하였음에도 불구하고 「우리의 하나님 안에서 담대하여 많은 투쟁을 하며」(2절)라고 말씀합니다. 진리를 전파할 때, 하나님의 말씀대로 행할 때 투쟁이 있습니다. 바이블 빌리버들이 사도 바울처럼 진리를 강력하고 담대하게 전하며 많은 투쟁을 하고 싸울 때, 이를 두고 사람들은 비난합니다. 100년 이상을 변개된 성경으로 사람들을 속여 온 자들은 그것이 탄로나자, 오히려 진리를 전하는 우리를 담대하게 반대하고 막습니다. 그것은 마귀 안에서 가지는 담대함입니다. 그들은 모여서, 변개된 성경들은 잘못됐고 킹제임스성경만 옳은 성경이라고 가르치는 우리들을 대적합니다. 3만 6천 군데가 변개된 성경을 틀린 성경이라 하고, 바른 원문에서 나온 킹제임스성경을 바른 성경이라고 하는데도 말입니다.

그러나 사도 바울은 그런 고난과 모욕을 당할 때 담대하게 투쟁을 했습니다. 성경은 그가 가는 곳마다 많은 투쟁을 했다고 말씀합니다. 우리도 우리 민족과 교계에 복음과 진리를 전하기 위해서 가는 곳마다 투쟁을 해야 합니다. 그러지 않으면, 거짓 목사들의 손아귀에 놀아나는 한국 교인들은 성경적 복음을 듣지 못한 채 무지와 혼란 속에서 지옥으로 가게 됩니다.

오늘날 한국 기독교가 얼마나 세상의 조롱거리가 됐습니까? 모두 거짓 목사들 때문에 그렇게 된 것입니다. 목회를 하는 건지, 돈을 벌려고 하는 건지, 사기를 치기 위한 수단으로 교회를 하는 건지 알 수가 없습니다. 돈을 벌려거든 사업을 하지 왜 목사가 됩니까? 그들은 웬만한 사업가보다 돈을 더 많이 법니다.

남가주의 어느 교회 목사는 한국에서 받는 본봉만 2억 6천만 원입니다. 웬만한 기업가보다 낫습니다. 아마 그보다 더 많이 받는 목사들도 있을 것입니다. 그는 그뿐 아니라 서점과 카페 운영으로 들어오는 수익까지 대포통장을 만들어서 다 자신이 가져 갑니다. 이런 내용이 소셜 미디어에 모두 폭로가 되었습니다. 그러니 한국 교회들이 조롱거리가 되지 않겠습니까? 우리는 이런 한국 교계의 실태를 변혁시키고자 교회 개혁을 외치는 것입니다. 그런데 그 일이 투쟁 없이 되겠습니까? 그와 같은 목사들이 2억, 3억, 4억을 받는데 그런 자리를 쉽사리 포기하겠습니까? 악착같이 우리를 대적하지 않겠습니까?

「우리의 권면은 기만이나 부정이나 교활로 말미암지 않았고」(살전 2:3). 우리는 기만, 부정, 교활로 사역하는 것이 아닙니다. 한국 목사들처럼 사람들의 비위나 맞추지 않습니다. 속칭 구원파에 속한 사람들을 보면 의사나 교수나 부자들만 영입하려고 애를 씁니다. 이게 무슨 짓입니까? 목표를 정하고 기만과 술수를 써서 사람들을 끌어들이려 합니다. 그런 것은 사업이지, 하나님의 사역이 아닙니다. 그런 사람들을 대상으로 진리를 전파할 때 바로 투쟁이 있는 것입니다.

나쁜 짓을 한 것과 연관해서 투쟁을 하고 고난을 받으라는 것이 아닙니다. 나쁜 짓을 하면 당연히 고난을 받습니다. 그것을 가지고 투쟁하라는 것이 아닙니다. 죄를 지었으면 오히려 담대하게 회개를 할 줄 알아야 합니다. 다윗처럼 죄를 인정하고 회개하는 것이 담대함입니다. 성경적으로 믿는 사람이 죄를 지었으면 그 잘못을 하나님 앞에서 담대하게 인정해야 합니다. 목사에게 가지고 오는 것이 아닙니다. 하나님께 자백하십시오. 어려운 점을 목사와 상의하지 말라는 것이 아닙니다. 여러분의 죄는 우선적으로 하나님과 해결하라는 말입니다.

어떤 집단은 모였을 때 한 사람씩 앞에 나가서 개인적인 죄를 고백하게 합니다. 어떤 가정의 아내가 사람들 앞에서 자신의 과거를 고백했다가 그 가정이 깨진 경우가 있었습니다. 그렇게 비성경적인 행태를 종용하는 사람들이 있습니다. 목사가 성경을 제대로 모르면서 다른 사람들을 가르쳤기 때문에 수많은 사람들이 거기에 속았습니다. 죄를 지었다면 주님 앞에서 담대하게 잘못을 인정하고 죄에서 돌아서야 합니다.

우리는 모두 청소년기를 지났습니다. 여러분이 학창 시절에 왜 죄에 동참했습니까? 동년배들의 압력 때문이었을 것입니다. 학교에서 애들이 다 하니까 따라서 한 것입니다. 이런 풍토는 오늘날도 마찬가지입니다. 그런 식으로 죄를 거절하지 못하고 친구들과 악한 짓을 할 때, 그것은 담대함의 표출이 아닙니다. 그 당시에는 담대하기 때문에 자신이 그런 짓을 했다고 생각할지 모르지만 그것은 오히려 비겁한 것입니다. 죄를 거절할 줄 알아야 합니다. 친구가 나쁜 짓을 하자고 하면 '그건 안된다, 내 믿음에 반대되는 것이다, 나는 성경적으로 그렇게 배우지 않았다, 나는 동참 못 한다.'고 해야 합니다. 그것은 여러분이 학교에 다닐 때뿐만 아니라 지금도 마찬가지입니다. 직장에서나 어디에서나 죄를 거절할 줄 아는 담대함이 있어야 합니다.

또한 하나님을 위하고 백성을 위해서 담대함을 가져야 합니다. 에스더의 예를 들어 말씀드리겠습니다. 그녀는 자기 목숨을 걸고 자신의 백성을 살리려는 담대함이 있었습니다. 만일 에스더가 도저히 못하겠다며 포기했으면 유대인들은 멸망을 면치 못했을 것입니다. 당시 페르시아는 오늘날 이란으로, 지금도 유대인들을 이 지구상에서 멸절시키려 하고 있습니다. 에스더는 페르시아의 왕비였는데 페르시아가 유대인들을 모두 죽이려고 했을 때 에스더가 일어난 것입니다. 에스더는 자신이 믿는 하나님과 자신의 백성을 위해 목숨을 잃을 각오를 하고 왕에게 얘기했습니다. 그녀는 지혜를 가지고 담대하게 행동했습니다.

이처럼 담대해야 할 때 담대하지 않고 침묵하면 그 백성이 멸망하는 것입니다. 여러분이 담대함으로 바른 성경인 한글킹제임스성경과 바른 교리를 전파하지 않을 때 우리 민족은 멸망하는 것입니다. 진리를 알면 담대할 수밖에 없습니다. 진리를 알면 사람들의 잘못 보이게 되고, 그들이 지옥으로 가고 있는 것을 그대로 놔둘 수가 없는 것입니다. 우리가 전할 수 있는 위치에 있을 때 진리를 알고서도 침묵을 지키면 안 됩니다. 사도 바울은 「담대하여 많은 투쟁을 하며 하나님의 복음을 너희에게 전하였노라」(살전 2:2)고 했습니다.

하나님의 부르심이 있기 때문에 우리는 주님께서 다시 오실 때까지 절대로 포기할 수 없습니다. 여러분이 침묵하면 한국 교회는 소망이 없습니다. 우리는 수많은 사람들을 지옥으로 보내는 이단 목사들의 정체를 성경적으로 밝히고, 변개된 개역성경을 옹호하는 사람들과 사탄의 계략에 빠진 사람들에게 진리의 빛을 비추고 있습니다. 우리 민족을 복음으로 인도하기 위해서, 바른 성경과 바른 교리로 인도하기 위해서, 담대히 외치고 있는 것입니다. 한국인들은 지금까지 카톨릭 원문에서 나온 변개된 성경을 써 오고 있었습니다. 그런 한국인들에게 하나님께서 한글킹제임스성경을 주신 것입니다.

사도행전 4장을 보면 진리를 가졌을 때 어떤 담대함이 나오는지를 볼 수 있습니다. 「그때 그들이 베드로와 요한이 담대하게 말하는 것을 보자 배우지 못한 무식한 사람들로 알았다가 놀라며 그들이 예수와 함께 있었다는 사실을 깨닫더라」(행 4:13). 베드로를 비롯한 모든 사도들은 주님이 십자가로 가셨을 때 도망다니고 소극적으로 행동했습니다. 거의 믿음을 포기하는 상태에 있었습니다.

그러나 그들은 사도행전 2장, 3장, 4장에서 계속해서 담대함을 가지고 전파했습니다. 베드로와 요한은 담대하게, 거리낌이 없이 예수 그리스도의 부활을 전파했습니다. 진리를 알았기 때문입니다. 진리가 무엇입니까? 메시아이신 예수님께서 오시고 십자가에서 죽으셨다가 부활하신 사실입니다. 그들이 부활한 주님을 보았을 때 거기서 담대함이 생긴 것입니다. 주님과 함께 했던 자들이, 배우지 못한 어부들이 담대하게 말을 할 수 있었던 것입니다.

여러분도 진리를 그렇게 받았다면 신념을 가지고 담대하게 전할 수 있습니다. 사도 바울은 지속적으로 담대함에 대해 말합니다. 사도 바울은 교회들을 핍박하며 사람들을 잡아서 죽이는 데 넘겨주던 자였습니다. 그러던 그가 예수님을 만난 뒤 어떻게 됐습니까? 완전히 변해서, 이전에는 핍박하던 그 예수님을 증거하러 다닌 것입니다. 그로 인해 유대인들은 그를 죽이려고 했고, 사도 바울은 도망을 다니고 감옥에까지 갔지만, 끝까지 담대하게 전했습니다. 진리를 소유했기 때문입니다.

창세기 34장에 보면 야곱의 아들들이 여동생을 위해 싸우는 장면이 나옵니다. 「레아가 야곱에게 낳은 딸 디나가 그 땅의 딸들을 보러 나갔는데 히위인 하몰의 아들, 그 지방의 통치자인 세겜이 그녀를 보고 그녀를 끌어들여서 그녀와 동침하여, 그녀를 더럽히니라」(1-2절). 이 사건으로 인해서 야곱의 딸 디나의 오라비들이 성읍 남자들을 모두 죽이는 장면이 나옵니다. 「삼 일째 되어 그들이 아플 때 야곱의 두 아들, 디나의 오라비 시므온과 레위가 각자 자기 칼을 가지고 담대히 그 성읍으로 가서 모든 남자들을 죽이고」(창 34:25). 하나님의 원수들이 여동생 디나를 건드렸기 때문에 그녀의 오라비들이 분노한 것입니다. 불의를 봤을 때 폭력적으로 행동하라는 말이 아닙니다. 아이시스처럼 나가서 다 죽이라는 것이 아닙니다. 과거에 카톨릭에서 했던 것처럼 칼과 총으로 싸우는 시대가 아닙니다. 지금은 은혜 복음의 시대입니다. 우리는 하나님의 말씀 곧 성령의 칼을 가지고 영적 싸움을 하는 것입니다.

싸울 때에 여러분에게는 불의에 대한 분노가 있어야 합니다. 하나님의 말씀을 3만 6천 군데나 변개한 성경을 가지고, 하나님의 구원론조차도 모르고서, 강대상에 서서 거짓으로 가르쳐 교인들을 지옥으로 보내는 거짓 목사들 곧 사탄의 종들이 행하는 불의에 대해 분노가 있을 때 담대해지는 것입니다. 이런 불의를 보면서도 아무런 분노가 없다면 한국 교회는 변화될 수 없습니다.

에베소서 6장 20절을 보십시오. 「이를 위하여 내가 사슬에 묶인 대사가 된 것은 나로 하여금 마땅히 할 말을 담대히 하게 하려는 것이니라.」 사도 바울은 셋째 하늘에까지 다녀온 사람입니다. 셋째 하늘까지 갔는데 주님이 '너는 아직 올 때가 안됐다. 내려가라.' 하셨을 때 얼마나 실망했겠습니까? 그래서 사도 바울이 곳곳에서 차라리 죽는 것이 더 낫다고 한 것입니다. 하늘나라를 맛보았기 때문입니다. 여러분이 만일 지금 셋째 하늘에 다녀온다면 어떻게 설교할 것 같습니까? 진리를 어떻게 전파할 것 같습니까? 담대하게 하지 않겠습니까? 죽음이 두렵겠습니까? 죽든지 살든지 주님을 기쁘시게 하려는 마음으로 진리를 전파할 것입니다. 비록 셋째 하늘에 다녀오지는 않았지만 성경을 통해서 우리는 보지 않은 것을 믿을 수 있습니다. 우리는 성경에 나오는 것은 점 하나까지도 모두 그대로 믿는 사람들입니다. 우리는 셋째 하늘에 다녀온 사도 바울처럼 담대함으로 사역을 해야 합니다. 죽음을 두려워하면 안 됩니다. 사도 바울은 감옥에 갇혔을 때 이제 이것으로 끝이라고 하지 않았습니다. 절망과 두려움에 빠져 있지 않았습니다. 셋째 하늘까지 다녀온 사람이 무엇이 두렵겠습니까? 소망을 가졌을 때 두려움은 사라집니다.

앞에서 담대하지 못한 이유가 두려움 때문이라고 말씀드렸습니다. 두려워하는 이유는 무엇입니까? 소망을 갖지 못했기 때문입니다. 예수 그리스도의 보혈로 죄 사함을 받은 사람들은 죽음에 대한 두려움이 없습니다. 영생의 소망을 가지고 있기 때문에 이 세상을 살 때 두려움이 없습니다. 감옥에 갇히는 최악의 상황 속에서도 사도 바울이 한 말은 「이를 위하여 내가 사슬에 묶인 대사가 된 것은 나로 하여금 마땅히 할 말을 담대히 하게 하려는 것이니라」(엡 6:20)였습니다.

여러분은 지옥으로 가는 불쌍한 혼들이었는데 예수 그리스도께서 그 분의 보혈로 죄를 사해 주셨습니다. 무엇이 여러분을 두렵게 합니까? 두려울 것이 하나도 없습니다. 여러분은 예수 그리스도의 보혈로 인해 담대해질 수가 있습니다. 예수 그리스도의 보혈로 과거, 현재, 미래의 모든 죄를 사함 받아서 이제 지옥에 가지 않습니다. 그 어떤 것도 여러분을 두렵게 할 수 없는 것입니다.

옛날에 말을 타고 다니면서 복음을 전하던 믿음의 선배들이 있었습니다. 그들이 말을 타고 복음을 전하러 다닐 때 강도들이 총을 들고 위협했습니다. 그때 그 복음 전도자들은 '당신은 하늘나라로 나를 위협할 수 없소'라고 대답했습니다. 여러분은 그런 담대함을 가지고 있습니까? 하나님을 신뢰하고 있습니까? 사도행전의 사도들은 성령으로 충만하고 말씀과 믿음으로 충만해서 하나님의 말씀을 담대하게 전했습니다.

성경은 술 취하지 말고 성령으로 충만하라 명령하십니다. 술에 취하면 술 기운에 평소보다 담대해집니다. 여러분은 성령으로 충만하셔야 합니다. 믿음으로 충만해서 하나님의 말씀으로 용기를 내야 합니다. 의로운 자는 사자처럼 담대합니다. 그래서 여러분이 하나님의 말씀대로 살아야 하는 것입니다. 하나님 말씀대로 행할 때, 담대함이 나오고 떳떳함이 나오는 것입니다. 그렇지 못하면 비겁해집니다. 여러분이 계속해서 설교를 들음으로써 그리스도인이 갖추어야 할 성품을 확고히 갖추고, 그럼으로써 담대하게 복음을 전파할 수 있는 것입니다.

빌립보서 1장 20절을 보십시오. 「나의 간절한 기대와 소망에 따라 내가 어떤 일에도 부끄러움을 당하지 아니하고 항상 그러하듯이 지금도 온전히 담대하여 살든지 죽든지 그리스도가 내 몸 안에서 늘 높임을 받으시게 하려는 것이라. 이는 내게 사는 것이 그리스도니 죽는 것도 유익함이라.」 주님의 재림이 늦어지면 우리 모두는 죽음을 맞이할 것입니다. 죽음은 모든 사람이 피할 수 없는 운명입니다. 어떤 사람들은 죄를 짓다가, 마약을 하다가 일찍 죽기도 합니다. 우리는 그렇게 헛되고 허망한 죽음을 맞이해서는 안 됩니다. 숨이 끊어지는 그날까지 주님을 섬기고 진리를 전파해야 합니다. 우리는 하나님을 기쁘시게 하고 사람을 기쁘게 하지 말아야 합니다. 사람을 기쁘게 하려는 사람들은 절대로 담대해질 수 없습니다. 사람의 눈치만 보며 비겁하게 살다가 죽는 것입니다. 우리 주위에는 그런 사람으로 가득 차 있습니다. 여러분은 그렇게 살 것이 아니라 하나님을 기쁘시게 해야 합니다. 우리에게 어차피 한 번 죽는 것이 정해져 있다면, 사도 바울처럼 여러분의 몸을 주님께 드리십시오.

그동안 용기가 없으셨습니까? 진리를 전파하는 데 용기가 부족하셨습니까? 이제부터는 주님을 위해서 살다가 죽어야겠다는 다짐을 하시기 바랍니다. 그동안 비겁했던 것을 자백하고, 용기를 주시기를, 담대함을 주시기를 주님께 기도하십시오.

10. 유연성 | Flexibility

그러나 내가 주 안에서 크게 기뻐하노니 이는 이제 너희가 나를 생각하던 것이 마침내 다시 살아남이라. 너희가 비록 생각은 하였으나 너희에게 기회가 부족하였도다. 내가 궁핍하므로 말하는 것이 아니니 이는 내가 어떤 처지에서도 스스로 만족하는 법을 배웠기 때문이라. 나는 비천에 처할 줄도 알고, 또 풍부함에 처할 줄도 알며, 모든 처지와 모든 일에 있어서 나는 배부름과 배고픔과 풍부함과 궁핍함을 다 배웠노라. 내게 능력 주시는 그리스도를 통하여 내가 모든 것을 할 수 있느니라(빌 4:10-13).

    그리스도인의 성품에 대한 주제로 드리는 설교를 듣고 그 성품 하나하나를 여러분 안에 자리잡게 한다면 여러분은 하나님의 훌륭한 일꾼이 될 수 있습니다. 이러한 성품들은 각자가 갖고 태어나는 기질을 말하는 것이 아닙니다. 이는 구원받은 후에 그리스도인으로서 갖추어야 할 성품들을 말하는 것이며, 여러분 안에 반드시 자리잡아야 하는 덕목들입니다. 이런 성품들을 갖추는 것은 여러분이 해야 할 몫이며, 물론 하나님의 도우심으로만 이룰 수 있는 일입니다. 성경이 말씀하는 그리스도인의 성품들 즉 우리로 하여금 주님을 영화롭게 할 수 있도록 해 주는 성품들을 선정하여 설교하고 있습니다. 이것이 필요한 이유는 우리의 믿음 생활이 구원을 받는 것으로 끝나는 것이 아니라, 주님께서 우리를 하늘로 부르시는 날까지 이 땅에서 그리스도인으로서의 삶을 통해 주님께 열매를 맺어 드려야 하기 때문입니다.

그러나 사탄은 우리를 가만히 내버려두지 않습니다. 무슨 수를 써서라도 여러분을 실족시키고 올바른 믿음 생활을 하지 못하게 만듭니다. 그렇기 때문에 여러분이 그리스도인의 성품을 제대로 갖추고 있지 않으면 사탄에게 당할 수밖에 없습니다.

사도 바울은 본문에서 「내게 능력 주시는 그리스도를 통하여 내가 모든 것을 할 수 있느니라.」(13절)라고 말합니다. 이 구절은 은사주의 목사들이 가장 즐겨 인용하는 구절 중 하나입니다. 이 구절을 불가능한 일이 없다는 뜻으로 해석하여 수많은 사람들을 오도합니다. 그러나 이 구절의 문맥을 보면 이 말씀은 독뱀을 집었어도 안 죽는다는 그런 초자연적 능력을 뜻하는 것이 아닙니다. 사도 바울은 지금 자신이 어떤 처지에서도 만족하는 법을 배웠기 때문에 비천에 처하든 풍부함에 처하든 어떤 상황에 처하든, 불평 없이 실족함 없이 다 감당할 수 있다고 말하는 것입니다.

영어로 flexibility라는 단어는 융통성, 적응성, 유연성 등의 뜻을 가집니다. 누군가가 상황에 적응하는 능력을 갖추었다고 말할 때 이 단어를 쓸 수 있습니다. 우리는 그러한 자세를 갖고 살아야 합니다. 그렇지 않으면 사탄의 시험에 걸려 넘어지고 맙니다. 비천에 처했을 때에는 불평하지 않도록, 풍부해졌을 때에는 교만해지거나 나태해지지 않도록 주의해야 합니다. 인간은 육신을 가지고 있기에 쉽게 불평하거나 교만해지지만, 우리는 어떤 처지에서도 적응할 수 있는 그런 사람이 되어야 합니다. 하나님께서 여러분에게 복을 주실 때에만 감사드리십니까? 그런 사람은 그리스도

유연성 | Flexibility

인이 갖추어야 할 성품을 제대로 갖추고 있지 않은 사람입니다. 대부분의 사람들이 좋은 일이 일어나면 하나님께 감사드리지만, 비천에 처하거나 어려운 일이 닥치면 어떻게 합니까? 바로 하나님께 불평합니다. 하나님을 찬양하는 입에서 하나님께 대한 불평이 나와서는 안됩니다. 그렇기 때문에 어떤 상황에 처하더라도 사도 바울과 같은 자세를 가지기 위해, 유연성의 성품을 여러분 안에 잘 갖추어서 균형잡힌 생활을 해야 합니다.

사탄이 성도들을 공격하는 방법 중 하나는 극단적으로 만드는 것입니다. 유연성 혹은 융통성은 자칫 타협과 혼동될 수 있는 개념인데, 사탄은 성도를 한쪽 극단으로 몰아서, 균형잡힌 융통성을 갖추는 것에서 벗어나 옳지 않은 타협을 하도록 만듭니다. 죄, 사탄, 육신과 타협하도록 만듦으로써 믿음 생활을 파괴시킵니다. 또 다른 극단은 완전히 융통성 없게 만드는 것입니다. 자기 혼자만 세상에서 가장 성경적으로 잘 믿는 사람인 것처럼 여기도록 만들어서 결국 멸망시킵니다. 이것이 사탄의 계략입니다. 여러분은 균형잡힌 그리스도인으로서 상황에 따른 적응력과 융통성을 갖추어야 합니다.

첫째, 여러분은 현실에 잘 적응해야 합니다. 사도행전 7장에 여러분이 잘 아는 모세에 대한 말씀이 나옵니다. 모세는 아기 때 파라오의 칼을 피해서 강물에 띄워졌지만 파라오의 딸의 손을 통해 왕궁으로 들어갑니다. 그러다 살인이라는 죄를 지은 후 광야에 가서 보잘것 없는 이방 유목민들 사이에서 지냅니다. 그후에 하나님의 부르심을 받고 이스라엘 민족을 이끄는 지도자가 됩니다. 모세의 적응력을 한번 생각해 보십시오. 호화로운 왕궁에서 살다가 광야로 가서 비참한 모습으로 1, 2년도 아닌 40년을 살았습니다. 여러분 같으면 불평 없이 살 수 있겠습니까? 「그때 모세가 태어났는데 심히 아름다운지라, 그의 부친 집에서 석 달 동안 양육을 받다가 버려진 후에 파라오의 딸이 그를 데려다 그녀의 아들로 기르니라.」(행 7:20,21)라고 말씀합니다. 즉 공주의 아들로 자란 것입니다. 이집트 같은 세계 최강국에서 파라오의 가족이 되었다고 생각해 보십시오. 그가 어떤 삶을 누렸겠습니까? 「그리하여 모세는 이집트인들의 모든 지혜를 배워 말과 행위에 능하더라.」(행 7:22)라고 말씀합니다. 모세는 그를 낳아 준 어머니의 손에서 자랐기 때문에 당연히 자신의 민족과 조상에 대한 것을 배웠을 것입니다. 그러면 속으로 '내가 이집트의 행위와 말, 지혜는 배워서 무엇하나? 내가 누군데, 나는 아브라함의 자손인데…' 하며 갈등만 하고 있었을 수도 있습니다. 그러나 모세는 그러지 않았습니다. 오히려 이집트인들의 모든 지혜를 배워 말과 행위에 능한 사람이 되었던 것입니다.

그러한 모세의 모습을 보고 어떤 사람들은 그것을 타협이라고 생각할 수도 있습니다. 그러나, 절대로 타협하지 않겠다는 태도는 융통성이 없는 것일 뿐입니다. 성경의 많은 위대한 인물들이 그와 같은 처지에 놓였을 때에도 하나님의 일을 한 것을 볼 수 있습니다. 다니엘은 바빌론에서 포로 생활을 하면서 하나님께 영광을 돌렸고, 요셉은 이집트에서 살면서 이스라엘 민족이 시작되는 근간을 만들었으며, 에스더는 페르시아에서 자신의 민족이 몰살되는 것을 막아냈습니다. 이들이 만일 결코 타협하지 않겠다는 극단적인 태도를 갖고, 자신이 있는 곳에서 융통성을 보이지 않았더라면 어떻게 되었겠습니까? 이스라엘 민족 자체가 사라졌을 것입니다.

그렇기 때문에 여러분은 지혜로워야 합니다. 항상 하나님께 가까이 있으면서, 어떤 것이 하나님의 뜻대로 사는 것인지를 알아야 합니다. 느헤미야는 그 당시에 자기 나라로 돌아가서 성읍을 재건하는 위대한 일을 했습니다. 이것이 어떻게 가능했습니까? 그가 이방인 나라에서 적응을 했기 때문입니다. 느헤미야 2장을 보십시오. 느헤미야는 그 당시 이방 나라에서 자기가 맡은 바 일을 충실히 하여 왕으로부터 호의를 얻었기 때문에, 이스라엘 성읍을 재건하도록 허락받을 수 있었습니다. 만약 느헤미야가 이방인들 밑에서 그 어떤 것도 절대로 안 하겠다고 결심했다면 어떻게 됐겠습니까? 저는 여러분에게 타협을 하라고 하는 것이 아닙니다. 하나님의 뜻 안에서 여러분이 어떤 태도를 가져야 하는지를 말하는 것입니다.

융통성은 악한 현 세상을 사는 우리에게 가장 필요한 것이기도 합니다. 융통성이 없다면 이 세상에서 사는 동안 많은 어려움을 당할 수 있습니다. 지혜도 없이 이러지도 저러지도 못하고, 결정도 내리지 못하며, 여기저기서 치이다가 실족할 수 있습니다. 느헤미야 2장을 보십시오. 「아닥사스다왕 제이십년 니산월의 일이라. 포도주가 그의 앞에 있어 내가 그 포도주를 들어 왕에게 주었는데, 전에는 내가 그의 면전에서 슬퍼하지 아니하였으므로, 왕이 내게 말하기를 "네게 병이 없는 줄 아는데 어찌하여 네 용모가 슬프냐? 이것은 다름이 아니라 마음의 병이라." 하더라. 그러자 내가 심히 무서워하여 왕에게 말하기를 "왕께서는 영원히 사소서. 그 성읍, 즉 내 조상의 묘들이 있는 곳이 황폐하게 되고 그 성문들이 불에 탔으니 어찌 내 용모가 슬프지 아니하겠나이까?" 하니 왕이 내게 말하기를 "네가 무엇을 원하느냐?" 하기에 내가 하늘의 하나님께 기도하고 왕에게 말하기를 "왕께서 기뻐하시고 왕의 종이 왕의 목전에 은총을 입었다면 나를 유다, 즉 나의 조상의 묘들이 있는 성읍으로 보내시어 나로 그 성읍을 재건하게 하소서." 하니라. 왕이 내게 말하기를 (왕후도 왕의 곁에 앉아 있었는데) "네 여정이 얼마나 걸리겠느냐? 네가 언제 돌아오겠느냐?" 하며 왕이 나를 보내기를 기뻐하기에 내가 왕에게 때를 정하여 주었더라」(느 2:1-6).

그래서 왕이 선처를 베풉니다. 만일 느헤미야가 '이방인들 아래서 포로생활을 하려니 짜증이 나는구나. 어쩌다가 기껏 왕의 잔에 술이나 따르는 자가 되었던가!' 하고 신세 한탄만 했으면 어떻게 됐겠습니까? 에스더는 왕비가 됐기 때문에, 히틀러의 유대인 학살 때만큼이나 무서운 인종 말살의 위기에서 기적적인 방법으로 민족을 살릴 수 있었습니다. 그들은 이스라엘이 포로로 잡혀간 것이 이스라엘을 징계하는 하나님의 손길이라는 것을 알았던 것입니다. 그렇기 때문에 그 안에 머물러 있으면서 지혜롭게 행한 것입니다. 이처럼 타협과 융통성은 다른 것입니다.

요셉도 형제들이 그를 죽이려 하고 이집트에 종으로 팔아넘겼을 때 불평과 체념 가운데 인생을 마치지 않았습니다. 오히려 이집트에서 무슨 일이든 열심을 다함으로써 인정을 받고 권력을 잡았습니다. 근면한 그가 하나님의 복을 받는 모습을 사람들이 보았기 때문에 결국 왕의 호의를 얻어 이인자의 자리에까지 올라간 것입니다. 여러분은 요셉이 겪은 것 같은 어려운 상황에 처했을 때 어떻게 하시겠습니까? 형제들이 자기를 죽이려 하고 형제의 손에 종으로 팔렸다면, 이집트에서 어떻게 살았겠습니까? 자포자기하고 폐인으로 살았겠습니까? 감옥에 갇힌 채 모든 것을 포기했겠습니까? 과거 탓만 하고 자신의 환경 탓만 하겠습니까? 요셉은 그렇게 하지 않았습니다. 자기 형제들을 저주하는 대신 이집트에서 파라오 다음으로 높은 사람이 되었습니다. 그렇게 된 요셉으로 인해 전 가족이 목숨을 건지고, 나중에는 백성을 이루어 이집트에서 나오게 됩니다.

요셉 한 사람으로 인해 이루어진 일입니다. 이처럼 여러분 주변에 있는 사람들의 죽고 사는 문제가 여러분 자신이 어떻게 하는지에 달려 있을 수 있는 것입니다. 바른 성경과 복음과 진리를 전파하는 성경적으로 믿는 사람들이 없다면 한국 기독교와 한국 교회들은 멸망하는 것입니다. 믿음으로만 받는 하나님의 구원 계획을 제대로 알지 못한 채 모두 지옥으로 갈 위험에 처한 것입니다. 사람들이 거짓을 전하는 목사들과 죄악을 행하는 목사들 밑에서 신음하면서 진리를 찾지 못하고 있습니다. 여러분 한 사람 한 사람이 요셉처럼, 에스더처럼, 느헤미야처럼 많은 사람을 구할 수 있습니다.

모세는 왕궁에서 사는 동안 궁에서의 안락한 삶에 안주하지 않았습니다.「그가 사십 세 되었을 때 이스라엘 자손인 그의 형제들을 돌아보고 싶은 마음이 생긴지라, 마침 어떤 사람이 부당하게 취급받는 것을 보고서 그를 보호하고 압제하는 이집트인에게 보복하여 그를 쳐 죽였더라」(행 7:23,24). 모세가 저지른 살인은 정당화될 수 없습니다. 그러나 모세는 왕궁에서 호화롭게 사는 것을 택하지 않고 자기 민족을 위하는 쪽을 택했습니다. 히브리서 11장에서 믿음의 조상들을 언급하면서 모세에 대해 무엇이라고 평하는지 보시기 바랍니다.「믿음으로 모세는 태어났을 때에 출중한 아이로 보였기에, 그의 부모가 삼 개월 동안 숨겼으니, 이는 그들이 왕의 명령을 두려워하지 않았기 때문이며 믿음으로 모세는 장성하여 파라오의 딸의 아들이라 칭함을 거절하고」(히 11:23,24). 여러분 같으면 노예로 있던 보잘것 없는 자기 백성을 위해 왕궁에서의 호화로운 삶을 버리고 나올 수 있겠습니까?

이 세상에 가득한 문제들은 악한 자들 때문에 생기는 것이 아닙니다. 하나님의 진리를 아는 사람들이 현실에 안주하기 때문에 생기는 것이고, 하나님의 진리를 아는 사람들이 이를 선포하지 않기 때문에 생기는 것입니다. 세상이 악한 사람으로 가득 차 있는 것은 어차피 불변하는 현실입니다. 문제는 진리에 대한 지식을 가진 사람들이 입을 다물고 있는 것이며, 현실에 안주하는 것입니다. 모세가 왕궁 안에서 일신의 안위만을 위하며 살았다면 이스라엘이라는 나라는 어떻게 됐겠습니까? 모세는 안주하지 않고 파라오의 딸의 아들이라 칭함을 거절했습니다.

「잠시 동안 죄의 낙을 누리는 것보다 오히려 하나님의 백성과 함께 고난받는 것을 택하였고 그리스도의 능욕을 이집트의 보화들보다 더 큰 재물로 여겼으니 이는 그가 상 주심을 바라보았음이라」(히 11:25,26). 여러분은 그리스도를 위해서 고난받는 것을 세상 보화보다 더 큰 재물로 여길 수 있습니까? 박해를 받을까 두려워서, 따돌림을 받을까 두려워서, 바이블 빌리버가 되는 것 자체를 꺼리지는 않습니까? 가까이 성경적인 교회가 없어 인터넷 방송으로 예배에 참석한다 하더라도, 자신이 사는 지역에 교회가 있는데도 불구하고 박해를 받을까 두려워서, 직장에서 왕따를 당할까 두려워서, 교회에 동참하는 것을 꺼리지는 않습니까? 하나님을 영화롭게 하고 하나님께 칭찬받는 것보다 무엇이 더 중요합니까?

모세는 그리스도의 능욕을 이집트의 보화들보다 더 큰 재물로 여겼습니다. 그 이유는 상 주심을 바라보았기 때문입니다. 여러분이 이 땅에서 어떻게 주님을 섬겼는지에 따라 그리스도의 심판석에서 상을 받을 수 있습니다. 모세가 그렇게 상 주심을 바라보고 하나님을 섬기는 길을 택했을 때 하나님은 그를 통해 홍해가 갈라지는 등 엄청난 기적들을 보여 주셨습니다. 그러나 주님께서 부르시기 전까지 모세는 자신이 처한 곳에서 열심히 지혜를 배웠습니다. 여러분은 어떤 자세로 세상을 살고 있습니까? 세상은 악하니 아무것도 하기 싫다며 이불을 푹 뒤집어쓰고 살고 있습니까? 아니면 성경에 나오는 믿음의 선배들처럼 유연하게 적응하면서 열심히 살고 있습니까? 여러분은 적응력과 융통성이 있습니까?

현실을 무시할 때 극단적인 방향으로 나아갈 수가 있습니다. 버몬트주에 있는 한 목사는 정부와 연계해서 하는 것은 모두 적그리스도의 일이라고 가르칩니다. 오래 전에는 사회보장번호(한국으로 보면 주민등록번호)가 적그리스도의 표라고 하는 그룹도 있었습니다. 그들은 운전면허증도 만들지 않습니다. 운전도 할 수 없고 차도 없는데 어떻게 나가서 복음을 전하고 구령을 할 수 있겠습니까? 그 사람들은 산에 올라가 살면서 거주지에서 가까운 곳만 맴돌고 있습니다.

어떤 이들은 지금 미국 정부가 사람들에게 666표를 받게 하고 있다고 믿고 이를 피하기 위해서 미국에서의 이민생활을 청산하고 한국으로 들어가기도 합니다. 성경에 의하면 666표는 대환란 때에 등장하는 것인데, 그것을 현시대에 적용해서 오늘날 구원을 받으려면 666표를 거부해야 한다고 가르치는 것입니다. 현재 교회 시대에서 666표를 거부해야 구원을 받는다고 가르치면 사람들을 지옥으로 보내는 것입니다. 그런데 그런 자들이 지금 많이 나왔고, 서울역 앞에도 그런 사람들이 있다고 합니다. 지금은 은혜의 복음을 전할 시기입니다. 666표를 받을지 말지를 결정해야 하는 시기가 아닙니다. 그들은 마귀의 계략에 넘어간 것입니다.

어떤 목사는 성도가 몇천 명이나 되는 교회 사역을 하면서 정부가 적그리스도의 사역을 돕는다며 반정부적인 입장을 가르치고 세금도 안 내다가, 결국 국세청에 교회 건물을 차압당하고 말았습니다. 그때 신도들은 건물안에 모여서 기도를 하다가 결국은 모두 끌려나갔습니다. 그런 것이 하나님께 영광을 돌리는 일이겠습니까? 그렇게 지혜가 없는 목사들이 있습니다. 그 한 사람의 누룩과 잘못된 가르침으로 인해 수많은 사람들이 피해를 입은 것입니다.

마귀는 그들을 극단적으로 몰아서 종국에는 쓸모없는 사람들로 만든 것입니다. 예수님께서도 왕국의 자녀는 면세되지만 사람들이 실족하지 않도록 세금 낼 자에게 세금을 내라고 하셨습니다(마 22:21). 목사가 세금을 제대로 내지 않는 것은 복음을 막히게 하는 지혜롭지 못한 행동이며, 적응력이 없는 것입니다. 그들의 입장은 정부가 궁극적으로 복음 전파를 금지하고 동성연애를 반대하는 설교를 금지하는 등 교회의 사역을 막을 것이기 때문에, 그들이 정부의 통제 밖에 있어야 한다는 것입니다. 그러나 그건 그런 일이 일어나는 때에 가서 걱정할 일이지 지금 걱정할 일이 아닙니다. 만일 정부에서 복음을 전하지 못하게 막는다면 우리 모임은 결국 초대 교회 때처럼 가정에서 모이는 등의 방식을 취하면 됩니다. 하나님께서는 자신의 뜻을 그때그때 우리에게 보여주실 것입니다.

둘째, 융통성의 한계를 알아야 합니다. 여러분은 융통성을 주제로 한 설교를 많이 들어 보지 못하셨을 것입니다. 그러나 제가 생각하기에 융통성은 그리스도인이 가져야 할 성품 중 가장 중요한 것입니다. 이것을 잘 갖추어야 이 악한 세상에서 지혜롭게 살 수 있고 어떤 상황에서도 살아남을 수 있습니다. 창세기 24장에는 아브라함의 훌륭한 종의 이야기가 나옵니다. 「아브라함이 나이 많아 늙었고, 주께서는 모든 일에 아브라함을 복 주셨더라. 아브라함이 자기가 소유한 모든 것을 관장하는, 자기 집에서 가장 나이 많은 그의 종에게 말하기를 "내가 네게 청하노니, 네 손을 내 넓적다리 밑에 넣으라. 내가 하늘의 하나님이시며, 땅의 하나님이신 주를 두고 너로 맹세하게 하리니, 너는 내가 거하는 카나안인들의 딸들 중에서 내 아들을 위하여 아내를 얻지 말고 너는 내 고향 내 친족에게 가서, 내 아들 이삭을 위하여 아내를 얻으라." 하더라. 그 종이 그에게 말하기를 "혹시 여자가 이 땅으로 나를 따라오기를 원치 아니하면, 내가 주인의 아들을 주인이 나오신 그 땅으로 다시 데리고 가리이까?" 하니, 아브라함이 그에게 말하기를 "너는 내 아들을 그곳으로 다시 데리고 가서는 안 됨을 알아야 하느니라」(창 24:1-6).

아브라함의 종은 주인으로부터 아들 이삭의 아내를 얻어 오라는 소명을 받습니다. 아브라함의 친족에게로 가서 아내를 찾아오되 이삭을 하나님께서 주신 땅에서 데리고 나가 그곳으로 가게 해서는 안 된다는 소명입니다. 그가 메소포타미아로 가서 나홀의 성읍에 이르렀는데 그때 「그가 말하기를 "오 나의 주인 아브라함의 주 하나님이여, 내가 주께 간구하오니, 오늘 내게 좋은 일이 있게 하시어 내 주인 아브라함에게 친절을 베풀어 주소서」(창 24:12)라고 기도합니다. 이 종은 하나님을 100% 신뢰합니다. 어디에서 어떤 여인을 주인의 며느리로 데려와야 할지 막막한 상황에서 주인의 소명을 맡아 무작정 길을 떠난 것입니다. 그는 신뢰하는 마음으로 하나님께 아브라함에게 친절을 베풀어 달라고 기도했고, 이내 물 길러 나오는 여인을 만납니다. 그리고 나서 리브카가 자신이 원하는 여인인 것을 확인하게 됩니다. 「그가 말을 마치기도 전인데, 보라 리브카가 물항아리를 어깨에 메고 나오니, 그녀는 아브라함의 형제 나홀의 아내 밀카의 아들 브두엘에게서 태어났더라」(창 24:15). 하나님께서는 오직 하나님을 신뢰하는 이 종의 간구를 들으시고 그를 바른 여인에게로 인도해 주셨습니다. 종은 우선 하나님께 감사를 드립니다. 「그 사람이 그의 머리를 숙여 주께 경배하고 그가 말하기를 "나의 주인 아브라함의 주 하나님을 송축하오니, 이는 나의 주인에게 주의 자비와 주의 진리를 없애지 아니하셨음이니이다. 주께서는 길에서 나를 내 주인의 형제 집으로 인도하셨나이다." 하니라」(창 24:26,27). 하나님께 감사를 드린 후에야, 라반에게 자기 주인에게서 받은 소명에 대해 말합니다. 그는 이런 성품을 갖춘 사람이었습니다. 「그 사람이 집으로 들어가자 라반이 그 사람의 낙타들의 짐을 부리고, 짚과 여물을 낙타들에게 주었으며, 그 사람의 발과 그의 일행의 발 씻을 물을 주더라. 그의 앞에 먹을 음식을 차려 놓았으나, 그가 말하기를 "내가 내 용무를 말하기 전에는 먹지 않으리이다." 하니, 라반이 말하기를 "말하소서." 하더라」(창 24:32,33). 그래서 자신이 아브라함의 종인데 주인이 며느리를 찾고 있다는 설명을 합니다.

지금 그는 카나안 남쪽 땅에서 500마일이나 되는 하란까지 낙타를 타고 간 것입니다. 낙타는 하루에 25에서 30마일 정도를 갈 수 있다면, 가다가 쉬다가를 반복했다 하더라도 3주 정도를 그렇게 여행했다면 얼마나 피곤했겠습니까? 자동차로 하는 여행도 피곤한데, 그렇게 노곤한 여정 끝이었다면 와서 먹으라고 상을 차려 주었을 때 얼른 허리띠를 풀고 앉았을 것입니다. 그러나 그의 우선순위에는 변함이 없었습니다. 지금 빨리 가서 주인 아들의 아내 될 사람을 찾아야 한다는 생각을 갖고 있었던 것입니다. 그래서 차려 놓은 음식 앞에서도 먹지 않고 용건부터 말을 했던 것입니다. 여러분은 어땠겠습니까? 일단 오늘은 자고 내일 얘기를 하자고 했을까요? 위대한 사람과 평범한 사람의 차이는 그런 작은 것 하나에 있습니다. 그것이 하나님의 뜻대로 하느냐 하지 않느냐인 것입니다.

「그녀의 오라비와 어미가 말하기를 "소녀로 며칠, 적어도 열흘을 우리와 함께 있게 하고, 그 후에 그녀가 갈 것이라."」(창 24:55) 지금 가지 말고 열흘만 더 같이 있다 가라고 종용을 합니다. 가족으로서 당연히 할 수 있는 이야기이고 무리한 요구가 아닙니다. 단 열흘입니다. 「그가 그들에게 말하기를 "나를 지체시키지 마소서. 주께서 내 길을 형통케 하셨으니 나를 보내어 내 주인에게로 돌아가게 하소서." 하더라」(창 24:56). 생각해 보십시오. 종의 입장에서도 낙타를 타고서 또다시 20일을 가야 하는 마당에 열흘 정도 쉴 수 있습니다. 그러나 이 종은 그렇게 하지 않았습니다. 우리 주인의 계산 능력이 공인 회계사 수준인데 한 방향으로 20일 걸리는 여행에서 며느리감을 만나고 돌아오면 줄잡아 한 42일 정도 걸릴 것을 계산해 놓고 있을텐데 열흘을 쉬면 어떻게 하겠냐는 것입니다. 열흘을 여기서 편하게 쉬고 있으니 차라리 주인의 명령에 복종해서 돌아가겠다고 한 것입니다. 그냥 타협해 버리는 것이 아니라 우선순위를 잊지 않았습니다. 즉 융통성의 한계를 안 것입니다. 「그들이 말하기를 "우리가 소녀를 불러 그녀에게 직접 물어 보리라."하고 그들이 리브가를 불러서 그녀에게 말하기를 "네가 이 사람과 함께 가겠느냐?"하니, 그녀가 말하기를 "내가 가겠나이다."하더라」(창 24:57,58). 리브가도 융통성이 있는 여인입니다.

우리 가족을 떠나 어느 곳에 가든지 주님의 축복 아래서 살겠다고 결심한 것입니다. 광야에서 살지만 주님의 축복을 받는 것이 주님의 뜻 밖에서 왕궁에 들어가 세상의 부귀를 누리는 것보다 낫다는 것을 아는 여인입니다. 「이삭이 저녁 때에 들에 나가 묵상 하였는데, 그가 눈을 들어 보니, 보라, 낙타들이 오고 있더라」(창 24:63). 결국 종은 리브카를 데리고 옵니다. 그는 하나님을 100% 신뢰하고 하나님의 뜻에 따라서, 타협하지 않고 임무를 마친 것입니다. 융통성의 한계를 벗어나 타협하지 않도록 주의하시길 바랍니다.

셋째로, 계획을 수정할 줄 알아야 합니다. 어떤 사람들은 한번 계획을 세우면 바꾸지 않습니다. 그리고 그것은 좋은 성품이 될 수도 있습니다. 그러나 만약 자기가 세웠던 계획이 하나님의 뜻에 합당치 않은 것으로 발견됐다면 어떻게 합니까? 계획을 수정해야 합니다. 이것을 하지 못해 많은 사람들이 문제를 겪습니다. 자신이 한번 세운 계획은 무조건 끝까지 고집스럽게 밀고 나가야 한다고 생각합니다. 주변 사람들 모두 그 길로 가면 안 된다고 생각하는데도 자신만 그 길을 고집하며 뜻을 관철하려 드는 것입니다.

여러분도 그럴 때가 있지는 않습니까? 우리는 누구나 육신의 고집을 갖고 있습니다. 성경적인 것이 무엇인지 분명히 얘기해 주어도 고집을 꺾지 않을 때가 있습니다. '저 사람이 저 길로 가다가는 망할텐데.'라고 생각을 하면서 어쩔 수 없이 지켜보다 보면 결국 그 길을 가다가 망하는 것을 봅니다. 그런데도 고집을 버리지 않고 계획을 수정하지 않습니다. 유연성이 있는 사람들이라면 자신의 계획이 하나님의 뜻에 반한다는 것을 알 때는 과감하게 돌아설 줄 알아야 합니다. 그때 바른 길로 돌아설 줄 아는 사람이 현명한 사람입니다. 분명히 하나님께서 뜻을 보여 주셔서 원래 가려던 길이 잘못되었다는 것을 알았는데도 불구하고 자신의 체면 때문에 고치지를 못합니다. 사람들이 나를 어떻게 생각할지를 염려합니다. 바로 그와 같은 이유 때문에 헤롯이 침례인 요한의 목을 자르게 된 것입니다. 헤롯은 자신이 왕인데도 불구하고 많은 사람들이 있는 자리에서 자신이 발설한 비합리적인 약속에 메여, 춤을 춘 소녀가 침례인 요한의 목을 원했을 때 이를 수락한 것입니다. 또한 체면 때문에 사람들은 자살이라는 극단적인 선택까지 합니다. 체면이 무슨 소용이 있습니까? 속된 말로 '체면이 밥 먹여 주냐'는 말도 있습니다. 자신이 가는 길이 성경적인 길이 아니라는 것을 알았을 때에는 그 계획을 수정할 줄 알아야 합니다.

역대기하 25장에는 아마샤 왕이 나오는데, 그는 부친이 배신자들의 손에 죽임을 당한 뒤 그 뒤를 이어 왕이 됐습니다. 그가 에돔을 대항해서 원정을 나가면서 이스라엘 사람들을 돈을 주고 고용합니다. 「또 아마샤가 유다를 함께 모으고 온 유다와 베냐민에 그들 조상의 집들을 따라 천부장들과 백부장들을 세웠으며 이십 세 이상을 계수하여 그 중에서 전쟁에 나가 창과 방패를 다룰 수 있는 선별된 사람 삼십만 명을 얻고 또 이스라엘에서 은 일백 달란트에 십만 명의 힘센 용사를 고용하니라. 그러나 어떤 하나님의 사람이 그에게 가서 말하기를 "오 왕이여, 이스라엘의 군대와 함께 가지 마소서. 이는 주께서 이스라엘, 즉 에프라임의 모든 자손과 함께하지 아니하심이니이다. 그러나 만일 왕이 가시려거든 가셔서 힘써 싸우소서. 하나님께서 왕을 원수 앞에 쓰러지게 하시리이다. 하나님께서는 도우실 권세도, 패하게 하실 권세도 있나이다」(대하 25:5-8). 이 하나님의 사람은 왕에게 하나님의 뜻을 정확하게 알려 줍니다. 즉 이스라엘 백성과 함께 전쟁에 나가면 반드시 패하고 왕도 목숨을 잃는다는 것이었습니다.

「아마샤가 그 하나님의 사람에게 말하기를 "그러면 내가 이스라엘 군대에게 준 일백 달란트는 어찌하랴?" 하니」(대하 25:9). 하나님의 경고를 전한 하나님의 사람 앞에서 아마샤가 제일 먼저 했던 것이 무엇입니까? 돈 생각입니다. 여러분은 하나님의 방법을 알고, 하나님의 길을 알고, 하나님의 뜻을 알았는데 돈 생각 때문에 복종하지 않은 때가 없었습니까? 주의해야 합니다. 아마샤 왕은 억울하지만 이대로 전쟁에 나가면 죽는다는 생각에 결국 이스라엘을 돌려보냅니다. 「그러자 아마샤가 그들, 즉 에프라임에서 그에게 온 군대를 분류하여 귀향하게 하니 유다를 향한 그들의 분노가 심히 맹렬하였으며 그들이 크게 분노하여 고향으로 돌아갔더라」(대하 25:10).

아마샤는 하나님 말씀을 듣고 본전 생각이 조금 나기는 했지만 그래도 계획을 수정했기 때문에 전쟁에 나가서 이겼습니다. 그런데 어떤 일이 일어났습니까? 「아마샤가 에돔인들을 살육하고 돌아온 후 세일 자손의 신들을 가져와서 그의 신들로 삼아 그 신들 앞에 절하고 분향하였더라」(대하 25:14). 하나님께서 전쟁에서 승리하게 해 주셨는데 기껏 한다는 일이 우상을 가져와서 그 앞에

절하고 분향하는 것이었습니다. 인간이 얼마나 어리석습니까? 구원받기 전에는 우리도 그랬습니다. 아마샤는 그렇게 위대하신 하나님의 능력을 목도하고도 어리석게도 이방 신들에게 절함으로써 하나님을 노하시게 했습니다. 결국 이스라엘과 전쟁을 하게 되고 이스라엘 왕이 이김으로써 아마샤는 멸망의 길로 갑니다. 이때도 그 부하들과 참모들이 이스라엘과의 싸움을 말리지만 그는 교만으로 인해 기어이 싸움을 하고 패배합니다. 「아마샤가 주를 따르는 데서 돌아선 후 무리가 예루살렘에서 그를 대적하여 모반하니 그가 라키스로 도망하였더라. 그러나 무리가 그를 뒤따라 라키스로 사람을 보내어 거기서 그를 죽이니라」(대하 25:27). 생각해 보십시오. 자기 부친도 모반으로 죽었는데, 자신도 하나님의 사람의 경고를 무시하고 교만으로 인해 하나님의 뜻을 저버린 결과, 이스라엘과 대결함으로써 결국 측근들의 모반으로 죽은 것입니다. 여러분은 계획을 수정할 줄 알아야 합니다. 바른 뜻을 들었을 때 교만으로 인해 무조건 고집을 부리지 말아야 합니다.

여러분은 유연성을 갖추기 위해 첫째, 현실에 잘 적응할 줄 알아야 합니다. 둘째, 융통성의 한계를 알아야 합니다. 셋째, 계획을 수정할 줄 알아야 합니다. 이 모든 과정에서 우리는 주님께 기도하고 주님의 말씀으로 깨달아 실행해야 합니다. 구원받은 사람은 물론 지옥에 가지 않습니다. 그러나 그리스도의 심판석에서 자신의 한 일을 불로 태워 심판할 때, 그것이 모두 불타 없어져 수치스러운 구원을 받을 수가 있습니다(고전 3:12-15). 이러한 융통성(유연성, 적응력)이 없으면, 사탄이 권세를 가진 이 세상에서 여러분은 직장 생활, 가정 생활, 믿음 생활 모두 제대로 할 수가 없습니다. 여러분은 하나님께로부터 오는 지혜를 구하셔야 합니다. 융통성을 가지고 주님의 뜻대로 살다가 주님께로 가야 합니다. 그랬을 때 주님께서는 여러분에게 착하고 신실한 종이라고 칭찬해 주실 것입니다.

11. 인내심 | Patience

그러므로 이처럼 많은 구름 같은 증인들이 또한 우리를 둘러싸고 있으니, 우리 또한 모든 무거운 것과 쉽게 에워싸는 죄를 벗어 버리고, 인내로 우리 앞에 놓인 경주를 하자. 그리고 우리 믿음의 창시자요 완성자이신 예수를 바라보자. 그는 자기 앞에 놓인 즐거움을 위하여 십자가를 견디고 수치를 개의치 아니하시더니 하나님의 보좌 오른편에 앉으셨느니라. 너희가 마음이 지쳐 낙심치 않기 위하여 자기에게 저질러진 죄인들의 그와 같은 모순된 행동들을 견뎌 내신 그를 깊이 생각하라(히 12:1-3).

인내라는 단어는 현대를 살아가고 있는 사람들과는 거리가 먼 단어입니다. 여러분이 그리스도인으로서 갖추어야 할 성품들을 배우고 갖추었다 하더라도, 인내심이 없으면 이를 끝까지 간직할 수가 없게 됩니다. 아무리 좋은 성품들을 모두 갖추었다 하더라도 인내심이 없으면 그리스도인으로서 성공할 수 없습니다. 세상에서도 자기 분야에서 성공을 거두거나 부를 일궈낸 사람들을 조사해 보면 가장 큰 공통점이 하나 있는데 그것이 바로 인내심입니다. 그들은 자신이 성취하고자 하는 일들을 인내를 가지고 하는 사람들입니다. 세상 사람들도 그렇게 하는데, 우리 성경적으로 믿는 그리스도인들이 인내심이 없다면 말도 안 되는 것입니다.

오늘날 세상 사람들은 자녀들을 인내심 없는 아이들로 키우고 있습니다. 아이들이 해달라는 대로 다해주면서 버릇없는 아이들로 만들고 있습니다. 그런 아이들이 나가서 사회생활을 할 때 어떻게 되겠습니까. 우선 학교에서 문제가 생깁니다. 학교에서 앉아서 공부해야 하는데 집에서 그런 교육을 받지 않은 아이들은 앉아 있는 것조차 힘이 듭니다. 학교에서 문제가 생기면, 저희가 학교에 다닐 때는 몽둥이로 매를 맞았지만 요즘은 그때와 다릅니다. 오히려 학생이 선생님을 때리는 일도 일어납니다.

제가 사역을 처음 시작할 때만 해도 우리 교회 여학생들이 교사를 직업으로 택하면 그리스도인으로서 가치있는 일이라고 생각했었습니다. 그러나 지금은 우리 여학생들이 교사가 되겠다고 하면 말립니다. 이제는 학교에서 선생님 노릇하기가 너무 힘듭니다. 선생님이 학생에게 벌을 주면 학교에서 쫓겨나고 감옥에 가야 합니다. 교사가 학생에게 매를 맞는 유튜브 동영상을 보신 적 있으십니까. 신문에 기사로도 났습니다. 왜 이런 일이 생깁니까. 아이들에게 인내심이 없기 때문입니다. 수업 중에 휴대폰을 보는 학생을 선생님이 지적하면 물건을 집어 던지고 선생님을 때리는 것이 요즘 아이들이 하는 짓입니다. 부모와 세상 풍조가 아이들을 망가뜨려 전혀 인내하지 못하는 사람으로 만든 것입니다.

「인내로 우리 앞에 놓인 경주를 하자」(1절). 본문에서 경주라고 할 때 우리는 쉽게 마라톤을 생각할 수 있습니다. 여러 가지 경주가 있지만 그 중 마라톤을 생각해 보십시오. 장거리를 달릴 때 인내가 없다면 중간에 포기하고 말 것입니다. 포기하지 않아야만 마라톤 경주에서 성공할 수 있습니다. 제가 생각할 때 성공의 필수조건은 '실패하지 않는 것'이 아니라 '실패하더라도 오뚝이처럼 일어나서 인내하고 끝까지 마치는 것'입니다. 사업을 하다가 또는 경주를 하다가 실패를 겪는 사람들이 많이 있습니다. 그러나 결국 성공하는 사람들의 공통점은, 자신의 실패로부터 교훈을 얻은 후에 포기하지 않고 다시 성공을 향해 달리는 것입니다.

「그리고 우리 믿음의 창시자요 완성자이신 예수를 바라보자.」(히 12:2)라고 말씀합니다. 다른 것을 쳐다볼 수가 없습니다. 경주를 할 때 옆 사람이 어떻게 하는지 쳐다보다가는 그만큼 늦어지게 됩니다. 심지어 자신이 1등으로 경기를 마친 줄 알고 옆을 쳐다보다가, 2등에게 1등을 뺏기는 경우들이 실제로 일어나기도 합니다.

경주의 이런 부분들이 믿음 생활에도 똑같이 적용됩니다. 예수님만 바라보아야 하는데, 이 사람은 어쩌니 저 사람은 저쩌니 하며 남을 쳐다보다 뒤처지고, 그러다가 결국 믿음의 경주를 포기하게 됩니다. 그런 마귀의 전략에 걸려들어 포기하는 사람들이 수두룩합니다. 남들 상관할 필요가 없습니다. 마라톤과도 같은 어렵고 힘든 믿음의 경주를 할 때, 남을 쳐다보는 것이 아니라 예수님을 바라보시기를 바랍니다.

「믿음의 창시자요 완성자이신 예수를 바라보자. 그는 자기 앞에 놓인 즐거움을 위하여 십자가를 견디시고 수치를 개의치 아니하시더니」(2절). 하나님이신 예수님께서 육신으로 이 땅에 오셔서 얼마나 많은 수치를 당하셨습니까. 친히 창조하신 피조물인 죄인들에게 침 뱉음을 당하고 뺨을 맞고 수염을 뜯기셨지만, 주님은 그것들을 개의치 않으셨습니다. 자기 앞에 놓인 즐거움을 위하여 개의치 않으셨다고 하셨습니다. 우리도 우리 앞에 놓여 있는 영원 세계를 보기 때문에, 주님의 재림과 함께 통치할 천년왕국을 보기 때문에 인내할 수 있는 것입니다. 그 즐거움을 위해서 어떤 고난과 수치를 당하더라도 개의치 않고 기꺼이 참을 수 있는 것입니다.

삶의 많은 순간들에 포기하고 싶을 때가 있습니다. 포기하면 그동안 했던 많은 희생들이 수포로 돌아가게 됩니다. 자신이 성경적으로 믿는 사람으로서 얼마나 어려운 일들을 많이 거쳤는지 생각해 보십시오. 성경적으로 믿는 믿음을 갖고 나서 어떤 사람은 1년을, 어떤 사람은 10년 20년을 주님을 위한 일꾼으로서 섬겼습니다. 중도에 포기한다면 그것이 모두 어떻게 되겠습니까. 구원은 예수 그리스도의 보혈의 공로로 받지만, 구원받은 이후에는 자신이 유업을 쌓아가는 것입니다. 그 동안에 쌓은 상을 잃어버리지 않도록 자신을 돌아보아야 합니다. 성경은 그동안 쌓은 것들을 잃어버릴 수 있다고 경고하십니다. 바른 동기로 하지 않은 것들은 불에 의해서 지푸라기처럼 다 타버린다고 말씀하십니다」(고전 3:12-15). 아무리 오랫 동안 많이 쌓아 두었어도 끝까지 인내하지 못한다면 어떻게 되겠습니까.

우리는 세상에서 잘 먹고 잘 살기 위해서 모인 것이 아닙니다. 복음 없이 종교 생활만 하다 지옥으로 가는 한국인들, 거짓 목사들 아래서 마귀와 죄의 종 노릇하며 신음하는 한국인들에게 바른 성경과 바른 교리와 진리를 전해 구원받도록 하기 위해 우리가 모였습니다. 또한 구원받은 사람들이 하나님을 바르게 섬길 수 있도록 인도하기 위해 우리가 모였습니다. 우리가 그들을 건져내지 못한다면, 그들은 죽을 때까지 하나님과 상관없는 거짓 목사를 섬기다가 죽어 지옥에 가고, 무서운 불못에서 영원토록 고통받아야 합니다. 우리는 진리를 전파할 목적을 가지고 모였고, 그 진리를 전파하기 위해서 그동안 성경을 공부하고 설교로 양육받고 또 좋은 간증을 유지하여 믿음을 지키고 있는 것입니다. 그러나 그 일들이 힘들어서 포기한다면 지금까지 한 것들이 다 소용없게 돼 버립니다. 그동안 얼마나 희생하고 수고하셨습니까. 이 목적을 위해서 저도 사역을 하는 것이고 여러분도 동참하시는 것입니다.

우리에게 다른 목적은 없습니다. 우리에게 주어진 가정 생활, 직장 생활, 사회 생활이 모두 우리가 진리를 전파하도록 하나님께서 덤으로 주신 축복입니다. 세상에서 잘 먹고 잘 살기 위해서 믿음 생활을 하는 것이 아닙니다. 세상적인 교회들은 신앙이 하나의 악세사리인 것처럼 가르치지만, 진실은 정반대입니다. 우리가 하나님의 일을 하기 때문에, 하나님께서 우리를 먹여 주시고 입혀 주시며 필요한 모든 것들을 주시는 것입니다.

「너희가 마음이 지쳐 낙심치 않기 위하여 자기에게 저질러진 죄인들의 그와 같은 모순된 행동들을 견뎌 내신 그를 깊이 생각하라」(히 12:3). 힘들고 지칠 때마다 주님을 생각하라고 말씀하십니다. 여러분이 포기하고 싶고 더 이상 믿음 생활을 못하겠다는 생각이 들고 세상에 나가서 마음대로 살고 싶을 때, 꼭 이 구절을 생각하시기 바랍니다.

"그를 깊이 생각하라." 십자가에 달린 주님께서 앞에 놓인 그 즐거움을 위하여 수치를 개의치 않으신 것처럼 우리도 인내로 우리 앞에 놓인 경주에 임해야 합니다. 완주하기 위해서는 인내심이 반드시 필요합니다.

　누가복음 8장 15절은 씨 뿌리는 자의 비유에 대한 말씀인데, 주님께서는 그리스도인으로서 열매를 맺기 위해서는 인내가 필요하다고 말씀하십니다. 「씨가 좋은 땅에 떨어졌다는 것은 정직하고 선한 마음으로 말씀을 듣고 지켜서 인내로 열매를 맺는 자들이라」(눅 8:15). 열매를 맺으려면 우선 정직하고 선한 마음으로 하나님의 말씀을 들어야 합니다. 강단에서 나가는 똑같은 설교를 들었는데 한 사람은 A라고 듣고, 다른 사람은 B라고 듣고, 또 다른 사람은 C라고 듣습니다. 그 이유는 마음에 달려 있습니다. 마음이 순수한가 그렇지 못한가에 따라서 설교를 들은 사람들의 열매가 달라지는 것입니다. 주님께서는 정직하고 선한 마음으로 말씀을 들으라고 하시고, 거기서 끝나는 것이 아니라 더 나아가 말씀을 지키라고 하십니다. 이는 설교를 듣고 행동으로 옮기라는 말씀입니다. 또한 주님은 인내로 열매를 맺으라고 하십니다. 열매를 맺는 데는 순수한 마음으로 말씀을 듣는 것, 말씀을 지키는 것, 인내로 열매를 맺는 것, 세 가지가 필요합니다.

　이렇듯 열매를 맺는 데는 인내가 꼭 필요한 것입니다. 많은 사람들이 주님께 열매를 가져다 드리기를 원합니다. 그러나 순수하고 정직하고 선한 마음으로 말씀을 듣지 않고, 듣고 지키라는 말씀을 행하지 않고, 인내하지 않으면, 주님께 열매를 가져올 수 없습니다. 한동안은 정직하고 선한 마음으로 말씀을 듣고 지키다가도 몇 년이 지난 후에 포기하는 사람들도 있습니다.

　디모데후서에는 사도 바울이 사역의 마지막 때에 했던 아주 의미심장한 말이 기록되어 있습니다. 사도 바울의 다른 서신들과는 달리, 디모데후서에서는 자신의 사역이 끝났고 이제 마음의 준비가 됐으며 선한 싸움을 싸우고 마친다는 말을 합니다. 로마에서 2차 감옥생활을 하는 가운데 마지막 죽기 전의 상황입니다.

「그러나 너는 모든 일에 정신을 차리고, 고난을 견디며, 전도자의 일을 하고 네 직무를 완수하라. 내가 이미 제물로 드려질 준비가 되어 있고, 떠날 때가 이르렀도다」(딤후 4:5,6). 사도 바울은 자신이 떠날 때가 된 것을 알았습니다. 어떻게 하면 더 많은 그리스도인들을 죽일까를 고민하던 악한 로마 황제 치하에서, 오늘날처럼 거리에 나가 마음껏 설교할 수 없고, 그리스도인들이 방화를 저질렀다는 누명을 쓰고 사자의 먹이로 던져지는 그런 시대였습니다. 사도 바울은 그런 상태에서 「내가 선한 싸움을 싸우고 달려갈 길을 마치고 믿음을 지켰다」(딤후 4:7)고 말하고 있습니다. 여러분도 주님께서 부르실 때 사도 바울과 같은 말을 남기고 마지막 숨을 거둘 수 있겠습니까. 그런 고백은 인내 없이는 할 수 없는 것입니다.

「이후로는 나를 위하여 의의 면류관이 마련되어 있어 의로운 재판관이신 주께서 그 날에 그것을 내게 주실 것이며 또 나뿐만 아니라 그의 나타나심을 사모하는 모든 사람에게도 주실 것이라. 너는 내게로 속히 오도록 힘쓰라. 데마는 이 현 세상을 사랑하여 나를 버리고 데살로니가로 갔고, 크레스케는 갈라디아로, 디도는 달마티아로 갔으며 누가만 나와 함께 있느니라. 마가를 데리고 오라. 그는 내 사역에 필요한 사람이니라. 나는 투기고를 에베소에 보냈느니라」(딤후 4:8-12). 데마를 비롯한 동역자들이 떠난 이유로 사도 바울은 디모데에게 속히 올 것을 권면하고 있습니다.

특히 데마는 이 세상을 사랑하여 사도 바울을 버리고 데살로니가로 갔습니다. 데마는 그동안 수많은 사역에 동참했던 동역자였습니다. 믿음 생활을 엉터리로 하고 주님을 대충 섬기던 그런 사람이 아니었습니다. 골로새서 4장에 사역자였던 데마에 대해 기록되어 있습니다. 「사랑하는 의사 누가와 데마가 너희에게 문안하느니라」(14절). 사도 바울의 사역을 몇십 년 동안이나 돕던 동역자였던 데마가 세상을 사랑하여 사도 바울을 버리고 떠났습니다.

데마는 구원받고 기뻐했으며 위대한 사역자인 사도 바울을 만나 기쁨으로 그 사역에 동역했습니다. 모든 힘든 일들을 인내로 견뎠는데, 사도 바울이 잡히게 되자 자신도 잡혀 사자굴에 던져질 것을 두려워했던 것입니다.

여러분은 어떻습니까. 많은 사람들이 사역에 동참했다가 인내하지 못하고 사역을 포기하고 떠납니다. 오늘날 우리는 한국 교회에 하나님의 바른 성경과 바른 교리를 전하는 귀중한 사명을 받았습니다. 작은 일에 실족해서 믿음을 포기하는 어리석은 사람이 되어서는 안 됩니다. 얼마나 큰 하나님의 사랑을 받았는데 사소한 일로 인해 믿음을 포기하고 나갑니까. 데마는 어려운 상황에서 포기했던 것이지만, 여러분은 어떻습니까. 그동안 계획했던 사업을 해야겠다, 더 큰 돈을 받는 직장에 나가겠다고 하는 것도 세상을 사랑하는 마음으로 떠나는 것입니다.

야고보서 1장에서 주님께서는 인내에 대해 말씀하십니다. 「나의 형제들아, 너희가 여러 가지 시험에 빠질 때면 그것을 모두 기쁨으로 여기라. 이는 너희 믿음의 시련이 인내를 만들어 내는 줄을 너희가 앎이라」(2,3절). 하나님께서 시험을 주실 때 불평하지 말고 모두 기쁨으로 여기라고 하십니다. 그 이유는 믿음의 시련이 없이는 인내를 가질 수 없기 때문입니다. 많은 사람들이 그런 믿음의 시련 없이 믿음의 거장인 사도 바울과 같이 되고 싶어하지만, 그런 일은 결코 일어나지 않습니다. 구원은 값없이 받는 것이지만, 믿음 생활에서의 영적인 성장은 공짜로 얻을 수 없습니다. 믿음의 시련이 인내를 만들어 내고 그런 후에 열매가 나오게 됩니다.

대부분의 사람들은 믿음의 시련이 오면 견디지 못하고 줄행랑을 치고 맙니다. 변개되지 않은 바른 성경과 바른 교리를 전하다가 비난을 받으면 시련을 견디지 못하고 믿음을 포기하는 사람들이 있습니다. 만일 우리가 그저 단순하게 은혜의 복음만 전파한다면 그다지 큰 반대에 직면하지 않을 것입니다. 그러나 이 세상은 마귀가 만들어 낸 무수한 거짓 교리들로 가득 차 있어, 우리가 진리로 정확하게 지적하고 바로잡아 주지 않으면 혼란에 빠진 혼들이 거짓에서 빠져나오기가 너무 어렵습니다. 과거에는 은혜로 구원받는 복음만 단순하게 전해도 됐지만, 지금은 진리에 대적하는 사람들이 너무나 많아서 진리에 이상한 누룩을 집어넣고 그럴듯하게 포장해 놓았기 때문에, 그것이 왜 잘못되었고 성경적으로 무엇이 맞는지를 콕 찝어서 정확하게 보여줘야 합니다. 그렇게 잘못된 것들을 지적하면서 진리를 전파하다 보면 믿음의 시련이 반드시 오는데, 시련을 견디지 못하고 도망가 버린다면 인내심을 키울 수 없습니다.

반복해서 강조하지만 그리스도인의 성품은 타고난 기질이 아니라, 구원받은 후 여러분 자신이 갖추고 키워나가야 하는 것입니다. 여러분 자신이 할 몫을 내주시는 성령님의 도우심을 받아서 하는 것입니다. 우리 스스로의 힘으로는 이룰 수 없고, 오직 성령님의 도우심을 받음으로써 가능합니다. 믿음 생활을 할 때 믿음의 시련은 옵니다. 믿음 생활이 만사형통의 연속이라고 가르치는 목사들이 있습니다. 예수 믿으면 만사형통한다는 마약 같은 거짓말에 속아서 많은 사람들이 시련이 오면 믿음 생활을 포기하고 도망가고 맙니다. 그러나 성경적으로 믿는 사람의 믿음 생활에서 시련은 필수적인 것입니다. 여러분은 언제까지 인내로 견딜 수 있습니까.

사도행전과 사도 바울의 서신서를 떠올려 보십시오. 즐겁고 신나는 일들보다 오히려 고난이 훨씬 많은 것을 알 수 있습니다. 우리의 삶은 진리를 받아들여 변화 받은 기쁜 일들은 가끔일 뿐, 대부분 지루하고 괴롭기까지 한 일들로 점철되어 있습니다. 이 땅에서 우리의 믿음 생활이란 그런 것입니다. 흥미로운 믿음 생활을 찾으려면 결국 모여서 드럼에 맞춰 박수치고 소리치고 그것도 모자라 일어나 춤추는, 그런 자극적인 교회를 가야 할 것입니다. 끝나면 교인들끼리 모여 술을 마시러 갈지도 모릅니다. 그런 감정적인 즐거움이 잠시뿐이라는 것은 세상 사람들도 알고 있는 사실입니다. 거짓 목사들에게 속아 많은 사람들이 흥미로운 것을 찾다가 이제는 강대상에서 코메디 하는 목사까지 등장했습니다. 하나님의 말씀으로 죄인을 회개로 인도하고 지옥으로부터 혼을 구해야 할 목사가 코메디를 하며 하나님의 거룩한 강대상을 더럽히고 있습니다.

신문에 나온 김연아 선수에 대한 기사를 본 적이 있습니다. 20대의 청년도 기쁨은 잠시이고 챔피언의 영예도 잠시라는 것을 알고 있었습니다. 챔피언이 되기 위해서 얼마나 힘든 고난을 감내해야 했는지 그 어린 세상 사람도 알고 있는데 소위 기독교인이라는 사람들은 모르고 있습니다. 그 이유는 거짓목사들이 교인들에게 믿음 생활이라는 것은 만사형통이고 항상 즐겁고 흥미롭다고 잘못 가르쳤기 때문입니다. 김연아 선수는 자신이 챔피언 자리에 오르고 나서 너무나 허탈함에 슬럼프에 빠질 뻔했다고 했습니다. 그녀의 삶에 예수님이 없었기 때문입니다. 김연아 선수도 예수 그리스도를 영접했다면 그런 심경으로 인터뷰를 하지 않았을 것입니다. 말씀드리고 싶은 것은, 구원을 받지 못한 세상 사람도 챔피언이 되기까지 수많은 시간 동안 피땀을 흘려야 한다는 것을 잘 알고 있다는 것입니다.

그런데도 그리스도인들은 거짓 목사에게 속아서 믿음 생활이 무조건 행복하고 항상 즐겁다고 생각합니다. 항상 무슨 흥미로운 프로그램을 열고 락뮤직을 연주하며 행사를 해야 사람들이 모이고, 거기다 한술 더 떠서 병을 고치고 귀신을 쫓는다고 하면 많은 사람들이 몰립니다. 믿음 생활이 지루하고 힘든 일이라는 것을 모르기 때문에 그렇습니다.

믿음 생활이란 구원받은 후, 주님께 경배드리고, 말씀을 공부하고, 기도 하고, 진리를 전파하고 복음을 전해 구령하는 등의 일들의 연속입니다. 마음 속의 평안과 기쁨과 감사가 끊이지 않지만, 흥미진진할 것이 없는 일들입니다. 물론 우리가 전한 복음과 진리를 받아들이는 사람이 있을 때나 기도의 응답을 받았을 때처럼 기쁨과 감사가 넘치는 순간들이 있습니다. 그러나 우리 생활의 대부분은 반복되는 일상들입니다. 이 점을 알고 지키느냐에 따라 믿음 생활의 승패가 결정되는 것입니다.

믿음 생활이 흥미롭다고만 알고 있는 많은 사람들이 성경적으로 믿는 교회에 와서 죄를 지적하는 설교를 들었을 때 자신이 변화 받아야겠다는 생각을 하지 못합니다. 그러나 그런 사람들은 오직 말씀으로 변화를 받을 수 있습니다.

직장 생활도 마찬가지로 어렵고 지루하고 고생스러운 것입니다. 상사와 부하직원 사이에 항상 즐거운 일만 생기지는 않습니다. 동료들과도 마찬가지입니다. 하루 8시간, 10시간을 함께 일할 때 항상 즐겁기만 할 수는 없습니다. 직장 생활이 힘들고 고생스럽다는 것을 모르는 사람들은 어려운 일이 오면 금세 포기해 버리고 맙니다. 직장 생활에 필요한 지식과 기술을 습득하는 노력은 전혀 하지 않고 아예 포기해 버립니다. 그런 사람들은 직장생활도 못하고 믿음 생활도 못합니다.

가정 생활은 어떻습니까. 가족과의 관계에서 늘 어려움을 겪을 것입니다. 그리스도인으로서 가정에서 남편과 아내, 부모와 자식의 역할을 해야 하는데 인내심이 없다면 할 수 있는 것이 아무것도 없게 됩니다. 부부는 상대에게 지루함을 느끼면 견디지 못하고 이혼해 버립니다. 요즘 한국 사람들은 너무 쉽게들 이혼하는데, 아마 지금은 미국보다 더 이혼률이 높을 것입니다.

자신이 믿음 생활에 대해 어떤 자세를 갖고 있는지 생각해 보십시오. 마음이 동하면 무엇을 하고, 그렇지 않을 때는 실족해서 떨어져 나가버리지는 않습니까. 데마가 떠났기 때문에 디모데는 자신의 사역지에서 하던 사역을 중단하고 사도 바울에게로 왔어야 했습니다. 데마를 비롯한 다른 동역자들이 떠나 버렸을때, 그로 인해서 로마에서의 사도 바울의 사역이 많은 영향을 받게 됐습니다. 데마 한 사람이 세상을 사랑하여 떠난 것으로 끝나는 것이 아니라 사도 바울의 몇십 년 동안의 사역까지 지장을 받게 된 것입니다.

우리는 모세의 인내심을 배워야 합니다. 모세는 하나님의 백성을 이끌어내기 전 40년 동안이나 이방의 미디안 땅에서 지루한 생활을 했습니다. 물론 그 시간은 회개의 시간이었고, 하나님과 많은 영적 교제를 했겠지만, 수 년도 아닌 40년이었습니다. 호화찬란한 왕궁에서 왕자로 지내던 모세가 오랜 시간 동안 광야에서 지루한 생활을 한 것입니다. 그러나 모세가 그 세월을 견뎠기 때문에 주님께서 백성의 지도자로 삼아주신 것입니다. 광야 생활이 얼마나 힘들었습니까. 모세가 백성들을 이끌 때는 하나님의 징계에도 불구하고 백성들의 불평과 반란이 끊이지 않았습니다. 후에 모세가 약속의 땅에 들어가지 못하게 되는데 그 이유는 그런 백성에 대해 결국 인내하지 못하고 화를 냈기 때문입니다. 주님께서 물이 나오도록 반석을 향해 외치라고 하셨는데 너무 화가 나서 반석을 쳐 버렸습니다. 모세가 얼마나 화가 났으면 그랬겠습니까. 40년 동안 백성들을 이끄는데 매일같이 불평을 듣는다고 생각해 보십시오. 그러나 여러분은 그런 일들로 인해서 인내를 포기하면 안 됩니다.

제가 지금 나가서 이곳 LA 앞바다를 둘로 가른다고 생각해 보십시오. 그런 기적을 보면 여러분이 저를 따르지 않겠습니까. 하지만 따를 것 같아도 그때 뿐일 것입니다. 이스라엘 백성이 엄청난 기적을 베푼 모세를 따른 것도 잠시뿐이었습니다. 백성들은 금세 불평하고 우상을 만들어 숭배했습니다. 그 엄청난 하나님의 기적을 보고서도, 모세를 따르다가는 굶어 죽겠다며 차라리 이집트로 다시 돌아가자고 했습니다. 여러분은 어떤 태도로 사역에 동참하고 있습니까. 지루하고 힘들지만 인내심을 가지고 계속 주님 오실 때까지 앞으로 나아가고 있습니까, 아니면 매일 불평만 하고 있습니까.

믿음의 시련이 있어야만 인내심을 가질 수 있는 것입니다. 그러나 여러분이 인내심을 가지고 주님의 믿음을 지키려 할 때 지속적인 공격이 있습니다. 여러가지 유혹이 있을 것이라고 베드로서에서 말씀하십니다. 「그러므로 사랑하는 자들아, 너희가 이런 것을 미리 알았으니 악한 자들의 미혹에 이끌려 자신의 견고한 입장에서 떨어지지 않도록 주의하라」(벧후 3:17). 「먼저 알 것은 이것이니 마지막 날들에 조롱하는 자들이 와서 그들의 정욕대로 행하며,

말하기를 "그가 온다는 약속이 어디 있느냐? 조상들이 잠든 이래로 만물은 창조의 시작부터 그대로 있다." 하리니 이는 그들이 이것을 고의로 잊으려 함이라」(벧후 3:3-5). 정욕을 좇아가는 자들이 와서 고의로 하나님의 진리를 바꿔 사람들을 속이고 유혹한다는 것입니다. 악한 자들이 와서 여러분을 미혹할 수 있습니다. 그때 그 미혹에 빠지지 않으려면, 평소에 믿음의 시련을 이겨나가는 믿음 생활을 하셔야 합니다. 그렇지 않은 사람들은 그냥 육신의 정욕에 끌려서 그런 자들을 좇아가게 됩니다.

구약의 아사왕은 악한 왕인 그의 아버지와 달리 처음에는 하나님을 잘 섬겼습니다. 「그리하여 아비야가 그의 조상들과 함께 잠드니, 그들이 그를 다윗 성읍에 장사하였고 그의 아들 아사가 그를 대신하여 왕이 되니라. 그의 날에 그 땅이 십 년간 조용하였더라. 아사가 주 그의 하나님의 눈에 선하고 옳은 것을 행하였으니 그가 이방 신들의 제단들과 산당들을 제거하고 형상들을 부수며 아세라들을 찍어 없앴고 유다에 명하여 그들 조상의 주 하나님을 찾게 하며, 율법과 계명을 행하게 하였더라. 그가 또한 유다의 모든 성읍들에서 산당들과 형상들을 제거하니 왕국이 그의 앞에서 조용하였더라」(대하 14:1-5). 「또 아사왕의 어머니 마아카에 관해서도, 그녀가 아세라 안에 우상을 만들었으므로 그가 그녀를 태후의 자리에서 폐하였으며, 아사가 그녀의 우상을 찍어 내고 그것을 빻아서 키드론 시냇가에서 불살랐더라」(대하 15:16). 그는 자신의 어머니보다 주님을 우선시했던 왕이었습니다. 태후가 우상숭배를 했기 때문에 어머니라 할지라도 폐위를 하고 우상들을 제거했습니다.

그런 아사왕이 두려움 때문에 하나님을 바라보지 않고 시리아왕을 의지했기 때문에 결국에는 하나님께서 그를 치시게 됩니다. 「그때에 선견자 하나니가 유다의 아사왕에게 나아와서 그에게 말하기를 "왕이 시리아 왕을 의지하고 주 왕의 하나님을 의지하지 아니하였으므로 시리아 왕의 군대가 왕의 손에서 벗어났나이다. 에디오피아인들과 루빔인들은 심히 많은 병거와 기병을 가진 대군대가 아니었나이까? 그래도 왕이 주를 의지하였기에 그분께서 그들을 왕의 손에 넘겨 주셨나이다. 이는 주의 눈은 온 땅을 두루 살피시어 자신을 향하여 마음이 온전한 자들을 위하여 자신이 강함을 보이심이니이다. 왕이 이 일을 어리석게 행하셨나이다. 그러므로 이제부터 왕에게 전쟁들이 있으리이다." 하더라」(대하 16:7-9).

아사왕은 과거에 하나님께서 역사하셔서 큰 전쟁에서 승리하게 해주셨음에도 불구하고 사람을 두려워하여 시리아왕을 의지했습니다. 이로 인해 하나님의 진노를 받게 되어 아사왕은 발에 심히 중한 병을 얻게 됩니다. 「아사가 치리한 지 제삼십구년에 그의 발에 병이 생겼는데 그 병이 심히 중하게 되었더라. 그런데도 그가 병이 들었을 때, 주께 구하지 아니하고, 의사들에게 구하였더라. 그리하여 아사가 그의 조상들과 함께 잠드니 그가 치리한 지 사십일 년째에 죽으니라」(대하 16:12,13).

이런 아사왕의 모습에서 여러분은 무엇을 보십니까. 여러분도 구원받고 성경적으로 믿는 교회에서 한국인들을 위해 복음을 전파하는 사역에 처음에는 열정을 가지고 동참했지만, 시간이 갈수록 느슨해지고 주위 사람들의 비난과 조롱이 두려워 결국 포기하시겠습니까. 아사왕은 하나님을 의지했을 때는 그 엄청난 승리를 했고, 그것보다 작은 전쟁이지만 하나님을 의지하지 않고 이방인 왕을 의지했을 때는 패배했습니다. 하나님을 신뢰하지 않고 사람을 두려워하여 사람에게 신뢰를 두면 타협하게 되고, 그 타협으로 인해서 징계가 오는 것입니다. 이런 여러 가지 이유로 인해서 인내하기를 그만두면 믿음을 포기하게 됩니다. '나는 여기까지 하나님을 섬겼고 이제 더 이상은 못하겠다'고 포기하도록 마귀가 주변에 놓은 갖가지 덫에 걸린 것입니다. 마귀는 미혹과 두려움을 주고, 타협하게 만들어, 마지막에는 악에 동참하게 만듭니다.

위대한 솔로몬 왕은 시작은 좋았지만, 나중에는 수많은 아내들을 얻고 그들이 들여온 우상숭배로 인해 왕국이 나뉘었습니다. 믿음 생활을 시작할 때 처음만 중요한 것이 아닙니다. 주님께서는 먼저 된 자들이 나중 되고, 나중 된 자들이 먼저 된다는 것을 강조하여 말씀하셨습니다. 문제는 끝까지 초심을 잃지 않는 인내심을 가졌는가입니다. 주님께서는 인내심을 가지고 주님을 기다리라고 말씀하십니다.

「또 주께서 너희 마음을 하나님의 사랑과 그리스도를 기다리는 인내로 인도하여 주실 것을 바라노라」(살후 3:5). 믿음의 시련을 통해서 인내심을 키우지만 인내심에는 한계가 있습니다. 그래서 주님을 바라보고 주님 오실 것을 기다리라고 말씀하신 것입니다. 우리에게는 주님의 재림이라는 소망이 있습니다. 주님께서 이 세상에 오셔서 우리를 데려가실 것입니다. 우리가 휴거된 후에 이 세상에는 무서운 7년 대환란이 임하고, 그 후에 주님께서 우리와 함께 이 땅으로 재림하실 것입니다. 우리 믿는 자들을 위해서 주님은 7년 대환란 전에 우리를 데리러 오실 것입니다. 그 주님을 기다리는 소망이 있기 때문에 우리가 인내할 수 있습니다.

우리가 목표를 향해 나아갈 때 그 목표를 성취하기 위해서 인내할 수 있듯이, 우리는 그리스도의 심판석에서 받을 상과 유업을 바라보며 인내해야 합니다. 주님께서 곧 오신다고 하셨기 때문에 우리는 인내할 수 있습니다. 이제 조금만 더 기다리면 주님께서 오실 것입니다. 주님께서는 이틀 후에 오신다고 하셨고, 주님의 초림으로부터 2천 년이 지난 지금이 바로 그 이틀 후입니다. 오늘이 될지 내일이 될지 혹은 5년 뒤가 될지 10년 뒤가 될지 모르지만, 주님은 반드시 곧 오십니다. 우리가 그런 놀라운 시대에 살고 있는 것입니다. 구원받지 못한 채 종교 생활을 하고 있는 사람들은 그때가 되면 휴거되지 못해 비참할 것이지만 여러분은 두 눈으로 주님이 오시는 것을 볼 수 있고, 주님이 부르시는 소리를 들을 수 있을 것입니다.

그때는 정말 기쁘고 감격스러울 것입니다. 그러나 주님께서 오실 때까지는 인내를 가지고 지루하고 힘든 믿음의 시련의 생활을 해야 합니다. 여러분이 인내를 가지고 기다릴 수 있는 것은 우리에게 주님이 다시 오신다는 소망이 있기 때문입니다. 또 주님이 오실 때 우리에게 상을 주실 것입니다. 그 상을 잃어버리지 마십시오. 지루하고 힘들더라도 인내를 가지고 주님 오실 때까지 견디시기 바랍니다.

12. 절제 | Temperance

내가 이것을 말하노니 성령 안에서 행하라. 그리하면 너희는 육신의 정욕을 이루지 아니하리라. 육신은 성령을 거슬러 욕심을 부리며 성령은 육신을 거스르나니 이들은 서로 반목하여서 너희가 하고자 하는 것을 하지 못하게 하느니라. 그러나 너희가 성령의 인도하심을 받는다면 너희는 율법 아래 있지 아니하느니라. 이제 육신의 일들은 분명히 나타나나니 곧 간음과 음행과 더러운 것과 음욕과 우상 숭배와 마술과 원수 맺음과 다툼과 질투와 분노와 투쟁과 분열과 이단들과 시기와 살인과 술 취함과 흥청거림과 또 그와 같은 것들이라. 내가 전에 말한 바와 같이 미리 말하노니 그런 짓들을 하는 자들은 하나님의 나라를 상속받지 못할 것이라. 그러나 성령의 열매는 사랑과 기쁨과 화평과 오래 참음과 친절과 선함과 믿음과 온유와 절제니 그러한 것을 반대할 법이 없느니라. 그리스도께 속한 사람들은 육신을 그 열정과 정욕과 함께 십자가에 못박았느니라. 만일 우리가 성령 안에서 산다면 또한 성령 안에서 행하자. 서로 격분시키고 서로 시기함으로써 헛된 영광을 구하지 말자(갈 5:16-26).

갈라디아서 5장은 육신과 성령의 열매에 대해서 말씀하시는 장입니다. 「그러나 성령의 열매는 사랑과 기쁨과 화평과 오래 참음과 친절과 선함과 믿음과 온유와 절제니 그러한 것을 반대할 법이 없느니라」(22,23절). 성령의 열매 중 가장 마지막에 나오는 절제는 그리스도인의 성품 중에서 우리의 육신과 가장 직접적인 관계가 있으며, 영적인 성장을 위해 반드시 필요한 성품입니다. 흔히 어떤 사람에 대해 자제력이 많거나 적다고 표현하는데, 절제와 연관된 것입니다.

절제라는 것은 나쁜 행위들을 금하는 것이라고 대부분 이해하지만 그것이 전부가 아닙니다. 절제에는 악한 것을 하지 않는 것뿐 아니라 선한 것일지라도 알맞게 하는 것이 모두 포함됩니다. 좋은 것들도 지나치게 할 때 그것이 죄가 되기도 합니다. 그래서 아무리 좋은 것들이라 할지라도 절제가 없이 과하게 되어서는 안 됩니다. 제가 균형잡힌 그리스도인의 삶을 계속해서 강조하는 이유는 영적 성장을 하려면 바로 이 균형이 필요하기 때문입니다.

베드로후서 1장을 보십시오. 「이뿐만 아니라 너희가 더욱 전심전력하여 너희의 믿음에 덕을, 덕에 지식을, 지식에 절제를, 절제에 인내를, 인내에 경건을, 경건에 형제 우애를, 형제 우애에 사랑을 더하라」(벧후 1:5-7). 믿음에 덕을, 덕에 지식을, 지식에 절제를 더해야 하는데 많은 사람들이 지식에서 멈춥니다. 하나님께서 주시는 지식은 꼭 필요한 것이지만 거기서 끝내고 절제함을 갖추지 못하면 교만해져 죄를 짓게 됩니다. 많이 아는 것이 전부가 아니라 그것이 삶 속에서 절제하는 행동과 생활로 실천되는 것이 중요합니다. 그럴 때에야 영적으로 성장할 수 있기 때문에 영적 성장에 대해 말씀하는 베드로후서 1장에 절제가 포함되어 있는 것입니다. 절제가 없이는 그리스도인으로서 영적인 성장도 불가능하며, 결국 죄를 짓게 되어 하나님께 징계를 받게 됩니다.

절제라는 성품은 그리스도인에게 매우 중요한 성품입니다. 세상적인 의미에서 성공을 한 사람들 대부분도 절제를 잘 하는 사람들입니다. 여러분 주위에서도 그런 사람들을 꼽아볼 수 있을 것입니다. 그런 사람들은 비록 구원은 받지 않았을지라도 정확하게 할 것은 하고 하지 말아야 할 것은 하지 않으며, 매사에 지나침이 없이 알맞게 행동을 합니다.

　주님께서는 반복해서 '성령 안에서 행하라'고 본문을 통해 말씀하십니다. 구원받은 사람들은 누구나 성령 안에 있는데, 그것으로 끝나는 것이 아니라 성령 안에서 행하라고 하십니다. 대부분의 그리스도인들이 성령 안에 있기만 하고 성령 안에서 행하지 않습니다. 우리는 성령 안에서 행할 때에만 육신의 정욕을 이루지 않을 수 있습니다. 「그리하면 너희는 육신의 정욕을 이루지 아니하리라」(갈 5:16). 우리가 세상 사람들보다 자신을 더 잘 절제할 수 있는 이유는 내주하시는 성령 하나님께서 우리에게 도움을 주시기 때문입니다. 성령이 계신데도 불구하고 세상 사람들보다 더 절제를 못해 육신의 정욕을 이룬다면 문제가 있는 것입니다.

　절제할 줄 아는 사람이 진정으로 현명한 사람입니다. IQ가 좋다고 현명한 것이 아닙니다. 지혜롭고 현명한 사람은 절제할 줄 아는 사람입니다. 사탄은 믿는 사람을 쓰러뜨리기 위해서 절제하지 못하도록 유혹합니다. 그리스도인의 성품을 갖추고 항상 무장해 있지 않으면 그런 사탄의 유혹에 그대로 넘어가게 됩니다. 그렇기 때문에 사도 바울은 경주에서 이기고자 하는 자들은 모든 일에 자제하라, 절제하라고 말하고 있는 것입니다(고전 9:25). 한 가지만 절제하고 다른 것은 절제하지 않는 것이 아니라 모든 일에 절제하여 균형 잡힌 생활을 하라고 하십니다. 여러분은 모든 것에 절제하고 계십니까. 어떤 것에 지배당하고 있지는 않으십니까.

좋은 것들도 절제하지 않으면 문제가 될 수 있습니다. 쉬운 예로, 건강에 좋은 영양제도 지나치게 먹으면 문제가 됩니다. 많은 사람들은 좋은 것에는 절제가 필요 없다고 생각하지만, 절제하는 균형 잡힌 생활은 이 경우에도 매우 중요합니다. 많은 사람들이 실패하는 이유가 여기에 있습니다. 사탄은 성도를 쾌락 속에 빠뜨려 죄를 짓게 하려고 하지만 그것이 여의치 않으면, 그 다음에는 좋은 것을 가지고 유혹합니다. 여기서 실패할 수가 있습니다. 나쁜 것이나 죄를 피하는 것까지는 잘 했는데, 좋은 것을 절제하지 못하게 될 때 결국 사탄의 공격에 넘어지게 됩니다.

사도 바울이 펠릭스 앞에서 설교할 때도 의와 절제와 앞으로 올 심판에 대해서 설교했습니다. 사도 바울이 설교할 때 절제의 중요성에 대해 말하자 펠릭스는 두려워하여 사도 바울을 보낸 것이 사도행전 24장에 기록되어 있습니다. 마귀의 시험에 넘어지지 않고 영적으로 성장할 수 있는지는 자신을 절제할 수 있는지 여부에 달려 있습니다.

절제하지 못할 때 평화가 없고 화평이 깨지게 됩니다. 한 쪽이 절제를 못하고 지나치게 밀어붙이는 것이 다툼의 원인이 될 때도 있습니다. 부부간에도 한 쪽이 절제하지 못하면 다툼이 생깁니다. 한 사람이 절제하지 못하면 상대방도 참지 못하게 되고 그러다 보면 싸우게 되는 것입니다. 그럴 때 가정에 평화가 유지될 수 없습니다. 가정뿐 아니라 교회, 사회, 정부, 전세계에 평화가 없는 이유도 결국에는 절제하지 못하는 사람들이 있기 때문입니다.

절제 | Temperance

로마서 7장에서 사도 바울은 거듭난 새 성품과 옛 성품 간의 싸움에 대해서 말하고 있습니다. 그리스도인들도 육신적 상태를 고집하고 거기에 머문다면 영적인 생활을 할 수가 없습니다. 타고난 성품대로, 자신이 원하는 대로 살겠다고 하는 사람은 믿음 생활을 제대로 영위할 수 없는 것입니다. 여러분은 오늘 설교를 듣고 배운 대로 절제하는 생활을 해야 합니다. 오늘 설교를 통해 하나님의 말씀대로 절제하는 생활을 하겠다는 결심을 하시기 바랍니다.

우리가 무엇을 절제해야 하는지에 대해 성경을 통해 살펴보겠습니다. 첫째는 탐식입니다. 「술을 많이 마시는 자와 고기를 탐식하는 자와 함께하지 말라. 주정뱅이와 탐식하는 자는 가난하여질 것이요, 잠자기를 좋아하는 자는 낡은 옷을 입을 것임이라」(잠 23:20,21).

우리 모두는 사실 음식을 절제하기가 어렵습니다. 자신은 문제 없다고 하시는 분들은 자백하시기 바랍니다. 실제로 우리는 절제해야 하는 것을 잘 알면서도 맛있는 음식을 보면 절제하지 못하고 그것으로 인해 병을 얻기도 합니다. 비만이나 당뇨 같은 질환은 음식 때문에 생깁니다. 거기에 마귀가 주는 스트레스까지 더해지면 암에 걸리기도 합니다.

어떤 이들은 맛있는 것을 왜 절제해야 하느냐고 말합니다. 건강을 위해 체중 감량을 해야 할 필요가 있는 사람들은 음식을 절제하라고 하면 싫어합니다. 맛없는 음식은 따로 절제가 필요하지 않습니다. 먹으라고 해도 많이 안 먹기 때문입니다. 절제가 필요한 것은 맛이 있는 음식입니다. 설탕이 몸에 많이 해롭다고 하는데,

다들 단 것을 좋아합니다. 또 기름에 튀긴 음식도 몸에 해로운데, 다들 좋아하는 음식입니다. 맛이 있어 육신이 좋아하기 때문에 과식을 하게 되는 것입니다. 본문은 술을 많이 마시는 자와 고기를 탐식하는 자는 가난해진다고 말씀합니다. 여기에 더해 잠까지 좋아하는 사람이라면 가난을 면할 길이 없습니다.

회사에서 사장은 술을 많이 마시거나 과식하지 않습니다. 술을 대신 마셔 줄 대리를 내보내고 자신의 몸을 챙깁니다. 과음하고 과식하는 것은 현명하지 못한 사람들이나 하는 일입니다. 구원받은 여러분은 더 이상 탐식을 해서는 안 됩니다. 과식은 우리에게 좋을 것이 하나도 없습니다. 복부 비만은 보기에도 좋지 않습니다. 저는 새 옷을 사 입기가 싫어서 허리 사이즈를 그대로 유지합니다. 사이즈가 늘어나면 새 옷을 사는 데 쓸데없는 돈이 들기 때문에 이것이 저에게는 탐식을 피하는 동기부여가 되기도 합니다. 만일 어느 날 과식, 탐식을 했다면 그 다음 날은 굶는 것이 낫습니다. 여러분도 그런 방법들을 써서 절제하시기 바랍니다.

둘째는 물질에 대한 탐심입니다.「부자가 되려고 애쓰지 말며, 네 자신의 지혜를 그칠지니라. 네 눈을 허무한 것에 주목하려느냐? 재물은 반드시 스스로 날개를 만들어 하늘을 향하여 독수리처럼 날아가리라」(잠 23:4,5). 물질에 대한 탐심은 우상숭배라고 골로새서 3장에서 말씀합니다. 물질에 대한 욕심이 많으면 하나님께서 보시기에 그것은 우상숭배하는 것입니다. 이것이 얼마나 하나님께서 보시기에 가증스러운 죄입니까. 앞으로는 어떤 물건이 탐날 때 '내가 우상숭배하고 있고 이것은 하나님께서 진노하시는

절제 | Temperance

죄다'라고 생각하시기 바랍니다.

　이스라엘 백성들이 출애굽할 때 그 힘든 여리코 전투에서 승리했지만, 뒤이은 아이성 전투에서는 어떤 한 사람 때문에 완전히 패배하게 됩니다. 그는 바로 아칸이었습니다. 하나님으로부터 능력을 받은 여호수아가 이끄는 여리코 전투에서 이스라엘은 단지 성을 칠일 동안 돈 것만으로 그 성을 무너뜨리는 위대한 승리를 거두었습니다. 그런데 백성 중 단 한 사람이 절제하지 못하는 죄를 범함으로써 그 다음 전투에서는 비참하게 패배했습니다. 「그러나 이스라엘 자손이 저주받은 물건으로 범죄하였으니 이는 유다 지파 중 세라의 증손이요, 삽디의 손자요, 칼미의 아들인 아칸이 저주받은 물건을 취하였음이라. 이스라엘 자손에 대해 주의 분노가 일어났더라」(수 7:1).

　이후 여호수아가 죄를 지은 자를 찾아내 그 죄에 대한 처분을 내립니다. 「여호수아가 삽디의 가족에서 남자를 각각 불러냈더니 유다 지파의 세라의 증손이며, 삽디의 손자요, 칼미의 아들인 아칸이 뽑히니라. 여호수아가 아칸에게 말하기를 "내 아들아 내놓으라. 내가 네게 부탁하노니 이스라엘의 주 하나님께 영광을 돌리고 그분께 자백하라. 그리고 이제 네가 행한 일을 내게 고하고 그것을 내게 숨기지 말라." 하니 아칸이 여호수아에게 대답하여 말하기를 "참으로 내가 이스라엘의 주 하나님께 죄를 지어 내가 이렇게 행하였나이다. 내가 약탈물 가운데서 아름다운 바빌론제 옷 한 벌과 은 이백 세켈과 오십 세켈 무게의 금덩이 하나를 보고 탐내서 그것들을 취하였나이다. 보소서, 그것들을 내 장막 가운데 땅에

숨겼으며 은은 그 밑에 있나이다." 하니라」(수 7:18-21). 아칸이 자신의 탐욕으로 인해서 바빌론제 옷 한 벌과 은 이백 세켈과 오십 세켈 무게의 금덩이 하나를 훔친 것이 발견되었습니다.

여러분은 물질에 대한 욕망이나 옷에 대한 사치심이 있지는 않은지 생각해 보십시오. 요즘 한국에서는 아이들의 사치가 심각합니다. 학용품을 비롯해 아이들 가방, 점퍼, 신발 등의 가격이 몇십만 원씩 한다고 합니다. 한국 사람들이 그런 사치 속에서 살고 있습니다. 여러분은 옷에 대한 사치심이 있으십니까. 바빌론제 옷이 탐이 나십니까. 요새 유행하는 명품 옷과 명품 가방이 탐나지는 않은지 돌아보시기 바랍니다.

한 사람의 탐심으로 인해 하나님께서는 그 민족을 전투에서 패배하게 하셨습니다. 「여호수아가 말하기를 "어찌하여 네가 우리를 괴롭게 하였느냐? 주께서 오늘 너를 괴롭게 하시리라." 하고, 모든 이스라엘이 그를 돌로 치고 또 그들을 돌로 친 후에 불로 태우니라」(수 7:25). 아칸의 죄로 인해 하나님께서 진노하셨고, 그로 인해 그의 집안까지 그와 함께 멸망했습니다. 「그들이 그 위에 큰 돌 무더기를 쌓았더니 오늘까지 있더라. 그리하여 주께서는 그의 분노의 열화에서 돌이키시니라. 그러므로 그곳의 이름을 오늘까지 아콜 골짜기라 부르니라」(수 7:26).

자신의 욕심으로 인해서 가족까지 징계를 받은 것입니다. 그리스도인으로 살면서 자신이 좋아하는 것이면 무엇이든 절제하지 않고 원하는 대로 하며 살겠다고 하는 사람은 자신만이 아니라 가족에게까지 피해를 줍니다. 더 나아가 교회에도 피해를 주고 하나님의 영광도 가리게 됩니다. 자신 혼자만 죄를 짓고 끝난다고 생각하는 사람들이 있는데, 그것은 큰 오산입니다.

여러분은 어떤 탐심을 가지고 우상숭배를 하고 있습니까. 주님 오실 때가 가까이 온 지금은 더더욱 좋은 옷, 좋은 차, 좋은 집 같은 것들에 욕심을 가져서는 안됩니다. 주님께 구함으로써 필요를 채움 받았다면, 디모데전서 6장 6절의 말씀대로 만족할 줄 아는 경건을 실천해야 합니다.

언론에 폭로된 모 교회 목사처럼 2억 6천만원이나 사례금으로 받으면서 추가로 8백만원을 목회 활동비로 받는 것이 탐심입니다. 탐심으로 가득 찬 이런 목사들이 지금 강대상에서 버젓이 설교하고 있는데, 교인들은 여전히 그 교회에 나가고 있습니다. 여러분 자신은 어떤 탐심을 가지고 있는지 점검해 보십시오. 성경에는 창고를 더 크게 짓는 부자가 나옵니다. 그가 창고에 가득한 양식을 보고 만족하여 '내 혼아, 편히 쉬라'고 했지만 그것이 그의 마지막 말이 되었습니다. 죽음 앞에서 물질이 무슨 소용이 있습니까? 그 창고를 지옥까지 가지고 갈 수도 없습니다. 주님을 믿는 사람들은 필요한 것들이 있을 때마다 주님께 구하고, 이를 주님께서 채워 주셨으면 만족할 줄 알아야 합니다. 필요한 것이 아니라 자신이 원하는 모든 것을 갖겠다고 하면 끝이 없습니다. 성경은 지옥이 스스로 무한정 확장되는 곳이라고 말씀하는데, 인간의 욕망도 그와 마찬가지입니다. 원함을 채우고 싶은 우리의 욕망은 끝이 없습니다. 여러분은 항상 주님께 필요한 것을 구하고, 주님께서 필요를 채워 주셨으면 감사하며 만족하는 사람이 되어야 합니다.

셋째는 술, 마약, 도박, 담배와 같은 쾌락입니다. 「내 아들아, 네 마음을 내게 주며 네 눈을 나의 길들에 주목하라. 음녀는 깊은 함정이요, 타국 여인은 좁은 구덩이라. 그녀는 또한 먹이를 찾듯이 숨어 기다리며 사람들 가운데 범죄자들을 늘리느니라. 화가 누구에게 있느냐? 슬픔이 누구에게 있느냐? 다툼이 누구에게 있느냐? 불평이 누구에게 있느냐? 까닭없는 상처가 누구에게 있느냐? 충혈된 눈이 누구에게 있느냐? 술에 빠진 자들에게 있으며, 혼합된 술을 찾아다니는 자들에게라. 술은 붉고 잔에서 빛을 내며 매끄럽게 내려가나니, 너는 술을 쳐다보지도 말라. 그것은 마침내 뱀처럼 물며, 살모사처럼 쏘리라. 네 눈이 타국 여인을 볼 것이요, 네 마음이 패역한 것들을 발설하리라. 정녕, 네가 바다 한가운데 누운 자 같을 것이요, 돛대 꼭대기에 누운 자 같으리라. 네가 말하기를 "사람들이 나를 쳤어도 나는 아프지 아니하였고, 그들이 나를 때렸어도 나는 감각이 없었도다. 내가 언제 깨어날까? 내가 그것을 다시 찾으리라." 하리로다」(잠 23:26-35).

31절에서 주님께서는 술은 쳐다보지도 말라고 하셨는데, 술을 조금 마시는 것은 괜찮다고 하는 사람들이 있습니다. 그러나 한번 쾌락에 빠지면 헤어나올 수가 없기에 절제해야 합니다. 절제는 나쁜 것을 안 하는 것이고, 좋은 것은 알맞게 하는 것이라고 말씀드렸습니다. 특히 나쁜 것들은 쳐다보아서도 안 됩니다. 사람들은 쾌락을 찾다가 술이나 담배, 도박, 마약에 빠집니다. 그로 인해 얼마나 많은 가정들이 파괴되고 있습니까. 이제 마약이 미국에서는 합법화가 되는 추세입니다. 일단 마리화나가 합법화되면 사람들은 마리화나로 만족하지 않고 더 강력한 마약을 원하게 될 것입니다. 그래서 결국에는 헤어 나올 수 없이 더 깊은 타락으로 빠지게 될 것입니다. 또 많은 이들이 성적 타락, 컴퓨터 게임 같은 것에도 중독됩니다.

절제를 생각할 때 Control(지배하다)의 의미를 생각하면 됩니다. 자신이 무엇에 지배당하며 살고 있는지 점검하십시오. 도박을 안 하면 죽을 것 같고 심장마비가 올 것 같은 사람은 도박에 지배당하고 있는 것이고, 술을 안 마시면 손이 덜덜 떨리고 죽을 것 같은 사람은 술에 지배당하고 있는 것입니다. 또 돈이 안 보이면 불안하고 누군가 낚싯대에 돈을 매달아 끌고가는 대로 끌려간다면 그는 돈에 지배당하는 사람입니다. 어떤 것에 대한 자유함이 없어지면 이미 절제를 잃은 것입니다. 하나님 앞에서 자유로운 양심으로 믿음 생활을 해야 하는데 그렇지 못하다면 여러분은 무언가에 지배당하고 있는 것이고 절제가 무너진 것입니다. 디모데후서 3장에서 마지막 때는 절제가 없는 시대라고 말씀합니다.

이곳 LA 한인 사회에서 노래방 때문에 사회적으로 문제가 된다는 신문 기사를 보았습니다. 예전에는 노래방이 가족들끼리 가서 노래 부르는 곳이었는데, 요새는 노래방에 도우미가 있고 그 도우미로부터 온 문자 때문에 부부간에 불화가 생겨 이혼하는 일들이 많다고 합니다. 도우미 때문에 가정이 파괴된다니 얼마나 한심한 일입니까. 신문 기사에 예로 등장한 어떤 어리석은 사람은 한 달에 2천 불이나 되는 돈을 도우미에게 바친다고 합니다. 차라리 바닷가에 가서 노래를 하지 고생해서 번 돈을 노래방에다가 바칩니까. 저도 신문 기사를 통해 알았는데 노래방이 그렇게 타락했는지 몰랐습니다. 노래방에서 술까지 마신다고 하니 그게 술집이지 무슨 노래방입니까.

여러분은 쾌락에 빠지지 않도록 절제해야 합니다. 본문 잠언서 23장에 나오는 그런 쾌락들에 빠지면 안 됩니다. 쾌락 속에 빠지면 결국에는 가정이 파괴되고, 믿음 생활이 파괴되고, 주변에 있는 사람들까지 피해를 보게 되는 것입니다. 도박에 빠진 사람들은 손을 자르면 발로 도박을 한다고 합니다. 만약에 여러분 가정에 도박에 빠진 사람이 있다면 이 말을 이해하실 것입니다. 도박하고 마약하는 사람들이 왜 돈을 훔치는지 아십니까. 그 사람이 돈을 훔칠 사람이 아닌데도 돈을 훔치고 강도짓을 하는 이유는 도박을 하고 마약을 하기 위해서입니다. 먹는 것도 끊으면 금단현상이 오듯이 도박과 마약도 끊으면 못 견디고 병이 난다고 합니다. 절제를 못 하는 사람들의 종말입니다.

넷째는 옷차림입니다. 우리는 오직 하나님의 말씀을 통해서만 자신이 얼마나 주님으로부터 멀어졌는지를, 절제를 잘 하고 있는지, 과욕이나 탐심이 있지는 않은지를 알 수 있습니다. 「이와 같이 여자들도 검소한 옷차림으로 스스로를 단장하되 수줍음과 정숙함으로 하며, 땋은 머리나 금이나 진주나 비싼 옷으로 하지 말고, 오직 (경건함을 고백하는 여자들에게 어울리는) 선행으로 단장하기를 바라노라. 여자는 온전히 순종함으로 조용히 배우게 하라. 나는 여자가 가르치는 것이나 남자에게 권위를 행사하는 것을 허락지 아니하노니 다만 조용할지니라. 이는 아담이 먼저 지음을 받았고 그후에 이브며, 또 아담이 속은 것이 아니라, 여자가 속아 범죄하였음이라」(딤전 2:9-14).

이 부분에 대해 억울하다고 생각하는 자매님들은 제가 아닌 이브를 원망하십시오. 저는 성경 말씀을 있는 그대로 읽을 뿐입니다. 이브 할머니가 사탄에게 속았기 때문에 주님께서는 여자들에게 이 구절의 말씀대로 살라고 하십니다. 여성상위시대니 남녀평등이니 하는 것은 마귀가 장악한 세상에서나 하는 말이고, 성경적으로 믿고 실행하는 자매님들은 성경의 말씀을 따라야 합니다. 주님은 여자들에게 순종하며 조용히 배우라고 말씀합니다. 옷차림도 검소한 옷차림을 하라고 하십니다. 여러분은 검소한 옷차림으로 생활하십니까. 세상의 유행은 검소함과는 거리가 멉니다. 화려할 뿐만 아니라 거의 속옷 차림으로 거의 벗고 다니는 수준입니다. 바이블 빌리버는 그렇게 해서는 안 됩니다. 여인들에게 정숙함으로 단장하라고 하십니다.

자신이 하고 싶고 육신이 원하는 것을 하는 대신 하나님의 말씀대로 사는 것이 절제입니다. 성경에는 하나님께서 여자에 대해서, 여자의 옷차림에 대해서 말씀하시는 곳이 많이 있습니다. 여자들이 정숙하지 않게 입고 다니기 때문입니다. 이 부분은 여자들의 속성상 어려운 부분이기에 하나님께서는 분명한 언어로 절제를 명령하십니다. 이처럼 주님께서 성도들에게 원하시는 것은 모두 성경에 기록되어 있습니다. 문제는 자신이 원하는 대로 할 때 말씀을 따를 수 없다는 것입니다.

특히 한국인들은 절제에 대한 설교를 잘 듣고 실천해야 합니다. 한국 사람들은 절제를 잘 하지 못하기 때문입니다. 아마도 우리의 유전자에 그런 성질이 있는 것 같습니다. 한국 사람은 노아의 세 아들 중 셈의 자손입니다. 셈의 자손들은 아직도 중동에 머물러 있는데, 한국 민족이 가장 동쪽 멀리에 정착했습니다. 셈의 자손들 중에서 가장 먼 곳까지 온 사람들이 한국인들인 것입니다. 그런 악착같은 면이 우리의 피 안에 있습니다. 제가 한 달에 한 번씩 알래스카에 가서 설교했을 때를 상기해 보면, 그 추운 곳에 사는 민족은 현지인인 에스키모를 제외하고는 한국인들과 아르메니아인들뿐이었습니다. 제가 갔던 벧엘이라는 지역도 추운 곳이지만 그보다도 더 추운 지역에서는 한국 사람들이 식당을 하고 택시 운전을 하고 있다는 말을 들었습니다. 알래스카에 이민 온 사람들 중 대다수가 한국인들인 것을 보고 한국인들의 지독함을 다시 한 번 알았습니다.

물론 좋은 일을 하는 데 있어서 악착같이 최선을 다하고 주님께 영광을 돌린다면 얼마나 좋겠습니까. 하지만 우리 민족은 술 소비량이 세계 1위이고 이대로 가다가는 마약도 1위를 차지할 것 같습니다. 지금까지 한국은 마약에 대해 별로 걱정하지 않았지만 앞으로 더욱더 국제화되면 뭐든지 2등을 하기 싫어하는 한국인들이 마약도 1등을 차지할 것 같습니다. 자살률도 1위가 아닙니까. 이렇게 한국 사람들은 뭐든지 1등을 해야 하기에, 더욱 절제에 대해 잘 들어야 합니다.

다섯째는 화 혈기입니다. 「노하기를 더디하는 자는 용사보다 낫고, 자기의 영을 다스리는 자는 성읍을 차지하는 자보다 나으니라」(잠 16:32). 화를 내되 죄는 짓지 말라는 성경 말씀처럼 화를 내는 것 자체는 죄가 아닙니다. 오히려 화를 내야 할 때 안 내는 사람은 문제가 있는 것입니다. 그러나 아무 때나 화를 내는 것은 죄입니다. 쓸데없는 데 화내는 사람이 있습니다. 부부 싸움도 대부분 아무것도 아닌 일에서 시작됩니다. 지극히 사소한 것인데도 화내는 것을 절제하지 못해서 싸웁니다. 예를 들어 물을 좀 달라고 했는데 주지 않았다고 화가 나서 싸움이 시작되어, 10년 전 일에서부터 상대방 가족 이야기까지 꺼내며 싸웁니다. 그러다가 이혼까지 가는 것입니다. 사소하게 보이는 일로 결혼 생활이 허무하게 끝나 버리는 이유는 절제가 없어서입니다.

 왜 사소한 일에 화를 냅니까. 진짜 화를 내야 할 일들에 화를 내십시오. 아무 때나 화를 내지 말고 꼭 화를 내야 할 때 이를테면, 불의에 대해 화를 내십시오. 거짓 목사들이 사람들을 속여 지옥으로 보내고 있는 것에 화를 내야 합니다. 변개된 성경을 가지고 거짓 목사들이 수많은 사람들의 믿음에 독을 집어넣고 있는데, 화는 그런 일에 내십시오. 또한 노하기를 더디하는 자는 용사보다 낫다고 하십니다. 모세도 결국에는 화를 참지 못해서 약속의 땅에 들어가지 못했습니다. 주님께서 반석을 향해 외치라고 하셨는데, 백성들의 불평에 너무 화가 나서 지팡이로 바위를 친 것입니다.

 지금까지 말씀을 통해 본, 절제하기 어려운 몇 가지 것들은 우리 생활에서 흔히 일어나는 일들입니다. 여러분이 이런 것들을 절제하지 못하면 죄를 짓는 것이고, 그 뒤에 오는 것은 죄의 삯인 사망입니다. 구원을 받았다 할지라도 죄 가운데 계속 머물러 있으면 영적으로는 하나님과의 교제가 끊깁니다. 그 후에도 죄에서 떠나지 않는다면 하나님께서는 그가 더 이상 하나님의 영광을 가리지 않도록 데려가십니다. 하나님께서 계속 경고하시고 징계하셔도 듣지 않으면 그 사람의 생명은 일찍 끝날 수 있는 것입니다.

　세상에서는 절제의 문제에 대한 해결책으로 종교를 가지라고 합니다. 불교를 믿고 목탁을 두드리며 수련을 하라고 합니다. 제가 어제 거리설교에 나가서 베트남인 승려에게 베트남어로 번역된 칙 전도지를 주었더니 그가 받아서 바구니에 넣으며 합장을 했습니다. 그래서 제가 예수님을 아느냐고 물었는데 전혀 모르는 모습에 너무나 안타까웠습니다. 그 승려처럼 목탁을 두드리고 염불을 외운다고 해결되는 문제가 아닙니다. 또한 마음 수련회 같은 데 가서 마음을 닦는다고 되는 것도 아닙니다. 마음 수련회를 만든 아리조나 세도나의 단월드 원장은 지금 성폭행죄로 재판을 받고 있습니다. 그런데도 많은 사람들이 마음 수련회에 빠져서 많은 가정이 파괴되고 있습니다. 그런 것으로는 절제의 문제가 해결되지 않습니다. 자신도 절제를 못해서 성폭행이라는 죄를 짓고 재판을 받고 있는데 어떻게 그가 만든 마음 수련회가 해결책이겠습니까. 인간의 방법으로는 아무리 마음을 닦는다고 해도 마음이 닦아지는 것이 아닙니다. 이는 어리석은 생각일 뿐입니다.

　이처럼 스스로 노력하는 자기 통제에는 한계가 있습니다. 영어로는 절제를 self control이라고 말하지만, 우리는 스스로 자신을 통제할 수 있는 것이 아니라 성령의 통제를 받아야 합니다. '나 스스로 육신을 통제할 수 있다'가 아니라 '제 육신은 약하니 성령님,

저를 통제해 주십시오'라고 할 때 절제할 수 있는 것입니다. 그럴 때 우리는 주님께 영광을 돌리게 됩니다. 육신의 정욕이든 어떤 다른 죄든, 그런 것들에 통제되어서는 안 됩니다. 아무것에도 통제 당하지 말고 오직 성령님께만 통제받으십시오. 자신이 누구에게, 무엇에게 지배당하는지 잘 생각해 보시기 바랍니다. 오직 주님께만 지배받으십시오. 선포되는 주님의 말씀에만 지배를 받아야 합니다.

13. 믿음 | Faith

그 날 저녁이 되자, 주께서 제자들에게 말씀하시기를 "저편으로 건너가자."고 하시니라. 그들이 무리를 보낸 후에, 주를 배에 타신 채로 모셔가니, 다른 작은 배들도 주와 함께하였더라. 그때 큰 폭풍이 일어나 파도가 배를 덮치니, 배는 물로 가득 찼더라. 주께서는 배의 뒤편에서 베개를 베고 주무셨는데, 그들이 주를 깨워 말씀드리기를 "선생님, 우리가 죽게 되었는데도 개의치 아니하시나이까?"라고 하니, 주께서 일어나셔서 바람을 꾸짖으시고, 바다에게 말씀하시기를 "잠잠하라, 고요하라."고 하시니, 바람이 그치고 아주 잠잠해지더라. 그리고 나서 주께서 그들에게 말씀하시기를 "어찌하여 너희는 그처럼 두려워하느냐? 어찌하여 너희는 믿음이 없느냐?"고 하시니, 그들이 심히 두려워하며, 서로 말하기를 "이분이 도대체 누구시기에 바람과 바다까지도 그에게 복종하는가?"라고 하더라(막 4:35-41).

    믿음은 우리에게 가장 중요한 단어입니다. 믿음이 없으면 구원받을 수가 없습니다. 많은 거짓 목사들은 이 단어를 남용하고 자신의 배를 채우기 위한 도구로 이용합니다. TV에 나오는 거의 모든 목사들이 믿음이라는 말을 이용합니다. 믿음의 씨를 뿌리라고 하지만 결국은 돈을 보내라는 말입니다. 씨를 뿌리면 돈을 거두게 되니 투자를 하라고 종용합니다. 우리는 그런 믿음을 말하는 것이 아닙니다. 그것은 사기꾼들이 말하는 믿음이지 성경의 믿음이 아닙니다.

    본문에서 주님께서는 믿음에 대해 말씀하십니다. 「어찌하여 너희는 그처럼 두려워하느냐? 어찌하여 너희는 믿음이 없느냐?」 주님은 제자들에게 믿음이 없다고 책망하십니다. 믿음이란 무엇입니까? 하나님을 신뢰하는 것입니다. 여러분의 믿음의 대상은 무엇입니까? 돈입니까? 사람들이나 환경입니까? 무엇을 신뢰하십니까? 성경에서 말하는 믿음은 하나님을 신뢰하는 것을 말합니다.

그런데 하나님을 어떻게 신뢰하는지, 무엇을 통해서 신뢰하는지가 중요합니다. 우리는 하나님의 말씀을 통해서 하나님을 신뢰할 수 있습니다. 하나님은 인간의 눈으로 볼 수 없습니다. 볼 수 없는 하나님을 어떻게 말씀을 통해 신뢰할 수 있습니까? 하나님께서는 말씀을 믿게 하기 위해 유대인들에게 표적을 주셨고, 표적을 보고서 하나님의 말씀을 따라 살도록 하셨습니다. 그것이 유대 민족의 시작이었습니다. 그러나 하나님께서는 성경을 완성하신 이후에는, 더 이상 표적의 은사로 말씀을 확고히 하지 않으시고, 오직 순수하게 하나님의 말씀만을 통해 믿음을 가지도록 명하십니다. 따라서 「믿음은 들음에서 나오며 들음은 하나님의 말씀」(롬 10:17)이라고 하신 것입니다. 이 믿음을 가져야 합니다.

우리는 믿어야 구원받는다고 말합니다. 무엇을 믿어야 구원받습니까? 기록된 하나님의 말씀인 성경 66권을 모두 다 알고 믿어야 구원받습니까? 아닙니다. 그 중에서 예수 그리스도의 구속 사역, 즉 복음을 믿어 구원받습니다. 즉 예수님께서 육신으로 오신 하나님이시며, 우리 죄를 위해 십자가에서 죽으셨다가, 장사된 지 삼 일 만에 부활하셨다는 것을 믿는 것입니다(롬 10:9,10, 고전 15:3,4). 회개하는 마음으로 예수 그리스도의 속죄 사역을 믿으면 구원받을 수 있습니다. 그것이 '구원받는 믿음'입니다. 이것은 일생에 한 번 행사해야 하는 믿음입니다.

그러나 구원받은 이후에는 그리스도인으로서의 믿음 생활이 시작됩니다. 이 믿음 생활을 하는 가운데 구원은 받았지만 본문의 제자들처럼 믿음이 없다는 편잔을 받을 수가 있습니다. 본문에서 주님은 제자들에게 어찌하여 그처럼 두려워하느냐고 말씀하십니다. 믿음이 없다는 것은 두려움에 지배당한다는 것을 의미합니다. 본문에서 제자들이 주님께 꾸중을 듣는 것은 그들이 두려워했기 때문입니다. 두려움, 불안감, 근심걱정, 이런 것들로 지배당하는 삶 자체를 주님께서는 믿음이 없다고 하시는 것입니다. 여기서는 구원받는 믿음을 말하는 것이 아니라 '그리스도인으로서 가져야 할 성품의 하나로서의 믿음'을 다루고 있습니다. 구원받는 것은 은혜의 복음을 믿느냐 믿지 않느냐에 달려 있는 것이고, 오늘 설교는 이미 구원을 받은 사람들을 대상으로 드리는 말씀입니다.

어떤 사람은 강한 믿음을 갖고 흔들리지 않는 반면 어떤 사람은 믿음이 없이 늘 두려워하고 걱정하며 불안해합니다. 물론 우리는 육신을 가진 인간이기 때문에 환경이나 여러 가지 상황으로 인해 불안해하고 두려워할 수 있습니다. 주님께서도 그것을 아십니다. 그러나 그렇기 때문에 더욱 여러분은 강한 믿음을 가져야 합니다. 하나님의 말씀을 듣고 하나님의 말씀을 공부할 때 믿음이 성장하는 것입니다. 어려운 상황에서도 주님을 믿기 때문에 두려움을 이겨나갈 수 있습니다. 우리가 어떤 일을 당하더라도 주님께서 간섭해 주시고 보호해 주신다는 것, 주님께서 초자연적인 능력으로 우리를 돌보아 주신다는 것을 믿는 것이 우리가 가져야 할 믿음입니다. 두려움이 있지만 주님을 믿는 믿음으로 이겨나갈 수 있고 두려움에 지배당하지 않을 수 있습니다. 어떤 사람은 두려움에 지배당하고 그로 인해 우울해합니다. 그러나 똑같은 두려움 앞에서 어떤 사람은, 주님께서 어떤 방법으로든 간섭하시고 이끌어 주실 것을 믿기에 믿음으로 이겨나갑니다.

이 세상을 살면서 여러분에게 여러 가지 두려움이 올 수 있습니다. 우선 가정에서의 예부터 들면, 자녀들이 집에서 떠나 있을 때 부모들은 불안합니다. 그것은 인간이기에 당연한 것이지만 믿음으로 불안감을 이길 수 있습니다. 여러분이 보살피는 것보다 주님께서 더 세심하게 보살펴 주실 수 있기 때문입니다. 자녀들의 학교 문제, 건강 문제, 진로 문제 등 여러 가지 문제들이 있습니다. 자녀가 있으면 눈 감을 때까지 걱정을 하는 것이 부모입니다. 그러나 바이블 빌리버들은 믿음으로 이겨나가야 합니다. 생각해 보십시오. 죽는 날까지 자녀들 때문에 불안해 한다면 어떻게 삽니까? 교통 사고가 날까, 병이 날까, 걱정 근심하며 살겠습니까?

또 경제적으로 문제가 생길 수 있습니다. 우리가 세상을 살면서 채워야 하는 여러 가지 필요가 있는데, 그런 것들이 채워지지 않을 때에도 두려워지고 불안해집니다. 그러나 믿음으로 그것들을 이겨나가야 합니다. 그것이 그리스도인이 일반인들과 다른 점입니다. 두려워한다고 해서 해결될 것이 해결 안 되고 안 될 것이 되겠습니까? 주님께서는 우리가 두려움에 빠져 있는 것을 기뻐하시지 않습니다. 그래서 본문에서 제자들이 꾸중을 듣는 것입니다.

왜 믿음이 없이 두려워하느냐며 야단치시는 것입니다.

여러분의 믿음 생활은 현재 어떻습니까? 주님께서 구령하고 진리를 전파하라고 하실 때 두려움 때문에 못하고 있습니까? 지옥으로 가고 있다고, 예수님을 믿어야 구원 받아 지옥에 가지 않는다고 말 한마디 못하십니까? 그런 두려움은 믿음과 반대되는 것입니다. 믿음이 있다면 불쌍한 혼에게 지옥에 대해서 경고를 하지 않을 수 없습니다. 설사 두려운 마음이 있을지라도 주님의 말씀을 믿고 나가서 전파할 때 역사가 일어나는 것을 여러분은 알고 있습니다. 그 믿음을 가지셔야 합니다. 본문 35절에서 주님께서는 말씀하셨습니다. 「그 날 저녁이 되자, 주께서 제자들에게 말씀하시기를 "저편으로 건너가자."고 하시니라.」 주님께서 저편으로 건너가자 하실 때 여러분은 저편으로 건너가시겠습니까?

여러분이 두려움을 갖는 이유는 무엇입니까? 왜 믿음이 없는 생활을 하는 것입니까? 그 이유는 첫째, 하나님의 말씀을 잊기 때문입니다. 하나님께서는 저편으로 건너가자고 말씀하셨습니다. 하나님께서 같이 가시는데, 주님이 함께 배를 타고 저편으로 건너가자고 하셨는데, 하나님께서 말씀하신 것을 의심하는 것입니다. 도중에 파도가 배를 덮치자 모두 잊어버린 것입니다. 위급한 상황에 처하자 주님께서 하신 말씀이 싹 달아나는 것입니다. 저편으로 가지 못할 것이라 생각하고, 여기서 끝나는구나 절망하는 것입니다. 그러나 그것은 주님께서 하신 말씀과 맞지 않습니다. 주님께서 저편으로 가자고 하셨습니다.

주님께서 함께하실 때 폭풍이 있을 수 있습니다. 많은 사람들이 그것을 착각합니다. 많은 거짓 목사들이 예수님만 믿으면 만사형통이라고 하는데, 이것은 거짓말이요 거짓 교리입니다. 주님과 함께 있어도 폭풍은 올 수 있습니다. 본문에서 주님이 함께 계셨는데도 제자들에게 폭풍이 왔습니다. 예수 믿으면 부자 되고 예수 믿으면 병이 낫고 예수 믿으면 모든 게 만사형통하여 잘된다는 것은 거짓 교리입니다. 거짓 목사들이 자기 배를 채우기 위해서 거짓으로 사람들을 유혹하며 하는 말입니다. 많은 사람들이 그런 설교를 들으러 갑니다. 한 유명한 은사주의 목사는 자신이 쓴 책에 이렇게 썼습니다. "천막 교회를 하던 당시 교인들을 시켜, 시장에서 장사하는 사람들에게 '우리 교회에 오면 부자가 된다'고 하라고 했습니다." 그 말에 현혹된 수많은 사람들이 그 교회로 모여들었습니다. 오늘날 그가 사리사욕을 채우기 위해 저지른 각종 범죄와 비리가 드러났는데도 사람들은 아직도 그를 따릅니다. 그런 것은 믿음이 아닙니다.

예수님을 믿는다고 해서 만사형통하는 것이 아니라 폭풍이 올 수가 있습니다. 단지 그 폭풍 속에서 주님과 함께 갈 수 있다는 것입니다. 그리고 그것은 우리에게 축복입니다. 본문에서 제자들은 주님께서 계신데도 폭풍 속에서 죽을까 봐 걱정하고 있었습니다. 그들은 하나님의 말씀을 잊어버린 것입니다. 하나님께서는 여러분에게 세상 끝까지 함께하신다고 하셨습니다. 마태복음 28장 20절에서 주님께서는 하늘로 올라가시기 전에 제자들에게 끝까지 함께 하신다고 약속하셨습니다.

주님께서는 여러분을 그리스도의 몸의 한 지체로 만들어 주셨습니다. 우리 각인은 그리스도의 몸인 것입니다. 또한 여러분이 예수님을 영접했을 때, 성령께서 들어가셔서 여러분을 인치시고 여러분에게서 떠나지 않으십니다. 성령님께서는 여러분 안에 계시고 그 어떤 폭풍이 오더라도 항상 여러분과 동행하십니다. 그럼에도 불구하고 여러분은 본문의 제자들처럼 갑자기 두려운 일이 왔을 때 하나님 말씀을 잊어버린 적이 있으십니까? 제자들처럼 '여기 배가 물로 가득 찼으니 조금 있으면 죽겠다'고 절망하는 때가 있으십니까? 「주께서는 배의 뒤편에서 베개를 베고 주무셨는데, 그들이 주를 깨워 말씀드리기를 "선생님, 우리가 죽게 되었는데도 개의치 아니하시나이까?"라고 하니, 주께서 일어나셔서 바람을 꾸짖으시고, 바다에게 말씀하시기를 "잠잠하라, 고요하라."고 하시니, 바람이 그치고 아주 잠잠해지더라」(막 4:38,39).

둘째, 하나님의 능력을 잊기 때문입니다. 예수님이 이전에 어떤 일들을 하셨습니까? 문둥병자와 중풍병자를 고치시고 마귀들을 쫓아내셨습니다. 그런 표적들을 보여주셨는데도 불구하고, 주님이 함께 계시는데도 죽을까 봐 염려하는 것입니다. 이 세상을 말씀으로 창조하신 그 하나님의 능력을 잊어버린 것입니다. 여러분도 마찬가지입니다. 여러분이 어떤 하나님을 모시고 다니는지를 잊어버릴 때 두려워지는 것입니다. 여러분 주변에 있는 환경 때문에 두려워지는 것입니다. 내가 이렇게 되면 어떡할까 저렇게 되면 어떡할까, 우리 애가 이렇게 되면 어떡할까 저렇게 되면 어떡할까, 늘 근심 속에서 사는 것입니다.

「선생님, 우리가 죽게 되었는데도 개의치 아니하시나이까?」 하나님이 함께 계시는데, 그 하나님 앞에서 그렇게 말하는 것입니다. 주님께서 제자들이 다 죽게 내버려 두시겠습니까? 저편으로 건너가자고 하셨는데 말입니다. 우리가 주님의 말씀도 믿고 주님의 능력도 믿는다고 하면서 항상 두려워하고 불안해하는 것은 그런 것과 똑같은 것입니다. 주님, 우리를 그냥 내버려 두시렵니까? 여러분은 제자들처럼 이렇게 주님께 불평한 적이 없습니까?

「개의치 아니하시나이까?」 그것은 믿음 없는 사람의 말입니다. 왜 주님이 개의치 않으시겠습니까? 주님의 계획은 우리가 이해할 수 없습니다. 그것 때문에 우리는 때로 주님을 의심합니다. '왜 주님께서는 내가 생각하는 이런 방법으로, 내가 생각하는 이 시간에, 이런 문제들을 해결해 주시지 않을까?' 여러분이 주님보다 아이큐가 30이 더 높길래 불안한 것입니까? 여러분이 생각하기엔 이런 때에 이렇게 해 주셔야 하는데, 주님이 잊으신 건지 하고 불안해하는 것입니다. 주님께서 안 돌봐 주실까 봐 염려하는 것입니다. 우리는 주님의 계획을 알지 못합니다. 그런 우리가 믿는다는 것은 어린아이처럼 하나님의 말씀과 능력을 믿는 것입니다.

주님은 저에게 오늘 이 시간에 설교를 하라고 하셨고, 저는 거기까지만 알면 됩니다. 그 다음에 내일 이렇게 하라고 하시면 그것까지만 하면 됩니다. 하나님께서 명령하신 대로 하루하루를 살면 됩니다. 내일 어떤 일이 생길까, 올해 어떻게 될까, 10년 뒤 어떻게 될까 하다가 마귀에게 걸려드는 것입니다. 세상 사람들은 미래가 궁금하기 때문에 점을 보러 갑니다. 소위 믿는다는 사람들도 점을 보러 갑니다. 그랬다가 만일 점쟁이가 내일 심장마비로 죽는다고 하면 얼마나 괴롭겠습니까? 아예 모르는 편이 낫습니다. 거짓 목사들은 사람들의 불안감을 이용해서 자신에게 예언하는 능력이 있다며 속입니다. 그러면 사람들이 줄을 서서 만나러 갑니다. 그건 믿음을 가진 사람들이 할 일이 못됩니다. 믿음 없는 사람들이 점쟁이에게 가듯 소위 용하다는 목사에게 가는 것입니다. 주님께서는 그런 식으로 여러분을 이끌지 않으십니다. 여러분이 하나님 말씀대로 선하게 살면 한 걸음씩 인도해 주십니다.

여러분이 정작 걱정할 것은 자신이 하나님 말씀대로 사는지입니다. 그 다음 주님께서 한 걸음씩 인도하시는 대로 따라가면 됩니다. 주님, 어디로 갈까요, 어디로 인도하시는 건가요? 그것까지 알 필요가 없습니다. 여러분은 그냥 주님 말씀대로 살면서 한 걸음씩 따라가면 됩니다. 왜 걱정합니까. 그것은 주님께서 정하시는 것입니다. 그런 것을 걱정하니 두려운 것입니다. 자신의 지혜로 복잡하게 생각을 하니 두려움이 넘치는 것입니다. 여러분은 그냥 그때그때 최선을 다해서 하나님 말씀대로 사십시오. 하나님께서 여러분을 잘못된 길로 인도하시겠습니까?

요셉을 생각해 보십시오. 요셉은 형제들의 손에 죽을 뻔했다가 결국 종으로 팔려갑니다. 그때 여러분 같았으면 어떤 마음을 품었겠습니까? 큰 형부터 시작해서 다들 만나기만 해 봐라 하면서 이를 갈지 않겠습니까? 요셉이 종으로 팔려와 고생하는 것을 불평하며 살았거나 혹은 매일 두려움에 싸여 살았더라면, 하나님께서 복을 주시지 않으셨을 것입니다. 그는 그저 어떤 환경에서든 최선을 다했습니다. 종으로 팔렸을 때에도 최선을 다한 그를 결국 하나님

믿음 | Faith   215

께서 파라오 다음가는 자리로 올려주셨습니다. 요셉으로 인해서 후에 모세가 이스라엘 백성을 데리고 나올 수 있는 길이 열렸습니다. 한 가족이 이집트로 들어가서 후에 민족을 이루어 나왔습니다. 이것이 요셉 한 사람으로 인해 일어난 일이었습니다. 요셉이 만일 '왜 나에게만 이런 일이 일어날까, 내가 하나님을 얼마나 사랑하는데… 하나님께서 꿈도 주셨는데…' 하면서 비통함 속에 살았더라면 어땠겠습니까?

꿈에 대해 잠시 언급하고 지나가겠습니다. 오늘날 여러분은 꿈을 찾지 마십시오. 지금은 주님께서 꿈을 통해서 계시하시지 않습니다. 만약 여러분이 꿈을 꾸었는데 그것이 현실에서 맞아떨어졌다면 그것은 마귀가 주는 것입니다. 꿈에서 하라는 대로 따라가게 만드는 것입니다. 꿈에서 이혼을 해라, 아이들을 어떻게 해라 하면 그대로 하게 됩니다. 그런 것은 모두 마귀의 계략입니다. 거듭 말하지만 우리는 꿈을 좇아가지 않습니다. 지금은 하나님께서 그런 식으로 계시하시지 않습니다. 일일이 한 사람씩 찾아가서 꿈으로 계시하시는 것이 아니라, 기록된 말씀으로 인도하시는 것입니다.

우리의 믿음을 방해하는 두려움에 대해 살펴보고 있습니다. 첫째로 사람들은 하나님 말씀을 잊었기에 두려움에 빠지고, 둘째로 하나님의 능력을 잊었기에 두려워합니다. 셋째로는 과거에 자신이 승리한 경험을 잊었기에 두려워하게 됩니다. 여러분이 구원받고 바이블 빌리버가 되어 지금 이 자리에 오기까지, 얼마나 많은 일들이 있었고 어떻게 주님께서 그 가운데서 여러분을 보호해 주셨는지를 생각해 보십시오. 여러분이 성경적 믿음을 가진 뒤로 굶주리고 헐벗게 되었습니까? 그와는 반대로 하나님께서 보호해 주시고 채워 주시고 책임져 주신 것을 경험해 오셨을 것입니다. 수십 번, 수백 번, 수만 번 여러분에게 승리를 안겨 주셨을 것입니다. 여러분은 하나님의 과거의 축복의 손길을 잊어버렸기 때문에 두려워하는 것입니다. 어려운 일이 왔을 때 또다시 어떻게 살지 걱정하는 것입니다.

여러분은 하나님께서 여러분의 필요를 채워 주시고 여러분을 책임져 주신다는 것을 믿습니까? 그것이 믿음입니다. 지금 우리 앞에는 폭풍이 있지만, 과거에 이보다 더한 일이 있었을 때에도 하나님께서 건져 주셨다는 것을 기억하고, 하나님께서 기적적인 방법으로 살려 주시고 먹여 주신 것을 기억해야 합니다. 인간의 두뇌로는 해결할 수 없는 것을 하나님께서 해결해 주신 것들을 보면서 '아, 하나님께서 이런 방법으로 해 주셨구나.' 한 경험이 있으십니까? 다들 있으실 것입니다. 그럼으로써 여기까지 온 것입니다. 여러분이 세상을 살아가면서 여기까지 온 것은 쉬운 일이 아닙니다. 성경적으로 믿는 사람으로 남아 있는 것도 쉬운 것이 아닙니다. 사탄과 세상과 여러분의 육신은 여러분을 쓰러뜨리려고 쉬지 않고 일합니다. 여러분이 이 자리까지 온 것은 그동안 수많은 유혹과 시험에서 하나님께서 여러분을 도우셨기 때문입니다. 그럼에도 불구하고 이전보다 더 약하거나 비슷한 고난이 와도 금방 주저앉아서 '아, 이제 어떻게 하나?' 한 적이 있으십니까? 그것은 믿음이 있는 사람의 모습이 아닙니다.

하나님의 말씀의 약속을 잊어버리고, 하나님의 능력을 잊어버리고, 하나님께서 여러분에게 과거에 주셨던 승리를 잊어버리면, 여러분은 두려워하는 자가 되는 것입니다. 매일같이 근심걱정하며 사는 것입니다. 그렇게 살아야 하겠습니까? 하나님께서 기뻐하시겠습니까?

다윗이 골리앗을 죽인 것은 모두가 잘 아는 사실입니다. 그러나 골리앗을 죽이기 전까지 그가 무엇을 했습니까? 그는 주님께서 함께하신 승리를 맛본 사람입니다. 목동으로서 양을 치면서 사자나 곰이 왔을 때 맹수들을 죽였던 것입니다. 어떻게 소년이 사자를 죽일 수 있습니까? 그는 하나님의 도우심을 맛보았던 것입니다. '하나님께서 도우셔서 사자와 곰도 죽였는데 이까짓 골리앗이야 문제되지 않는다. 저렇게 하나님을 비방하는 자를 치려는데 하나님께서 도와주시지 않겠는가?' 하고 나가서 이겼습니다. 그는 과거의 승리를 잊지 않은 것입니다. 그것이 믿음입니다. 하나님을 모욕하는 골리앗을 보고 '너도 사자와 곰들처럼 한번 죽어봐라.' 하고 나간 것입니다.

하나님께서 지금까지 수많은 승리를 주셨는데 여러분은 왜 또다시 걱정하십니까? 저는 어려운 일이 오면, 이번에는 어떤 방법과 어떤 능력있는 손길로 하나님께서 해결해 주실까 더 궁금해집니다. 하나님께서 해결해 주실 것을 분명히 알기 때문입니다. 내 머리로는 해결되지 않습니다. 그러나 하나님은 하나님의 방법으로 하나님의 때에 정확하게, 우리가 상상할 수 없는 방법으로 해결해 주십니다. 그렇기 때문에 어려운 일이 오면 오히려 기뻐해야 합니다. 하나님께서 보내주실 도움의 손길을 한껏 기대해야 합니다. 저나 여러분이 이 자리까지 올 수 있었던 것은 그 손길을 맛보았기 때문입니다. 그렇기 때문에 이 자리에서 진리를 선포할 수 있고 주님께 경배드릴 수 있는 것입니다. 우리는 그 세 가지를 잊어버리면 안 됩니다. 그것을 잊을 때, 두려움이 와서 주님께 핀잔을 받게 되는 것입니다.

「주께서 그들에게 말씀하시기를 "어찌하여 너희는 그처럼 두려워하느냐? 어찌하여 너희는 믿음이 없느냐?"」(막 4:40) 한번은 캠프장에서 어떤 한인 교회에서 온 청소년들이 집회 시간에 드럼을 치고 시끄러운 락뮤직을 하더니만 '믿습니다, 믿습니다!'를 몇십 번씩 반복해서 되뇌이는 것을 보았습니다. 믿는 사람이라면 왜 믿습니다를 수백 번 반복해야 합니까? 믿지 않으니까 그러는 것입니다. 그러다가 나중에는 세뇌가 돼서 자신이 믿는다고 착각을 하고 돌아갑니다. 그런 청소년들이 나중에 어떤 사람이 되겠습니까? 믿음은 들음에서 나오고 들음은 하나님의 말씀에 의해서인데, 하나님의 말씀을 강력하게 설교해서 그 말씀의 능력으로 아이들의 삶을 변화시킬 생각은 하지 않고, 드럼 치고 락뮤직 하면서 믿습니다만을 반복한다고 믿음이 생기겠습니까? 이런 행태는 모두 무지의 소산입니다.

주님께서 너희는 믿음이 없느냐고 하실 때, 여러분은 뭐라고 대답하시겠습니까? 주님께 그런 책망을 듣는다면 얼마나 수치스러운 일입니까? 성경은 믿음에 대해 여러 가지로 말씀하십니다. 그 중 겨자씨 비유가 있습니다. 겨자씨 한 알이 얼마나 작은지 아십니까. 그런 작은 믿음만 있어도 산을 옮길 수 있다고 하셨습니다. 맞습니다. 많은 사람들이 나가서 복음을 전하겠다, 진리를 전하겠다고 결심하다가도 막상 나가려고 하면 '아니지, 내가 믿음이 더 강성하게 된 다음에 해야겠다.'고 합니다. 그러나 믿음이 많아질 때까지 기다리다가는 한 사람도 주님께로 인도하지 못하게 됩니다. 믿음이 커진 다음에 무언가를 하겠다고 하는 것은, 곧 할 수 없다고 하는 것입니다. 주님께서 원하시는 것에 대해서 우리는 여러 가지 근심도 가질 수 있고 의심도 있을 수 있습니다. 그러나 주님께서 말씀하셨기 때문에 믿고 나아가는 것입니다.

베드로는 주님께서 물 위로 나아오라고 하셨을 때 과연 물 속에 빠지지 않을까 하는 생각이 들지 않았겠습니까? 그러나 주님이 나아오라고 하시자 그 말씀을 믿고 발을 내디딘 것입니다. 여러분에게 필요한 것은 주님의 말씀과 명령에 '네' 하고 시작하는 것, 바로 그 믿음입니다. 그랬을 때 주님께서 도와주십니다. 그러나 베드로는 파도가 일자, 주님을 믿지 않고 환경에 눈을 돌리더니 결국 두려움에 사로잡혀 물에 빠졌습니다. 물에 빠지자 '아이고, 구해주세요.' 한 것입니다. 이것이 사람들의 모습입니다. 환경을 보고 세상을 보다가 물 속에 빠져 허우적거립니다. 그러면 주님께 구해달라고 외칩니다.

모세는 주님께서 부르실 때, 말을 못한다는 등 핑계를 대면서 사람들이 자기 말을 안 들을 것이라고 했습니다. 그래서 주님께서 표적을 보여주셨는데 그 중 하나가 뱀을 잡으라는 것이었습니다. 생각해 보십시오. 모세가 믿음이 엄청나게 강해서 뱀을 잡을 때

겁도 없이 덥석 잡았겠습니까? 아니면 주님이 잡으라니까 겁은 나지만 잡았겠습니까? 뱀에 물리면 어떡하나 생각하지 않았겠습니까? 주님께서 여러분에게 원하는 것은, 그럼에도 불구하고 주님의 말씀에 복종하는 그 믿음입니다.

믿음이 자랄 때까지 기다리겠다고 하는 사람들은 결코 주님을 위해 살 수가 없습니다. 여러분에게 필요한 것은 일단 주님의 말씀을 믿고 바로 시작하는 것입니다. 마가복음 9장을 보면 마귀 들려서 불에 넘어지고 물에 던져지는 아들의 아버지가 나옵니다. 땅에 넘어져 입에 거품을 무는 그런 자식을 낫게 해달라고 주님께 간구합니다. 그러자 주님께서 하신 말씀에 주목하십시오. 「예수께서 그에게 말씀하시기를 "네가 믿을 수만 있다면, 믿는 사람에게는 모든 것이 가능하니라."고 하시니 곧 그 아이의 아버지가 울부짖으며 눈물로 말하기를 "주여, 내가 믿나이다. 나의 믿음 없음을 도와주소서."」(마 9:23,24) 이게 무슨 말입니까? 믿는다고 하면서 동시에 믿음이 없다고 하는 것입니다. 주님께서 원하시는 것은 여러분이 주님의 말씀을 따라서 행하는 것입니다. 그것이 믿음입니다. 초자연적인 기적에 대해서 어떤 때는 정말 그렇게 될까 하는 의구심이 들지만, 그래도 여러분이 주님의 말씀을 의지하고 주님을 신뢰함으로써 발을 내디뎠을 때 주님께서 해결해 주시는 것입니다. 그렇기 때문에 믿음이 많아질 때까지 기다렸다가 하겠다는 사람은 아무것도 하지 못하는 사람입니다. '주님께서 명령하신 대로 하겠습니다. 주님과 주님의 말씀을 믿겠습니다.'라고 할 때 주님이 도와주시는 것입니다. 그렇게 함으로써 승리하는 경험을 많이 쌓으면 어떻게 되겠습니까? 점점 믿음이 강해집니다. 그러나 그렇게 하지 않는 사람은 주님께서 역사하시는 기적을 맛볼 수가 없습니다.

나사로가 죽었을 때 그의 누이 마르다는 주님께서 계셨더라면 나사로가 죽지 않았을 것이라고 말하고 또한 부활을 믿는다는 고백도 했습니다. 그러다가 주님께서 나사로를 살리겠다고 하시니 그 앞에서 아멘 했습니까? 아닙니다. 누구나 그런 두 가지 마음이 있습니다. 그러나 주님께서 무덤에 가겠다고 하시자 모시고 함께 갔고, 주님께서 그 앞의 바위를 치우라고 하셨을 때 그렇게 했습니다. 주님의 말씀대로 하자 나사로가 살아서 걸어 나오는 기적을 본 것입니다(요 11:39-44). 여러분도 믿음이 성장한 다음에 무언가를 하겠노라고 하지 마시기 바랍니다.

베드로가 감옥에 갇혔을 때 제자들이 모두 모여서 눈물을 흘리며 기도했을 것입니다. 그런데 정말로 기도의 응답을 받아서 베드로가 풀려나와 문을 두드리자, 베드로의 음성을 들은 소녀가 사람들에게 알렸으나 믿지 않았습니다(행 12:13-15). 그것이 사람들의 믿음입니다. 기도를 했기 때문에 하나님께서 초자연적인 방법으로 베드로를 감옥에서 꺼내 주시고 문 앞에까지 보내 주셨는데, 그를 보고는 베드로가 아니라고 합니다. 여러분도 그런 실수를 범하지는 않습니까?

오병이어의 기적도 마찬가지입니다. 일이 성사될 것 같지가 않았습니다. 그러나 주님께서 하신다면 이야기는 달라집니다. 한 꼬마에게 빵 다섯 개와 생선 두 마리가 있었습니다. 그 아이는 그것을 주님 앞으로 가져간 것입니다. 그렇게 해서 하나님께서 오천 명 이상을 먹이셨습니다. 정말 초자연적인 것이 이루어질까 하는 마음이 있더라도 하나님의 말씀에 의지해서 행하십시오. 그러면 하나님께서 역사하십니다. 그러면서 여러분의 믿음이 커지는 것입니다. 믿음이라는 것이 그런 것입니다. 무조건 아무 것이나 믿으라는 말이 아니고 하나님의 말씀을 믿는 것입니다. 하나님의 말씀에 의지해서 한 발씩 디딜 때 하나님께서 해 주시는 것입니다.

「내가 그리스도와 함께 십자가에 못박혀 있으나 그럼에도 나는 살아 있노라. 그러나 내가 사는 것이 아니요, 그리스도께서 내 안에 사시는 것이라. 내가 이제 육신 안에서 사는 삶은 나를 사랑하시어 나를 위해 자신을 주신 하나님의 아들을 믿는 믿음으로 사는 것이라」(갈 2:20). 하나님의 아들이신 예수 그리스도 곧 삼위일체의 한 인격이신 하나님, 그분을 믿는 믿음으로 사는 것입니다. 여러분이 그 믿음으로 나아갈 때 하나님께서는 하나님 아들의 믿음으로 해결해 주시는 것입니다. 그렇게 함으로써 여러분이 초자연적인 경험을 하는 것입니다. 저는 지금 은사주의를 표방하는 목사들이 말하는 것처럼 우리 자신에게 능력이 있다는 그런 얘기를 하는 것이 아닙니다. 여러분이 어떤 두려운 일이 생겼을 때, 하나님을 믿음으로써 또한 예수 그리스도의 믿음으로써 그러한 어려움을 해결할 수 있다는 말씀을 드리는 것입니다.

주님께서는 기적적인 방법으로 여러분이 두려워하는 것을 해결해 주십니다. 그렇기 때문에 믿음이 생길 때까지는 구령할 수 없다는 등의 이야기를 하지 말아야 합니다. 여러분이 구원을 받았다면 그 구원 간증만으로도 듣는 사람을 구원받게 할 수 있습니다. 그런 일들을 하면서 믿음 생활을 하면 믿음이 성장하고 강해지는 것입니다.

하나님의 아들의 믿음으로 하나님께서 역사하시는 것을 알고 나아가야 합니다. 우리가 예수 그리스도를 믿는 것은 하나님 아들의 믿음을 가지게 되는 것임을 알아야 합니다. 아무것도 하지 않는다면 아무 소용이 없는 것입니다. 두려움이 밀려오고 '정말 하나님께서 그렇게 해 주실 수 있을까?' 하는 마음이 들더라도, 하나님 말씀에 의지해서 믿고 행하십시오. 그럴 때 하나님께서 역사하시는 것입니다.

14. 정직 | Honesty

너희가 믿음 안에 있는지 너희 자신을 시험하고 스스로 입증하라. 예수 그리스도께서 너희 안에 계신 것을 스스로 알지 못하느냐? 그렇지 못하면 너희는 버림받은 자들이라. 그러나 내가 바라는 것은 우리가 버림받은 자들이 아닌 것을 너희가 아는 것이라. 이제 나는 너희가 악을 행하지 아니하도록 하나님께 기도하노니 이는 우리가 인정받은 자로 나타나려는 것이 아니라 비록 우리가 버림받은 자같이 될지라도 너희로 정직한 것을 행하게 하려 함이라. 우리가 진리를 거슬러서는 아무것도 할 수 없고 오직 진리를 위해서만 할 수 있느니라. 우리는 우리가 약할 때에 너희의 강한 것을 기뻐하노라. 이것은 또한 너희의 온전함을 위하여 우리가 기도하는 바라. 그러므로 내가 떠나 있을 때 이것들을 쓰는 것은 내가 함께 있을 때 너희를 세우고 멸망치 않게 하시려고 주께서 내게 주신 권세에 따라 엄하게 다스리지 아니하려는 것이라(고후 13:5-10).

그동안 13주에 걸쳐서 살펴본 그리스도인의 성품은 대부분 외적으로 강건한 그리스도인이 되기 위해서 반드시 갖추어야 할 자질들이었습니다. 오늘부터는 내적으로 길러야 할 성품들, 즉 마음에 갖추어야 할 보이지 않는 성품들에 대해서 공부할 것입니다. 겉으로 드러나지 않는 이런 덕목들은 강력하지 않은 것처럼 보이지만 실상은 가장 중요한 것입니다. 외적으로 강한 성품을 지닌 것으로는 충분하지 않습니다. 외면과 내면에 갖추어야 할 성품들을 조화롭게 갖추었을 때, 어떤 환경에서든 그리스도인으로서 간증을 가질 수 있습니다. 오늘부터 하는 설교는 여러분의 마음에 찔림을 주고 육신 안에 있는 더러운 것들을 드러내는 그런 설교가 될 것입니다.

「이제 나는 너희가 악을 행하지 아니하도록 하나님께 기도하노니 이는 우리가 인정받은 자로 나타나려는 것이 아니라 비록 우리가 버림받은 자같이 될지라도 너희로 정직한 것을 행하게 하려 함이라」(고후 13:7). 사도 바울이 고린도교회를 비롯한 모든 교회들에게 요구하는 것이 정직한 것을 행하라는 것입니다. 아무리 하나님의 사역을 열심히 한다고 할지라도 정직한 것을 행하지 않으면 아무 소용이 없습니다. 아무리 외적으로 사람들에게 좋은 평판을 받는다 할지라도 내면의 정직함으로 행하지 않으면 하나님 앞에서 아무것도 남는 것이 없습니다.

정직한 것을 행하기 위해서는 강력한 설교가 필요합니다. 사도 바울은 현재 멀리 있는 자신이 가서 책망하고 엄하게 다스리기 전에, 그의 서신을 읽고 하나님의 말씀을 통해 성도들이 변화 받기를 원했습니다. 마찬가지로 성경적으로 사역하는 목회자가 성도들에게 원하는 것은 정직한 것을 행하는 것입니다. 그러기 위해서는 강하게 죄를 지적하고 책망해야 합니다. 사람은 강력한 권면을 통해서만 바뀔 수 있기 때문입니다. 바울이 인정받은 자로 나타나려는 것이 아니라고 한 것은, 자신이 설혹 사람들에게 호의나 인정을 받지 않아도 좋으니 성도들에게 정직한 것을 행하라는 말입니다.

성경적으로 사역하는 목회자들이 비방을 받는 이유가 여기에 있습니다. 럭크만 목사님도 사람들에게 비방받는 이유가 거친 말투 때문입니다. 그러나 그렇게 비방하는 사람들은 성경을 잘 모르는 사람들입니다. 성경은 사도 바울의 말투가 거칠었고 그로 인해 비난을 받았다고 고린도전후서에서 말씀합니다. 하나님의 진리를 가감 없이 선포하기 때문에 말투가 거친 것입니다. 성경을 모르는 사람들 때문에 매끄러운 말투를 가진 거짓 목사가 진짜 목사처럼 보이고, 거친 말투로 진리를 전파하는 진짜 목사가 거짓 목사처럼 보이게 되어 버렸습니다.

사도 바울의 말투의 특징은 거칠고 비꼬는 식으로 말하는 것이었습니다. 성경적으로 설교하는 목회자들도 비방받는 이유가 이 두가지 특징을 가진 설교를 하기 때문입니다. 보통의 어조로 설교할 때도 있지만 강하게 설교해야 할 때가 있습니다. 예수님의 설교도 평이한 어조의 설교가 있는가 하면 거칠거나 비꼬는 어투의 설교들도 있습니다. 예수님께서 헤롯에 대해 '그 여우에게 말하라'고 하신 것이 그 예입니다. 성경에는 이렇게 강하고 거친 설교들이 나오는데도, 오늘날 거짓 목사들의 설교는 그와 정반대로 부드럽고 듣기에 좋습니다. 만일 그것이 성경에 나오는 좋은 설교 방법이라면, 사도 바울은 왜 그렇게 설교하지 않았겠습니까? 성경 지식이 없으면, 성경적인 목사는 어떻게 설교하는지, 또 거짓 목사는 어떻게 설교하는지를 제대로 구분하지 못합니다.

본문 10절에서 「주께서 내게 주신 권세에 따라 엄하게 다스리지 아니하려는 것이라」는 말씀은 만약 성도들이 하나님의 말씀으로 정직하게 행하지 않으면 사도 바울은 그 사람들을 책망할 뿐만 아니라 징계해서 교회에서 쫓아내겠다는 뜻입니다. 성경적으로 목회하는 목사들도 바울과 동일한 방법으로 성도들을 징계합니다. 징계를 원하는 목사는 없을 것입니다. 그러나 성도들이 정직하게 행하지 않고 하나님의 말씀대로의 가르침을 따라오지 않으면, 주님께서 주신 권세에 따라 엄하게 다스려야 합니다. 하나님께서는 교회를 지도하기 위해 목사들을 주셨습니다. 거짓 목사들의 비성경적 목회 방식 때문에 사람들은 목사가 무조건 강단에서 부드럽게 이야기해야 하는 것으로 착각합니다. 정치가들처럼 사람들을 현혹하기 위해서 듣기 좋은 말로 하는 것이 설교라고 생각합니다. 그러나 그것은 설교가 아닙니다. 설교는 사람들로 하여금 정직하게 행하도록 하기 위해 주어지는 것입니다.

그리스도인은 정직하지 않으면 열매를 맺을 수가 없습니다. 「씨가 좋은 땅에 떨어졌다는 것은 정직하고 선한 마음으로 말씀을 듣고 지켜서 인내로 열매를 맺는 자들이라」(눅 8:15). 같은 설교를 들어도 듣는 사람의 마음의 상태에 따라 어떤 사람은 A로, 어떤 사람은 B로, 어떤 사람은 C로 듣습니다. 또한 어떤 사람은 30배, 60배, 100배의 열매를 맺는 반면 어떤 사람은 열매가 하나도 없거나 심지어 악의 열매를 맺기도 합니다. 같은 설교를 10년 동안 들었는데 왜 영적 성장의 정도가 사람마다 다를까요? 마음의 태도가 다르기 때문입니다. 정직하고 선한 마음으로 말씀을 듣지 않았기 때문에 열매가 없거나 또는 악의 열매를 맺는 것입니다. 말씀을 들을 때 가장 기본이 되는 마음의 태도는 정직하고 선한 마음입니다. 그것이 없으면 똑같은 설교를 들어도 영적 성장이 일어나지 않습니다. 여러분은 정직하고 선한 마음으로 말씀을 듣고, 그 말씀을 지킴으로써, 인내로 열매를 맺는 자들이 되어야 합니다. 그것이 바로 말씀이 좋은 땅에 떨어졌다는 의미입니다. 여러분은 정직하고 선한 마음으로 말씀을 들음으로써 마음 밭을 좋은 땅으로 유지하고 있습니까?

로마서 12장 17절에서는 「아무에게도 악으로 악을 갚지 말고 모든 사람 앞에서 정직한 일을 도모하라」고 명령하십니다. 고린도후서 8장 21절에서도 「주 앞에서 뿐만 아니라 사람들 앞에서도 정직한 일들을 하려 함이니라」고 말씀합니다.

오늘날은 목사들이 정직한 일들을 하지 않기 때문에 세상 사람들의 비난을 받습니다. 반면에 성경적으로 사역하는 목사는 강한 찔림을 주는 설교를 하고 죄에 대해 지적하는 것 때문에 비난을 받습니다. 말씀대로 하다가 비난을 받는 것은 문제가 되지 않으나, 정직하지 못하기 때문에 비난받는 것은 문제가 있는 것입니다. 빌립보서 4장 8절에서도 「끝으로 형제들아, 만일 무슨 덕이 있거나 무슨 칭찬이 있으면, 무엇이든지 참된 것, 무엇이든지 정직한 것, 무엇이든지 의로운 것, 무엇이든지 순결한 것, 무엇이든지 사랑스러운 것, 무엇이든지 좋은 평판을 얻는 것, 이런 것들을 생각하라」고 말씀합니다. 성경을 통해서 주님께서는 우리에게 정직하게 행하라고 명령하십니다. 반대로 세상 사람들과 거짓 목사들은 어떤 수단과 방법을 써서라도 무조건 성공하면 된다고 합니다.

주님께서는 거짓말하는 것을 가장 싫어하십니다. 그 이유는 거짓말을 하는 사람과는 교제가 전혀 안 되기 때문입니다. 제가 저희 자녀들에게 가장 강조한 것이 '너희가 무슨 죄를 짓더라도 아빠나 주님께서 다 용서해 주실 수 있지만, 죄를 숨기고 거짓말을 하면 그것으로 교제는 끝이다'라는 말입니다. 제가 성경적으로 사역하는 목사로서 목숨을 걸고 양들을 치는데, 만약에 양들이 지시한 대로 따르지 않고 거짓말을 한다면 제가 목숨을 걸 이유가 없어집니다. 정직한 사람들과는 교제가 되지만 거짓된 사람들과는 교제가 안 되는 것입니다. 그래서 주님께서도 구원받은 자들에게 죄를 지었을 때는 솔직하게 자백하라고 말씀합니다. 그러면 교제가 다시 회복됩니다. 반면 솔직하지 않아서 죄 짓고 변명하며 또 변명하는 사람과는 교제를 할 수가 없습니다. 거짓말하는 사람들과는 교제가 안 되는 이유는 거짓말쟁이의 아비인 사탄이 그 거짓말을 통해서 사람들을 점령하기 때문입니다(요 8:44). 정직하게 해서는 자신이 원하는 것을 이룰 수 없으니 사람들을 속이는 것입니다.

　인간은 태어날 때부터 죄악 가운데서 태어나고 죄의 성품을 가지고 태어납니다. 아이들은 태어나면서부터 거짓말을 가지고 태어납니다. 자기의 아기는 태어난 지 몇 달밖에 안돼서 거짓말을 할 줄 모른다는 사람들이 있는데, 그것은 무지해서 하는 말입니다. 아이들은 엄마의 관심을 받기 위해 괜히 우는 척하기도 합니다. 아이가 막 울어서 가 보면 아픈 것도 아니고 기저귀 문제도 아니고 단지 엄마가 자신을 봐주기를 원해서 운 경우도 있습니다. 인간은 아기 때부터 그런 속성을 가지고 태어납니다. 그렇게 거짓으로 울 때는 몇 달밖에 안 된 아이라 할지라도 당연히 야단을 치고 그 방법이 안 통한다는 것을 알려줘야 합니다. 어렸을 때 고쳐주지 못하면 서너 살이 되어서는 더 합니다. 몇 달밖에 안됐을 때 울면 무조건 다 들어주는 엄마의 약점을 알면 원하는 것이 생길 때마다 우는 것입니다. 어리석게 속는 쪽은 어른들이지, 생후 몇 달 된 아이들이 아닙니다. 부모가 속으니까 자녀들이 이상한 아이들로 자라게 되는 것입니다.

 그런 아이들이 구원받기 힘든 이유는 자신이 죄인인 것을 잘 모르기 때문입니다. 부모들이 아이에게 늘 '네가 최고야'라고 하거나 사람들에게 '우리 애는 천사예요'라고 해서 그렇습니다. 그런 말만 듣고 자란 아이들이 교회에 오면 교사나 목사가 죄에 대해서 한참을 가르쳐야 합니다. 여러분도 잘 아시다시피 목사인 저는 우리 교회 아이들이 부모에게 거짓말을 했을 때 가장 엄하게 질책합니다. 아이들도 육신을 가졌기에 자라면서 죄를 짓지만 그 죄를 뉘우치고 용서를 구하는 것을 배워야 하기 때문입니다. 부모님들도 이같은 방식으로 아이들을 양육하셔야 합니다.

 저는 제 아이들에게 학교에서 시험을 볼 때 F를 받을지언정 절대 커닝을 하면 안 된다고 가르쳤습니다. 그런데 하물며 신학교라는 곳에서 학생들이 시험을 볼 때 커닝을 한다고 합니다. 목사가 되기 위한 과정으로 신학교를 다니면서 커닝들을 한다는 말을 다른 목사에게서 들었습니다. 그런 학생들이 후에 목사가 된다니, 생각만 해도 암담합니다. 자녀들에게 점수가 안 나와도 좋으니 절대로 커닝을 하면 안 된다고 가르치십시오. 먼저 최선을 다하고 주님께 기도하고 시험을 준비하고 보는데, 시험을 못 보겠습니까?

최선을 다하도록 가르치지 않는 부모에게 책임이 있는 것입니다. 아이들에게 주님을 위해서 최선을 다하는 인생을 살아야 한다고 가르치셔야 합니다.

사람들이 이처럼 거짓을 말하는 데는 여러 가지 이유가 있습니다. 첫째, 사람들은 유명해지기 위해 거짓말을 합니다. 요즘 세계적으로 유명한 소설가의 표절 사건으로 떠들썩했습니다. 소설가나 박사들의 표절 문제가 언론에 발표되고, 정치인들도 청문회 때 학력 위조나 논문 표절이 드러납니다. 선거 때가 되면 정직한 사람을 뽑기 위해 눈을 씻고 봐도 찾을 수가 없는 것이 안타까운 한국의 실정입니다.

S교회 O목사도 논문 표절과 공금 횡령으로 많은 물의를 일으키고 있습니다. 그런 와중에도 얼마 전에 LA의 한 교회에 와서 부흥회를 하는데 수많은 사람들이 그의 설교를 들으러 모였습니다. 성경은 우리에게 정직하게 행하라고 하시는데 그들은 전혀 정직하게 행하지 않는 사람들입니다.

성경적인 교회를 흉내 내는 교회들도 마찬가지입니다. 럭크만 목사님의 주석서를 우리에게서 구입해서, 자신들이 원하는 부분들만 뽑아 가르치며 교인들에게 '내가 오늘 아침에 일어났는데 하나님께서 이 말씀을 주셨습니다'라는 거짓말을 유튜브에 버젓이 올립니다. '럭크만 목사님께서 이렇게 가르친다'고 솔직하게 말하면 좋을 텐데 자신이 계시받은 것처럼 거짓말 하는 것입니다.

둘째, 거짓말을 하는 또 다른 이유는 자신이 원하는 것을 얻기 위해서입니다. 스스로 하나님이 되고 싶어 했던 사탄처럼, 자신이 원하는 것을 위해 거짓말로 사람들을 속이는 것입니다. 정직하게 있는 그대로를 말했다가는 원하는 결과를 얻을 수 없기 때문입니다. 자신이 사기꾼인 것을 밝히면서 사람들을 속이는 사기꾼은 없습니다. 그들은 자신이 원하는 것을 얻기 위해서 주변 사람들을 속이고, 신문에 가짜 광고까지 냅니다.

거짓말을 잘하는 것으로 치자면 정치가들을 따라갈 부류가 없을 것입니다. 2012년 일어난 벵가지 사건 때, 힐러리 클린턴은 이곳 싸이프러스 시에 사는 어떤 사람이 유튜브에 올린 동영상이 이슬람교를 비하했기 때문에 폭동이 일어난 것이라고 발표했고, 동영상을 제작한 그 사람은 그 일로 실형까지 선고 받았습니다. 그러나 핵심은 이슬람 테러범들이 미국 대사를 죽인 사건이었습니다. 힐러리 클린턴은 이에 대해 열린 청문회 때 국회에 자료를 제출하면서 관련 이메일을 모두 삭제한 것이 밝혀졌는데도 그에 대한 어떠한 책임도 지지 않고, 오히려 버젓이 대통령 출마까지 했습니다. 벌여놓은 거짓말이 너무 많아 선거 캠페인 기간 동안 제대로 된 기자회견 한 번 할 수 없었는데도, 부패한 언론이 그녀를 옹호해 주니 어떤 상황에서도 무사통과입니다.

오바마도 마찬가지입니다. 그는 처음 대통령 선거에 출마했을 때 동성결혼을 반대한다고 했습니다. 그러나 대통령이 되고 재선을 준비하면서, 동성결혼을 반대했다가는 승산이 없다고 생각하고 찬성으로 입장을 바꿨습니다. 오바마는 원래부터 동성애를 반대하는 사람이 아니었습니다. 한 혀를 가지고 두 말을 하는 것은 갈라진 혀를 가진 뱀과 같습니다. 이런 식으로 정치가들이 권력을 잡기 위해서 때와 상황에 따라 말을 바꾸는데, 어리석은 사람들은 그것을 알아차리지 못합니다. 이제 미국은 죄악으로 가득 찼고 하나님의 심판만이 남아 있습니다. 어제는 미국이 동성연애를 합법적인 것으로 인정한 비극적인 날입니다. 주님께서 롯의 시대에 소돔과 고모라를 불과 유황으로 치신 것은 동성연애자들 때문이었습니다. 그런 죄악을 미국이 합법화했으니 이 나라는 멸망으로 치달을 것입니다.

셋째, 사람들이 거짓말을 하는 이유는 부자가 되기 위해서입니다. 성경에 삭캐오라는 인물이 나옵니다. 예수님을 만난 후 삭캐오는 가난한 자들을 위해서 자신의 재산 절반을 주겠다고 했고 자신이 속여서 세금을 강탈한 자들에게는 네 배로 갚아주겠다고도 했습니다. 삭캐오는 부자가 되기 위해서 사람들을 속여 왔던 것입니다. 수많은 사기들이 있는데 그 중 저를 가장 분노하게 만드는 사기가 종교이민 사기입니다. 목사들이 영주권을 받게 해 준다고 사람들을 속여서 몇만 불씩 받아놓고 영주권을 주기는커녕 5년이 지나도 영주권이 나올 기미조차 안 보이자 그 교인은 결국 목사를 욕하고 떠납니다. 그런 일들이 이민 사회 교회들에서 비일비재합니다. 제가 아는 교회만 해도 벌써 몇 군데나 됩니다. 그 외에 투자 사기, 보험 사기 등 여러 가지 사기가 있습니다. 여기에 투자하면 10배로 받게 해준다, 내가 골라주는 주식에만 투자하면 100% 돈을 벌게 해준다는 말들은 모두 사기입니다. 돈을 벌기 위해서 거짓말들을 하는 것입니다.

넷째, 거짓 목사들은 자신의 교회 성장을 위해서 거짓말을 합니다. 그들은 거짓말을 해서라도 교회를 성장시키는 것이 하나님의 일이라 생각하고, 세계에서 제일 큰 교회를 한다며 스스로를 정당화합니다. 그렇기 때문에 우리가 인터넷과 유튜브를 통해 그들이 거짓 목사인 것을 성경적으로 지적해도 그들은 아랑곳하지 않습니다. 교인들이 매주 천 명씩 모이는 초대형 교회 목사라고, 기본 연봉 3억에 이런저런 명목의 돈까지 엄청 많이 받는 목사라고 자부하고 있을 것입니다. 그러나 하나님께서는 그런 가증한 일들을 모두 알고 계십니다. 거짓 목사들은 항상 주님을 위해서라고 말합니다. 주님을 위해서 무엇을 하자는 말에 교인들은 금방 속아넘어가고, 그러다가 목사의 거짓말이 들통나도 주님을 위한 것이었다며 덮으려 합니다.

다섯째, 사람들은 자신의 정욕을 채우기 위해서 거짓말을 합니다. 결혼한 사람이 배우자가 있는데도 나가서 간음하고 배우자를 속이기도 합니다. 사람들은 다 이유가 있어서 거짓말을 하게 됩니다. 성경에 요셉이라는 인물은 노예로 팔려갔을 때 주인의 아내가 유혹하자 바로 뿌리치고 나갔습니다. 자신의 주인에게 정직하기 위해서였습니다. 그러나 많은 사람들은 그와 반대로 육신의 정욕을 채우기 위해서 거짓말을 하며 살고 있습니다.

여섯째, 두려움 때문에 거짓말을 합니다. 비난이 두려워서 정직한 말을 하지 못하는 것입니다. 동성연애는 성경에 의해 죄악인데 비난이 두려워서 이에 대해 침묵하는 사람들이 있습니다. 성경적으로는 세계종교통합운동이 적그리스도의 왕국을 설립하고 사람들을 배교로 이끄는 일인데도 비난이 두려워서 진실을 말하지 않습니다. 또 카톨릭이 사람들을 지옥으로 보내는 마귀의 집단인데도 비난이 두려워서 이에 대해 입을 다뭅니다. 여호와의 증인, 안식교, 몰몬교, 칼빈주의, 은사주의, 알미니안주의는 모두 이단인데도 비난이 두려워서 이단을 이단이라고 정직하게 말하지 못합니다. 성경적으로 믿는 그리스도인들은 사도 바울이 말한 대로 정직하게 행해야 합니다.

일곱째, 손해가 두려워서 거짓말을 하는 사람들이 있습니다. 뭔가 일을 저질러 놓고 그 일로 자신에게 금전적인 피해나 손해가 올까 봐 거짓말을 합니다. 예를 들어 물건을 망가뜨려 놓고 그것을 배상하라고 할까 봐 자신이 안 했다고 거짓말을 하는 경우입니다. 저는 몇 년 전에 둘째 아이와 마운틴 하이라는 스키장에 갔다가 주차되어 있는 다른 차량을 받은 적이 있습니다. 제가 만약에 그냥 떠나버렸다면 제 간증이 나빠졌을 것입니다. 그런 아빠가 목사라면 제 둘째 아이의 믿음은 어떻게 됐겠습니까? 하지만 우리는 한 시간이 넘도록 그 차량의 운전자가 나오기를 기다렸다가 차량의 수리비를 배상했습니다. 사람들은 책임지거나 손해 보는 것이 두려워서 정직하게 행하지 않습니다. 그러나 하나님은 다 알고 계십니다.

여덟째, 사람이 두려워서 거짓말을 하기도 합니다. 사람들이 자신을 죽일까 봐 두려워서 거짓말을 한 아브라함이 좋은 예입니다. 이방인 왕 앞에서 자신의 아내를 누이라고 거짓말을 했고 그 일로 인해 큰 재앙이 일어날 뻔했습니다.

여러분은 무엇이 두려우십니까? 직장을 잃을까 봐, 체면을 지키지 못할까 봐 두려워서 거짓말을 하십니까? 한국에서는 부정부패를 저지른 후에 조사를 받는 사람들이 처음에는 대부분 자신의 결백을 주장하다가 취조가 계속되면 자살을 합니다. 조사만 하면 피의자들이 자살을 해 버리니 한국에서는 검사도 못할 일입니다. 그런 사람들은 자신의 명예와 체면을 잃을까 봐 두려워서 자살을 하는 것입니다.

우리는 구원받은 뒤에도 여전히 죄를 지을 수밖에 없는 완벽하지 못한 사람이기 때문에 정직해야 하는 것입니다. 정직하지 못한 사람과는 교제를 할 수 없습니다. 어떤 사람과 대화를 하는데 그 사람이 계속 거짓말을 한다면 어떻게 교제가 되겠습니까?

아홉째, 다른 사람에게 인정을 받기 위해서 거짓말을 합니다. 오바마가 그리스도인에게는 자신이 그리스도인이라고 하고 아랍 국가에 가서는 모슬렘이라고 말하는 것처럼, 모두에게 인정을 받고 싶어서 거짓말을 합니다.

바빌론에 포로로 잡혀갔던 다니엘은 정직하게 살았습니다. 그를 곤경에 빠뜨리기 원했던 그의 대적들은 그를 책잡을 어떤 구실도 찾지 못했습니다.

「그러므로 총리들과 고관들이 왕국에 관하여 다니엘을 반대할 구실을 찾고자 하였으나 그들은 어떤 구실이나 잘못도 찾아낼 수 없었으니, 이는 그가 너무 신실하여 아무런 실책이나 잘못도 그에게서 발견되지 않았음이더라」(단 6:4). 결국 다니엘은 주님을 경배하는 일로 잡히게 됩니다. 이처럼 그리스도인으로서 주님을 섬기고 그로 인해 박해받는 것은 괜찮지만, 정직하지 못한 모습으로 사람들에게 비난을 받으면 문제가 있는 것입니다. 여러분이 만일 주님을 섬기는 것 외의 일들로 간증이 나빠진다면 이는 그리스도인의 명예를 실추시키는 것이 됩니다. 세상 사람들에게 흠 잡힐 일을 하지 마십시오. 거짓 목사들처럼 하나님의 이름을 운운하며 하나님의 일을 위해 거짓말을 한다고 하지 마십시오. 정직하게 사십시오.

정직한 삶을 살려면 값을 지불해야 합니다. 정직하게 살기 위해서는 손해를 볼 수도 있기 때문에 이를 감수할 각오를 해야 한다는 말입니다. 자신의 이득을 위해서 사는 사람은 절대로 정직하게 살 수 없습니다. 주님께서는 우리가 정직한 삶을 살기를 원하십니다. 여러분은 그리스도인으로서 남들에게 어떤 간증을 보이셨는지, 과연 정직한 삶을 살았는지 점검하시기 바랍니다. 그리고 자신이 손해를 보더라도 하나님 앞에서 떳떳하게 살겠다는 각오를 하십시오. 우리는 육신을 가지고 있기 때문에 유혹이 올 수도 있지만, 이제부터 모든 일을 정직하게 하겠다고 결심하시고, 주님의 도우심을 구하십시오.

15. 거룩함 | Holiness

> 순종하는 자녀들로서, 이전에 무지하던 때의 정욕에 너희 자신을 맞추지 말고 오히려 너희를 부르신 그분께서 거룩하신 것처럼 너희도 모든 행실에 거룩하라. 이는 기록되기를 "내가 거룩하니, 너희도 거룩하라."고 하시기 때문이니라. 또 외모로 보지 않으시고 각 사람의 행위에 따라 판단하시는 분을 너희가 아버지라 부른다면 너희의 이곳 나그네 시절을 두려움 속에서 지내라. 이는 너희가 아는 바와 같이, 너희가 너희 조상들로부터 전통으로 이어받은 너희의 허망한 행실에서 은이나 금 같은 썩어질 것들로 구속된 것이 아니라, 흠도 없고 점도 없는 어린양 같은 그리스도의 보배로운 피로 된 것이기 때문이니라(벧전 1:14-19).

거룩함은 육신을 가진 우리 인간과는 거리가 먼 단어입니다. 성경적으로 믿는 목회자들은 죄인들을 구령하여 하나님의 자녀가 되게 할 뿐 아니라 그들이 하나님의 자녀답게 하나님께서 원하시는 거룩한 삶을 살도록 이끕니다. 불경건이 만연한 마지막 때인 오늘날, 성경적으로 믿고 실행하는 교회가 규모가 커져 수많은 사람들이 모이는 대형 교회가 되기는 힘든 일입니다. 우리는 죄인들에게 복음을 전파해서 구원만 받게 하는 데서 그치지 않습니다. 최대한 많은 사람들을 구원만 받게 하면 된다고 생각하는 사람들은 성경적으로 믿는 것이 아닙니다. 하나님께서는 구원받은 이들이 거룩하게 드려지는 것을 원하시기 때문입니다. 구원받은 이후, 육신을 입고 사는 동안 거룩하게 살라는 것이 주님의 명령입니다.

성경은 여러 곳에서 우리에게 거룩해지라고 권면하십니다. 로마서 12장 1절에서는 우리의 몸을 「거룩한 산 제물로 드리라」고 말씀합니다. 구원받는 것에서 끝나는 것이 아니라 죄에서 돌이켜서 의롭게 살라는 말씀입니다. 형제들에게 어디서나 거룩한 손들을 들고 기도하라고 하십니다(딤전 2:8). 자매들에게 믿음과 사랑과 거룩함에 계속 거하라고 하십니다(딤전 2:15). 목사들에게 대접하기를 좋아하고, 선한 사람들을 좋아하며, 신중하고 정의로우며, 거룩하고 절제하라고 말씀합니다(딛 1:8).

저는 본래 기독교라는 단어가 성경적 의미를 갖고 있지 않기에 사용하는 것을 피하지만, 이해를 돕기 위해 본 설교에서 사용하겠습니다. 한국 기독교 그리고 전 세계 기독교를 포괄적으로 생각해 볼 때 디도서 1장 8절을 지키는 목사들은 많지 않습니다. 거룩하게 사는 것이 아니라, 불경건하게 살며 신도들을 거룩하지 못한 삶으로 인도하는 목사들이 강대상에 서 있습니다. 베드로후서에서 경고하는 것처럼 육신의 정욕을 따라 살도록 만드는 그런 목사들이 강대상에 서 있기 때문에 기독교 안에서 거룩함이란 찾아볼 수가 없는 것입니다(벧후 2:18). 그런 상태에서 우리가 영적 전쟁을 하는 것입니다. 한국 교회 내 유명한 목사들 중에 거룩하게 사는 사람이 얼마나 있습니까? 디도서 1장 8절에서 말씀하는 그런 목사로서 떠오르는 사람이 몇이나 됩니까? 왜 불륜, 성폭행, 강간, 가정폭력, 사기, 논문 표절, 몇 억에 달하는 횡령, 이런 것들만 떠오르는 것일까요? 왜 그럴까요? 목사들이 거룩하게 살지 않기 때문입니다. 거룩함을 추구하다가는 사람들을 많이 모을 수 없으니,

사람들에게 예수 믿으면 부자도 되고 병도 낫고 귀신도 쫓는다며, 속이자고 마음에 작정을 한 사람들이 강대상에 서 있기 때문입니다. 하나님의 말씀을 도둑질하고 사람들로 하여금 정욕을 좇아 살게 하고 있습니다. 마지막 때에 대해서 성경은 무엇이라고 말씀합니까? 디모데서에서는 사람들이 거룩하지 아니하다고 말씀합니다(딤후 3:2).

거룩한 형제들이라고 부르십니다(히 3:1). 나이 많은 여자들도 행실을 거룩하게 하라고 하십니다(딛 2:3). 주님께서는 지속적으로 우리를 향해 거룩하라고 하십니다. 형제든 자매든, 나이 든 사람이든 젊은 사람이든, 모두 거룩하라고 하시는 것입니다. 모든 행실에 거룩하라고 말씀합니다(벧전 1:15). 구원받은 우리를 거룩한 제사장이라 말씀합니다(벧전 2:5). 할로윈 의상 같은 희한하게 생긴 긴 옷을 입고 바티칸에 있는 교황이 거룩한 것이 아닙니다. 그는 오직 은혜로 구원받는 복음을 거부하고 수억의 사람들을 지옥으로 보내는 마귀의 종입니다. 거룩한 제사장(priest)이 아니라 불경건한 자입니다. 거룩한 행실을 가지라고 하시고(벧후 3:11), 구원받은 우리를 거룩한 민족이라 말씀합니다(벧전 2:9) 구원받은 우리의 믿음을 거룩한 믿음이라 하십니다(유 1:20).

주님께서 원하시는 것은 우리의 거룩한 행실입니다. 만일 여러분이 이것을 모르셨다면 우리 교회를 헛되이 다니신 것입니다. 구원만 받았으면 된다고 생각하십니까? 결코 그렇지 않습니다. 성경적으로 구원을 받은 사람은 거룩함을 추구하지 않을 수 없습니다. 육신으로 인해 갈등을 할 수는 있지만, 진정으로 회개하고 구원받은 사람은 거룩함으로 회개한 것입니다. 이전에는 죄 가운데 살았지만, 이제는 변화하여 죄를 미워하게 됩니다. 예수님을 구주로 믿어 구원받았으니 거룩하게 살겠다는 그런 마음을 갖게 된 적이 없다면 그 사람은 진정한 회개가 없었던 사람입니다. 그런 사람에게는 성령님께서 들어가실 수가 없습니다. 혹시 여러분 가운데서 자신은 예수님을 믿고 주로 영접했다고 생각하지만, 그 첫 단계인 진정한 회개가 없었던 분은 없습니까? 죄 속에서 살았던 것을 깨닫고, 날 때부터 죄인으로 태어난 것을 깨닫고, '이제 이렇게 살기 싫다, 예수님을 믿고 올바르게 살아야겠다'라고 마음먹게 된 적이 없습니까? 그런 마음이 없이 어떻게 성령님이 들어가십니까? 그런 마음 없이 그저 입으로만 주를 시인하면 된다고 생각하는 사람들이 있지만, 결코 그렇지 않습니다. 마음이 중요한 것입니다.

진심으로 회개하고 예수님을 구주로 영접한 사람들은 비록 영적으로 갓난 아기이지만 하나님을 기쁘시게 하려는 마음과 의롭게 살려는 열망이 있습니다. 물론 죄로 향하는 육신과의 싸움과 갈등은 있지만, 마음 가장 깊은 곳에 거룩함에 대한 소원은 없어지지 않습니다. 만일 여러분이 거룩하게 살아야겠다는 마음 자체를 한 번도 가진 적이 없었다면 여러분은 구원받지 못한 사람입니다. 진정한 회개를 하지 않은 사람입니다. 구원받기를 원했을 때에는 이제는 바르게 살겠다는 마음이 있어야 하는 것입니다. 주님께서 왜 돌아가신 것입니까? 우리가 죄에 대하여는 죽고 의에 대하여는 살게 하시려고 돌아가신 것이 아닙니까?

거룩함은 순수한 마음 상태, 죄와 불경건과 더러움이 없는 상태를 말합니다. 그런 마음 상태에서 주님을 섬길 때 거룩한 행실을 가질 수 있는 것입니다. 성경이 말씀하는 경건, 성화, 거룩함, 이 세 단어는 의미가 거의 비슷합니다. 경건은 하나님의 법에 의해 의롭게 사는 것을 말합니다. 성화는 거룩하게 살도록 노력하는 것인데, 주님을 섬기기 위해 성별되는 것을 말합니다. 경건, 성화, 거룩함, 이 세 단어가 여러분이 추구해야 하는 것입니다. 더러운 것들로부터 분리되어야 합니다. 주님께서는 죄로부터 깨끗한 상태를 요구하십니다. 우리는 흠도 없고 점도 없는 어린양 같은 그리스도의 보배로운 피로 구원을 받았습니다. 그렇게 구속받은 사람들에게 주님은 「내가 거룩하니, 너희도 거룩하라」고 명령하시는 것입니다. 「이전에 무지하던 때의 정욕에 너희 자신을 맞추지 말고」 구원받기 전의 삶은 거룩하지 못한 삶, 더러운 삶이었습니다. 인간의 기준으로 거룩하고 의롭다고 하는 모든 것에도 불순물이 섞여 있고 순수하지 않습니다. 동기와 의도가 순결하지 않습니다. 우리가 이제는 그리스도인의 성품을 다져가야 합니다. 그런 성품들을 여러분 안에 단단하게 쌓아가야 합니다.

　요즈음 그리스도인의 성품을 주제로 하는 설교들을 듣고 한국이나 일본 등지에서 많은 분들이 연락을 해 옵니다. 이런 설교는 오늘날 강대상에서 들을 수 없는 설교이기 때문에 그런 것입니다. 음행한 목사가 강단에 서서 음행하지 말라고 설교할 수 있겠습니까? 교인 수 더 많고 연봉 더 많이 주는 교회로 얼른 옮겨가는 목사가 돈을 사랑하지 말라고 설교할 수 있겠습니까? 사실, 그런 목사들도 표정 하나 안 변하고 그런 설교를 하는 것을 보기는 보았습니다. 온갖 더러운 짓은 다 하면서 강단에서는 짐짓 위선을 떨며 설교를 하는 것입니다.

하나님께서 원하시는 거룩함이 무엇입니까? 역대기하 20장을 보십시오. 「또 그가 백성들과 의논하여 주께 노래하는 자들을 임명하여 군대 앞에서 나갈 때 거룩함의 아름다움을 찬양하여 "주를 찬양하라」(대하 20:21). 거룩함의 아름다움이라고 말씀합니다. 미스 유니버스, 미스 코리아 같은 미인 대회에서 경합하는 것이 아름다움이 아닙니다. 성경은 그런 외적인 미를 아름답다고 하지 않습니다. 거룩한 것이 아름다운 것입니다.

결혼 적령기에 있는 청년들은 특히 귀담아 들으시기 바랍니다. 성경은 그 사람의 내면의 거룩함이 아름다운 것이라고 말씀합니다. 사실 생각해 보면 간단합니다. 여러분이 어떤 사람과 교제를 한다고 생각했을 때, 그 내면이 깨끗한 사람과 교제하기를 원하십니까, 아니면 내면이 더러운 사람과 교제하기를 원하십니까? 당연히 깨끗한 사람과의 교제를 원할 것입니다. 어리석은 사람이 아니라면 말입니다. 가끔씩 하는 교제에 있어서도 그럴진대 하물며 24시간 함께 있어야 하는 배우자를 선택하는 상황에서는 더더욱 그렇지 않겠습니까? 겉은 예쁘지만 안은 마귀 같은 사람을 배우자로 택하는 어리석음을 범하시겠습니까? 70년, 80년을 그런 사람과 산다고 상상해 보십시오. 성경은 내면이 거룩해야 아름답다고 하십니다. 그래야 그 실행도 거룩해집니다.

하나님 보시기에 아름다운 것은 거룩함입니다. 그렇기 때문에 여러분은 아름다움에 대한 생각을 바꿔야 합니다. 누가 아름다운 사람입니까? 엘리자베스 테일러입니까, 우리 교회 모친님들입니까? 우리 교회 모친님들이 아름답습니다. 구원받고 지금까지 주님을 섬기고 하나님 말씀대로 살려고 노력하므로 그렇습니다. 엘리자베스 테일러는 생전에 동성연애자들을 후원하고 더러운 죄악을 후원했습니다. 그런 사람이 아름답겠습니까? 현재 이 세상은 거룩하지 못한 세상입니다. 점점 더 악해지기 때문에 지금은 동성 결혼까지도 합법화가 된 것입니다. 미국 대법원 판사들은 국민들 혈세로 월급을 받으면서 한다는 일이 동성 결혼을 합법화하는 것입니다. 동성연애자들 때문에, 이제는 아이들이 학교에 내는 서식을 작성할 때도 부모 이름을 '어머니, 아버지'가 아니라 중성 단어를 써서 '학부형(parent)1, 학부형(parent)2'라고 해야 합니다. 이런 시대에 우리가 살고 있습니다. 아담과 이브가 부부가 아니라 아담과 스티브가 부부가 됐습니다. 이런 웃지 못할 시대에 우리가 살고 있습니다. 현재 미국민 설문조사 결과 동성 결혼 찬성율이 60%가 넘었다고 합니다. 사실 그런 통계 자료가 얼마나 진실될지는 모르지만, 어쨌든 사람들이 그 정도로 어리석게 되었습니다. 남자 동성연애자, 여자 동성연애자가 미국에서 얼마를 차지하는지 아십니까? 고작 1.6%입니다. 어떻게 1.6%가 나라 전체를 장악해 버립니까? 2년 전만 해도 동성 결혼의 지지율이 50%가 안됐는데, 어떻게 1, 2년 사이에 갑자기 껑충 뛰어 60% 이상의 지지를 받습니까? 제가 보기에는 자유주의자들이 사기를 치는 것입니다. 또한 동성연애자들은 무지개를 상징으로 사용합니다. 무지개는 하나님께서 인간에게 주신 언약의 표입니다. 그러나 마귀의 자식들은 이처럼 하나님의 것을 가져다가 쓰레기로 만들어 버리는 것입니다. 세상도 교회도 거룩하지 못한 시대에 사는 우리들이 감당해야 하는 일들입니다.

「그의 이름에 합당한 영광을 주께 돌리고 거룩함의 아름다움으로 주께 경배할지어다.」(시 29:2)라고 말씀합니다. 여러분은 거룩함의 아름다움으로써 주님께 영광을 돌려야 합니다. 주님께서는 우리에게 경건하고 거룩하게 살라고 명령하십니다. "내가 거룩하니 너희도 거룩하라."고 하셨습니다. 마지막 때는 거룩하지 않은 시대이기 때문에 우리가 정신을 바짝 차려야 합니다. 우리 주변 모든 사람들이 거룩하지 않습니다. 로마서 1장을 보십시오. 이 말씀은 2천 년 전에 기록되었고, 그 이전 역사 4천년을 합해 모두 6천년 동안을 인간은 이런 상태에서 살아온 것입니다. 「이는 하나님을 알되 하나님께 합당한 영광을 돌리지 아니하고 감사치도 아니하며 도리어 그들의 상상들이 허망하여지고 그들의 어리석은 마음이 어두워졌기 때문이니 그들은 스스로 현명하다고 말하나 우둔하게 되었고 썩지 아니하는 하나님의 영광을 썩어질 사람의 형상과 새들과 네 발 달린 짐승들과 기어다니는 것들과 같은 형상으로 바꾸었도다」(롬 1:21-23). 인간이 주님께 합당한 영광을 돌리지 않고 감사하지 않은 결과 종국에는 어떻게 되었습니까? 인간들이 어리석은 마음으로 가득 차서 피조물을 우상으로 숭배하고, 급기야 자기 조상이 원숭이라고 하는 자들이 나오게 됩니다. 뿐만 아니라 「하나님께서도 그들을 자기들의 마음의 정욕에 따른 더러움에 내버려 두시어 그들의 몸을 서로 욕되게 하도록 하셨으니 이는 그들이 하나님의 진리를 거짓말로 바꾸어 피조물을 창조주보다 더 경배하고 섬겼음이라. 하나님은 영원토록 찬양받으실 분이로다. 아멘. 이로 인하여 하나님께서 그들을 수치스러운 욕정에 내버려 두셨으니 심지어 그들의 여자들까지도 본래대로 쓰는 것에서 본성을 거역하는 것으로 바꾸었음이라. 마찬가지로 남자들도 여자들을 본래대로 쓰는 것에서 벗어나 서로 음욕이 불일 듯하니 남자들이 남자들과 더불어 부끄러운 일을 행하여 그들의 그릇됨에 상당한 보응을 자기 자신들에게 받았느니라.」(롬 1:24-27)고 하셨습니다.

생각해 보십시오. 인간의 죄의 끝이 무엇입니까? 바로 오늘날의 모습입니다. 소돔을 치신 하나님께서 동성 결혼을 합법화한 미국을 치지 않으신다면, 오늘날의 전 세계를 치지 않으신다면, 소돔과 고모라에서 살았던 사람들에게 나중에 사과하셔야 합니다. 소돔에 살았던 사람들이 백보좌 심판석에서 하나님께 심판받기 위해 섰을 때, 동성 결혼을 합법화시킨 미국은 놔두고 자기들만 불로 치셨다며 따지지 않겠습니까? 하나님께서는 말씀하신 모든 것에서 의롭다 하심을 받으셔야 합니다. 하나님께서도 나중에 그 말씀으로 스스로 판단을 받으십니다. 그러나 하나님께서는 어떠한 불의도 찾아볼 수가 없고 의롭다 함을 입으실 것입니다. 오늘날 우리는 세상의 가장 마지막 상태까지 왔다는 것을 분명히 알 수 있습니다. 오바마는 처음에 대통령으로 당선됐을 때 동성 결혼에 반대한다고 했었고 힐러리 클린턴도 반대한다고 했지만, 몇 년 뒤에 완전히 태도를 바꿔서는 찬성한다고 했습니다. 찬성하는 것뿐 아니라 백악관 밖에 동성연애자들의 표식인 무지개 전등을 달기까지 했습니다. 이렇게 우리는 마지막까지 와 있습니다. 이런 시대를 사는 우리가 어떻게 거룩하게 살 수 있을까요?

거룩하게 살려면 첫째로, 거룩하게 살고자 하는 열망이 있어야 합니다. 거룩하게 살고 싶은 마음이 없으면 거룩해질 수 없습니다. 구원받고 싶은 마음이 없으면 구원을 받을 수 없는 것과 마찬가지입니다. 열망이 있어야, 추구하는 마음이 있어야 합니다. 우선, 과거의 죄를 미워해야 합니다. 그것이 우선되어야 합니다. 육신의 정욕을 따라 사는 것이 과거에는 좋은 것 같았지만 종국에 우리에게 돌아오는 것은 슬픔과 고통과 이별과 상처와 질병뿐입니다.

동성연애자들이 아이를 원할 때 입양을 하게 됩니다. 아빠 아담과 엄마 스티브 밑에서 자라던 그 아이가 유치원에 가서 다른 애들의 엄마는 여자라는 것을 알았을 때, 혼란스러워하지 않겠습니까? 아이가 완전히 정신병자가 될 텐데도 사람들은 그런 것은 생각하지 않고 어리석게 동성연애자들을 지지하는 것입니다. 또한 그들은 AIDS뿐 아니라 여러 가지 질병을 가져오는데도 사람들은 동성연애자들의 결혼 합법화를 찬성합니다. 에볼라 바이러스가 몇 사람에게만 발병해도 온 나라가 난리가 나는데, 동성연애자들 상당수가 HIV 보균자들인데도 결혼을 합법화하자는 것입니다. 혹자는 '자유주의가 먼저인가 정신 이상이 먼저인가'를 말하기도 합니다. 닭이 먼저냐 달걀이 먼저냐 하는 것과 같은 말입니다. 자유주의는 정신 이상으로 가게 되어 있고, 정신 이상자는 자유주의를 주장합니다.

동성연애자들의 결혼이 합법화되었고, 2013년에는 미국 대법원이 일부다처제를 금지하는 유타 주 법이 헌법에 위배된다고 판결했습니다. 그 다음 수순은 무엇이겠습니까? 미성년자와의 결혼도 합법화되고, 근친상간도 합법화되고, 동물과의 결혼도 통과될 것입니다. 마리화나를 생각해 보십시오. 마리화나를 합법화시켰는데, 마리화나의 이용이 과연 해가 되지 않는 수준에서 멈출 것 같습니까? 합법화된 마리화나를 이용한 사람들이 다음으로 찾는 것은 무엇일까요? 인간은 이렇게 어리석습니다.

6천년 동안 인간이 어떻게 타락했는지를 보고서도 그대로 반복하는 것입니다. 인간은 역사에서 배우지 못하기 때문에 역사는 반복됩니다. 우리는 죄를 미워해야 합니다. 죄악은 우리에게 고통만 가져다 줍니다. 사도 바울은 죽을 때까지 투쟁을 했습니다. 목표를 보고 푯대를 향해 달려갔습니다. 그런 열망이 여러분에게도 있어야 합니다. 이제부터는 거룩하게 살겠다, 거룩하게 살라는 것은 나를 향한 하나님의 명령이다, 이렇게 다짐을 하고 굳은 열망을 가지셔야 합니다.

거룩하려면 둘째로, 성별이 필요합니다. 거룩함으로 분리되지 못하면 결국 더러움 가운데서 더러운 짓을 하고 살 수밖에 없습니다. 무엇이 우리를 성별하지 못하게 하는지, 무엇이 우리를 거룩하지 못하게 하는지 살펴야 합니다. 성경은 만족할 줄 아는 경건이 큰 이익이라고 했습니다(딤전 6:6). 왜 그것이 큰 이익일까요? 불만족이야말로 우리를 모든 더러운 것으로 빠지게 하는 원인이기 때문입니다. 현재 가진 것으로는 안 되겠다, 돈을 더 벌어야겠다, 무언가가 더 필요하다, 이런 욕심 때문에 결국 경건하게 살 수가 없습니다. 욕심 때문에 거룩하게 살 수가 없습니다. 왜 죄악에 빠집니까? 만족하지 못하기 때문입니다. 돈을 많이 벌어서 재물이 쌓이면 만족할 것 같습니까? 지위가 높아지면 만족할 것 같습니까? 미국의 오바마 대통령은 만족할까요? 지금 6년째 백악관에 있는 오바마에게 물어보십시오. 사람들은 만족하지 못하는 마음으로 인해 거룩함을 이루지 못합니다. 그렇기 때문에 여러분은 하나님께서 주신 것에 만족하고 감사해야 합니다. 그러면 더러운 것을 따라가지 않습니다. 성경적으로 믿는 교회에 나오다가 더 이상 나오지 않게 된 사람들 중 다수는 그런 욕심에 빠진 경우입니다. 일요일까지 나와서 일하면 돈을 더 준다고 했는데, 만 불 더 벌 수 있는데, 수요일 기도 모임에 안 나가면 돈을 더 버는데…, 이것이 모두 욕심에서 나오는 것입니다. 그래서 가장 먼저 만족하는 법을 배워야 합니다. 이 만족이 경건과 함께 올 때 큰 이익이 됩니다. 경건하지 못하면서 만족한 삶을 살려 할 때는, 결국은 만족하지 못하게 되고, 끝없는 욕심을 부려서 살 때 그 삶이 파괴되는 것입니다.

「욕망으로 말미암아 스스로 분리된 사람은 모든 지혜를 찾아 혼잡케 하느니라」(잠 18:1). 그 욕망이 무엇을 추구하는지가 중요합니다. 거룩하게 살고자 하는 열망이 있는 것입니까, 불경건하게 살려는 욕망이 있는 것입니까? 불경건하게 사는 사람들도 욕망을 위해서 자신을 분리합니다. 여러분이 거룩하게 살고자 한다면 스스로를 분리해야 합니다. 더러운 것으로부터 성별해야 합니다.

「큰 집에는 금과 은으로 만든 그릇들뿐만 아니라 나무와 진흙으로 만든 그릇들도 있어, 어떤 것들은 귀히 여기고 어떤 것들은 천히 여기느니라. 그러므로 이런 것들에서 자기를 깨끗하게 하는 사람은 귀한 그릇이 되어 거룩하여지고 주인이 쓰기에 합당하며, 모든 선한 일을 위하여 예비되느니라. 너는 또한 젊음의 정욕을 피하고 오직 순수한 마음으로 주를 부르는 사람들과 함께 의와 믿음과 사랑과 화평을 추구하라」(딤후 2:20-22). 즉 더러운 것으로부터 자신을 깨끗하게 하는 사람이 귀한 그릇이 되는 것입니다. 거룩해지고 주인이 쓰기에 합당해지는 것입니다. 여러분, 주님의 도구로 쓰임받고 싶으십니까? 성별하십시오. 더러운 것을 멀리하십시오. 욕심을 멀리하십시오. 주님께서 주시는 것에 만족하십시오. 그렇지 않고 더, 더, 더 갖기 위해 욕심을 내다가는 나중에 주님으로부터 멀리 가 있게 됩니다. 거룩은커녕 아주 마귀 같은 삶을 살게 되는 것입니다.

   우리는 거룩하기 위해 필요한 것들을 살펴보고 있습니다. 앞서 살펴 보았듯이, 첫째는 거룩하게 되고자 하는 열망이 있어야 하고, 둘째는 주님께서 주신 것에 만족하고 더러운 것에서 자신을 분리해야 합니다. 셋째로, 어떻게 거룩해질 수 있습니까? 우리 자신의 힘으로는 결코 거룩한 사람이 될 수 없습니다. 여러분 자신의 힘으로 아무리 마음을 굳게 먹고 하나님의 말씀대로 살겠다고 해도 절대로 할 수 없습니다. 우리가 거룩해질 수 있는 것은 우리 자신의 능력이 아니라, 우리 안에 계신 예수님의 능력으로만 가능한 것입니다. 내 안에 계신 성령의 능력으로써, 죽은 자를 부활시키시는 성령의 능력으로써 할 수 있는 것입니다.

「아버지의 진리로 그들을 거룩하게 하여 주옵소서. 아버지의 말씀은 진리니이다」(요 17:17). 어떻게 거룩하게 살 수 있습니까? 구원받은 그리스도인이 거룩하게 살 수 있는 방법은 하나님의 말씀으로 매일 깨끗하게 되는 것입니다. 설교를 한 귀로 듣고 한 귀로 흘려서는 할 수 없습니다. 집에서 쓸데없는 것이나 보고 읽으면서 성경을 등한시하면 할 수 없는 것입니다. 하나님의 말씀을 매일 읽고 듣고 공부함으로써 거룩하게 되어야 합니다. 그것을 하지 않고서는 거룩해질 수 없습니다.

많은 사람들이 자기가 하려고 하니까 실패하는 것입니다. 고린도전서에서 「그러나 너희는 그분께로부터 나서 그리스도 예수 안에 있고 주께서는 하나님께로부터 나셔서 우리에게 지혜와 의와 거룩함과 구속이 되셨으니」라고 말씀합니다(고전 1:30). 우리는 주님의 능력으로 거룩할 수 있습니다. 주님 자신이 거룩함이시기 때문입니다. 따라서 내가 할 수 있다고 하는 순간 실패하는 것입니다. 그리스도인의 다른 성품들도 마찬가지입니다. 그리스도인의 성품이라는 주제로 여러 편의 설교를 하고 있는데, 이 모든 것이 '내가 할 수 있다'고 하면 실패하는 것입니다. 자신은 연약하여 할 수 없다는 것을 알아야 합니다. 대부분의 사람들이 거기서 넘어집니다. 자기가 할 수 있다고 착각을 하는데, 그런 사람은 마귀가 즉시 넘어뜨립니다.

높아지고자 한다면 낮아지는 것이고, 강해지고자 한다면 약해지는 성경의 진리를 알아야 합니다(마 23:12). 이러한 완전한 역설을 배워야 합니다. 그렇지 않고서는 하나님께서 절대로 역사하시지 않습니다. '그래? 네가 강하다고 생각하느냐? 어디 한번 혼자 해 보아라.' 하고 그대로 놔 두시고 절대로 안 도와 주십니다. 그러므로 여러분이 첫째로 해야 될 것은 낮아지는 것입니다. '저는 죄인입니다. 제 육신 안에는 죄가 있습니다. 제 능력으로는 불가능합니다. 주님이 도와 주셔야만 제가 거룩하게 살 수 있습니다.' 거기서부터 시작되는 것입니다. 그래야 주님께서 도와 주십니다. 내 힘으로 거룩하게 살 수 있다고 생각하는데 주님께서 도와 주시겠습니까?

마지막 때인 지금, 거룩하지 못한 이 세상에서 사는 우리들에게 주님께서 원하시는 것은 주님이 거룩하신 대로 우리도 거룩해지는 것입니다. 「이전에 무지하던 때의 정욕에 너희 자신을 맞추지 말고 오히려 너희를 부르신 그분께서 거룩하신 것처럼 너희도 모든 행실에 거룩하라」(14,15절). 무엇 때문에 이전에 무지하던 때의 정욕을 따라 살려고 합니까? 그것이 여러분에게 가져다준 것이 무엇이었습니까? 좋았던 것이 무엇이었습니까? 재물을 모았습니까? 얼마나 모았습니까? 그래서 행복했습니까? 그런 물질적인 풍요함은 여러분을 행복하게 만들 수 없습니다. 더구나 하나님께서 한 번만 어려움을 허락하시면 그것은 일순간에 사라지는 것입니다. 아무리 돈이 많아도 한 순간에 문제가 올 수 있습니다. 자녀가 오늘 차 사고로 뇌가 마비될 수 있습니다.

하나님께서는 죄인들에게 그런 일들을 허락하셔서 그들이 회개하고 구원받도록 이끄십니다. 또한 이미 구원받은 사람들이라면, 그들이 이 세상을 너무나 즐길 때 하늘의 것을 생각하도록 하시기 위해 징계하실 수 있습니다. 주님께로 더 가까이 이끌기 위해 징계를 주실 수 있습니다. 이를 통해 낮아지고 명철을 얻기를 원하시는 것입니다. 여러분 스스로 낮아지지 않으면 하나님께서 낮추십니다. 그런 상태까지 가지 마십시오. 「이제는 너희 지체를 의의 종으로 드려 거룩함에 이르라」(롬 6:19).

거룩함에 대한 설교는 한 시간으로는 다 다룰 수가 없지만 가장 핵심적인 내용을 말씀드렸습니다. 거룩함이 아름다운 것임을 깨닫고, 아름답게 살기 원한다면 거룩해지십시오. 거룩하게 되려면 거룩함에 대한 열망을 가지고, 죄를 미워하고 죄에서 분리되어 자신을 성별해야 합니다. 오직 말씀을 통해서, 주님의 능력으로만 거룩해질 수 있습니다.

16. 겸손 | Humility

그러므로 그리스도 안에 어떤 격려나 사랑의 위로나 성령의 교제나 인정이나 자비가 있다면 같은 생각이 되어 같은 사랑을 가지고 하나 되고 한 생각이 되어 너희는 나의 기쁨을 이루라. 어떤 일도 다툼이나 허영을 따라서 하지 말고 오직 생각의 겸손함으로 남을 자신들보다 존중하고 각자 자기 일만 돌보지 말고 남의 일도 돌아보라(빌 2:1-4).

겸손이라는 덕목은 세상 철학과는 완전히 반대되는 것입니다. 세상 사람들은 가정에서든 학교에서든 자존감을 가져야 한다는 것을 철저히 교육받으며 자랍니다. 여러분도 아마 '네가 제일 잘한다, 네가 최고다.'라는 말을 부모님으로부터 들으며 자라셨을 것입니다. 그러나 그리스도인들은 절대로 그러면 안 됩니다. 그렇게 하다가는 자녀를 마귀의 자식으로 만들게 되는 것입니다. 마귀는 교만의 아비입니다. 세상 교육이 훌륭한 것 같아도 구원받지 못한 사람은 마귀의 자식이고, 아무리 유수한 대학 교수가 가르치는 것이라 할지라도 그것은 마귀로부터 온 지혜입니다. 학교에서는 학생들에게 자존감을 가지라며 세뇌시킵니다. 그렇기 때문에 오늘날 이 세상은 겸손을 하찮게 여깁니다. 세상을 사는 데 있어 겸손은 필요 없고 오직 자존감을 가지고 사는 것만이 중요하다고 믿습니다.

민족은 민족대로, 정당은 정당대로, 학교는 학교대로 자존감을 가지라고 말합니다. 이는 모두를 마귀의 자식들로 만드는 일에 열

중하는 것입니다. 마귀는 사람들을 교만하게 만들면 성공하는 것입니다. 성경은 멸망 앞에 오는 것이 교만이라고 말씀하기 때문입니다(잠 16:18). 따라서 인간을 멸망시키기 위해서 마귀는 그들을 교만하게 만들면 되는 것입니다. 여러분 자녀가 멸망하기를 원한다면 그 자녀를 교만하게 만들면 됩니다. 세상의 교육은 사람들을 교만하게 만드는데 이것은 마귀의 계략이고, 마귀는 이를 통해 세상을 지배합니다. 여러분은 하나님의 말씀에 순종하여 겸손한 그리스도인의 삶을 살아야 합니다.

겸손이란 무엇입니까? 스스로 낮아지는 것, 자신을 낮게 생각하는 것입니다. 겸손은 인간의 육신을 거스르는 덕목입니다. 육신은 자기가 남들보다 낫다고 생각하고 자랑하는 것을 원합니다. 이런 육신이 있기 때문에 겸손해지기가 힘이 듭니다. 진정으로 겸손한 사람이 누구인지 겉으로 봐서는 잘 알 수 없습니다. 그리스도인의 성품은 겉으로 드러나는 것이 아니라 내면에서 이루어지는 것이기 때문입니다. 육신은 자신을 내세우고 싶어하고 자랑하고 싶어하며, 자신이 얼마나 많은 것을 이루었는지와 얼마나 똑똑한지를 밝히고 싶어합니다. 이런 육신과 반대되는 내적 성품이 겸손입니다. 겸손은 화평을 가져오지만 교만은 불화를 가져옵니다. 잘 생각해 보십시오. 가정에 불화가 왜 생깁니까? 부부간에 불화가 왜 생깁니까? 그 불씨는 교만입니다. 그렇기 때문에 사탄은 사람을 교만하게 만들어 화평을 없애버리는 것입니다. 겸손하면 불화가 생길 수 있겠습니까? 자신을 낮게 생각하는 사람들만 있으면 불화가 생길 수 없습니다. 자신이 남보다 더 낫다고 생각하니까, 자신이 상대방을 이기고 통제하려고 하니까 불화가 생기는 것입니다.

겸손은 내면의 덕목이기 때문에 겉으로 봐서는 잘 알 수 없습니다. 물론 돈, 학벌, 능력 등 자기 자랑만 끝없이 하는 사람이 교만한 사람이라는 것은 금방 드러납니다. 하지만 사람들은 겸손한 척 할 수도 있습니다. 성경은 이것을 자의적인 겸손이라고 말씀합니다(골 2:18). 내적인 것이기 때문에 마음 속에 어떤 생각을 하고 있는지 겉으로 봐서는 모를 수 있습니다.

성경은 사탄의 종들이 의의 종으로 가장하더라도 놀랄 필요가 없다고 말씀합니다. 교만의 아비인 사탄도 자신을 빛의 천사로 가장하기 때문입니다(고후 11:14). 사탄의 종들이 지금 가운을 입고 강대상에서 설교를 합니다. 겉으로는 거룩한 척하고 겸손한 척하지만, 그들은 사탄의 종들이요 마귀의 자식들이라는 말씀입니다. 사도 바울은 그들이 의의 종으로 가장했다고 고린도 교회를 향해 경고했습니다. 겸손은 위장할 수가 있기 때문에 사람들이 속습니다. 거짓 목사들 곧 마귀의 종들이 강대상에서 복음은 전하지 않고 엉뚱한 일을 하는데도 사람들이 따라가는 이유는 그들이 겸손하다고 착각하기 때문입니다. 그들이 사람들에게 구원받지 못하면 지옥으로 간다고 전할까요? 결코 전하지 않습니다.

겸손을 위장한 거짓 목사들에게 어떤 특징이 있는지를 성경에서 보여드리겠습니다. 「이제 형제들아, 내가 너희에게 권고하노니 너희가 배운 교리에 역행하여 분열을 일으키고 공박하는 자들을 주의하고 그들에게서 떠나라」(롬 16:17). 성경은 그들과의 교제를 끊고 성별하라고 말씀합니다. 그 이유가 나옵니다. 「그러한 자들은 우리 주 예수 그리스도를 섬기는 것이 아니라 자기들의 배를 섬기는 것이니 정중한 말과 그럴듯한 언변으로 순진한 사람들의 마음을 미혹하느니라」(롬 16:18). 자기 배를 채우기 위해서 목사가 된 사람이 바른 말을 하겠습니까? 그렇게 목사가 되는 사람들이 어떤 마음으로 사역을 하겠습니까? 그런 거짓 목사들의 특징은 정중한 말과 그럴 듯한 언변입니다. 언변이 그럴 듯하기 때문에 사람들이 그들을 따라가는 것입니다. 사기꾼들은 말을 할 때부터라도 바른 듯 부드럽게 말합니다. 투자만 하면 100% 성공이 보장된다고 합니다. 거짓 목사들도 예수님만 믿으면 부자 되고 병도 낫고 모든 게 다 잘된다고 합니다. 무조건 잘된다고 말하는 사람이 어떻게 성경적인 목사입니까? 그는 정중한 말과 그럴듯한 언변으로 사람들을 속여 자기 배를 섬기는 자입니다.

거짓 목사들은 겸손을 위장하기 위해 '아, 저는 부족하지만'이라고 말합니다. '저는 여러분과 다를 바 없는 죄인입니다. 그러나 하나님께서 저에게 특별한 은사를 주셔서 제가 손을 대기만 하면 병이 낫습니다.' '저는 보잘것 없는 사람이지만, 주님께서 저에게 능력을 주셔서...' 그러나 말의 내용을 보면, 자신에게 특별한 하나님의 은사가 있기 때문에 회중 위에 군림할 수 있다는 것입니다. 반면에 진정으로 구원받고 하나님의 말씀을 전하는 사람들은 자기가 얼마나 보잘것없는 사람인지를 이미 알고, 그럼에도 불구하고 성령으로 충만하여 하나님의 말씀을 선포하는 것입니다.

교만은 엄청난 일들을 초래합니다.「교만은 멸망에 앞서 있으며 거만한 영은 몰락에 앞서 있느니라」(잠 16:18). 여러분은 교만과 멀어져야 합니다. 교만한 사람은 반드시 망하게 돼 있습니다. 여기에는 구원을 받았든 받지 않았든 예외가 없습니다. 「다툼은 교만으로만 오나, 권면을 잘 받아들이는 자에게는 지혜가 있느니라.」(잠언 13:10)고 말씀합니다. 교만한 사람들은 겉으로는 겸손한 척하지만 절대로 남의 말을 존중하지 않습니다. 반면 진정으로 겸손한 사람들은 겸손한 척하지 않습니다. 자신이 부족하고 하나님의 능력이 없이는 아무것도 할 수 없다는 것을 고백하는 사람들이 왜 겸손한 척하겠습니까?

그러나 많은 사람들이 악을 봐도 그냥 눈감아주고 덮어주고 지나가주는 것이 마치 겸손한 것인 양 착각하는 것을 봅니다. 그러나 그것은 겸손이 아니라 비겁한 것입니다. 진정으로 겸손한 사람은 자신의 부족한 점을 잘 알기에 자기가 남보다 낫다고 여기지 않으나, 다른 사람이 잘못된 길로 가다가 멸망의 구렁텅이로 빠지게 된 것을 보면 지나치지 않습니다. 그 길에서 먼저 빠져나온 자로서 연민과 용기와 사랑으로 진리를 전파해 바른 길로 인도해 줍니다.

진정으로 겸손한 사람은 어떠한 사람입니까? 우선, 자신이 누구인지를 철저히 깨닫는 사람입니다. 자신이 아담의 옛 성품을 가지고 태어난 악한 죄인인 것을 깨닫고, 예수 그리스도의 보혈로 죄사함을 받아 이제는 바르게 살아야겠다고 결심하는 사람이 겸손한 사람입니다. 구원은 받았지만 자신의 육신 안에는 선한 것이 아무것도 없고 언제든지 죄에 빠질 수 있다는 것을 아는 사람이 겸손한 사람입니다. 자기가 얼마나 큰 죄인인지를 알고 회개하는 사람이 겸손한 사람입니다. 그래서 성경에서는 겸손과 회개가 함께 언급되는 것입니다. 침례인 요한이 와서 이스라엘에게 예수 그리스도를 전파할 때, 그가 제일 먼저 전한 메시지가 무엇입니까? 회개하라는 것이었습니다. 주의 길을 넓히는 작업이 무엇이었습니까? 주님을 받아들이기 위해서 겸손하게 회개하는 것이었습니다.

진정으로 겸손한 사람은 자기가 잘못할 때마다 변명하지 않고 자기의 죄를 자백합니다. 구원받지 않은 사람으로서 겸손한 사람은 자기의 죄된 성품을 깨달아 회개하고 예수 그리스도를 믿어 하나님의 자녀가 되는 사람이고, 구원받은 사람으로서 겸손한 사람은 육신을 입고 살기에 짓는 죄에 대해 매번 자백하고 잘못을 뉘우치는 사람입니다. 교만한 사람은 다른 사람들을 무시하지만, 겸손한 사람은 자기 자신을 알기에 다른 사람들을 자신과 똑같은 죄의 성품과 육신을 가진 인간으로 봅니다. 그 사람을 측은하게 볼지언정 그를 비난하지 않습니다.

겸손한 사람은 남을 용서할 줄 압니다. 진정으로 회개하고 용서를 구하는 사람을 향해 용서할 수 없다고 하는 사람은 교만한 사람입니다. 겸손한 사람은 자신의 부족함을 잘 알고, 자신도 그와 똑같은 죄와 과오를 범할 수 있음을 잘 알기에, 그 사람이 진정으로 회개하고 돌아오면 용서해 줄 수 있습니다. 그것이 겸손한 사람들의 특징입니다. 인사를 할 때 허리를 90도로 굽힌다고 해서 겸손해지는 것이 아닙니다.

겸손한 사람은 남을 자신보다 존중하고 남의 의견을 조롱하거나 무시하지 않습니다. 교만한 사람은 당신이 누군데 나에게 그런 말을 하느냐는 태도를 갖습니다. 그러나 겸손한 사람들은 남이 권고하면 그것을 숙고합니다.

그러면 우리가 어떻게 겸손해질 수 있습니까? 첫째, 자신이 죄인이라는 것을 알아야 합니다. 자신이 죄인이라는 것을 모르는 사람은 결코 겸손해질 수가 없습니다. 또한 겸손한 사람은 다른 죄인들을 보면, 열정을 가지고 바른 길로 인도하려고 노력합니다.

둘째, 이 세상에는 자신보다 나은 사람이 더 많다는 것을 알아야 합니다. 많은 사람들은 자신이 제일 뛰어난 것으로 착각합니다. 태어날 때부터 부모들이 아이에게 '네가 최고다, 네가 제일 똑똑하다.'고 합니다. 그러나 사회에 나와 보면 자기보다 뛰어난 사람들이 훨씬 더 많다는 것을 알게 됩니다. 자기 집안이 제일 부자인 줄 알았다가 더 부자인 사람을 보게 되고, 자기가 제일 잘생긴 줄 알았다가 더 잘생긴 사람을 보게 됩니다. 보통 어중간한 사람들이 교만한 것을 많이 봅니다. 재산도 어중간한 사람들이 자랑을 합니다. 머리도 어중간하게 좋은 사람들이 자기가 엄청나게 머리가 좋은 줄 착각하곤 합니다.

셋째, 인물이건 지능이건 재물이건, 그 모든 것은 하나님의 손에 달려 있고 우리 자신에게 달려 있지 않다는 것을 알아야 합니다. 아무리 IQ가 높고 학벌이 좋고 재물이 많아도 하나님께서 한 번 치시면 그만입니다. IQ가 180이라고 자랑하고 다니다가 뇌 신경 하나, 뇌 혈관 하나만 망가지면 그날로 끝나는 것입니다. 식물인간이 된다면 그 높은 IQ가 무슨 소용이 있습니까? 겸손한 사람은 이런 사실을 아는 사람입니다. 자신이 아무리 뛰어나다 해도 하나님이 한 번만 치시면 끝난다는 것을 아는 것입니다. 하나님께서는 우리가 낮아지면 높여주신다고 하셨습니다. 그것을 알기에 우리는 낮아져야 하는 것입니다. 겸손은 낮아지는 것입니다. 헤롯 왕이 영광을 하나님께 돌리지 않고 자신이 가로챘을 때 어떻게 죽었습니까? 벌레가 먹어서 죽었습니다(행 12:23). 이것이 인간의 모습입니다. 이런 사실을 아는 사람만이 겸손해질 수 있습니다. 자신이 똑똑하고 능력이 많아 지금의 위치에 온 것이 아니라는 것을 알아야 합니다. 모든 것은 하나님께서 허락하시지 않았다면 일어날 수 없습니다. 이것을 모르는 사람은 결국에는 멸망하게 됩니다.

　마지막으로 겸손하게 되려면, 하나님께서는 어떤 방법을 써서라도 사람을 겸손하게 만드신다는 것을 알아야 합니다. 그러나 성경이 말씀하는 그런 비참한 상태가 돼서 겸손하게 되지는 말아야 합니다. 그때까지 기다린다면 이미 늦은 것입니다. 현명한 사람이라면 하나님께서 낮추시기 전에 먼저 스스로 낮아져야 합니다. 하나님께서 낮추실 때에는, 우리가 수치와 굴욕을 다 겪은 뒤에 겸손해지는 것입니다. 하나님은 인간이 높아지는 것을 결코 원치 않으시고 모두 낮춰 버리십니다. 재림 때 심판으로 낮추시든지, 불못에 떨어지게 하시든지, 모두 낮추십니다. 이 세상의 모든 인간은 예수님을 주로 시인한다고 성경은 말씀합니다. 죽기 전에 주로 시인한 사람들은 구원을 받는 것이고, 죽은 후에 시인하는 사람들은 주를 시인하고 나서 바로 불못에 던져지는 것입니다. 그렇게 되기 전에 겸손해져야 합니다.

진정으로 겸손해지려면, 자신이 언제든지 죄를 지을 수 있는 죄인이라는 것과, 이 세상에 자신보다 뛰어난 사람들이 많다는 것과, 모든 것이 우리 자신이 아닌 하나님의 손에 달려 있다는 것과, 하나님께서는 반드시 교만한 사람을 낮추신다는 것, 이 네 가지를 알아야 합니다.

겸손의 결과로 우리는 징계를 면하게 되고(대하 12:7 등 다수 구절), 명예를 얻게 되고(잠 29:23), 존귀함을 얻고(잠 18:12), 지혜를 얻으며(잠 11:2), 은혜를 입게 되며(잠 3:34, 벧전 5:5), 크게 되며(시 18:35), 구원을 얻게 되고(욥 22:29), 기도의 응답을 받게 되고(시 10:17, 9:12), 그리고 주님께서 주시는 회복을 경험합니다.

이런 모든 복이 겸손으로부터 오는 것이며, 멸망에 앞서 있는 것이 교만입니다. 하나님께서 주시는 복을 받고 높아지기를 원한다면 낮아지십시오. 그것이 하나님의 진리입니다.

17. 온유 | Meekness

형제들아, 어떤 사람이 무슨 잘못을 범하였으면 영적인 너희는 온유의 영으로 그런 자를 바로잡고 네 자신을 돌아보아 너도 시험을 받지 아니하도록 하라. 너희는 서로의 짐을 지라. 그리하여 그리스도의 법을 이루라. 만일 어떤 사람이 아무것도 아니면서 무언가 되는 줄로 생각하면 그 사람은 자신을 속이는 것이라. 각 사람은 자신의 일을 살피라. 그리하면 자기 혼자에게만 자랑할 것이 있게 되고 다른 사람에게는 없으리라. 각 사람은 자기 자신의 짐을 질 것이니라 (갈 6:1-5).

온유는 사람들이 그 의미에 대해 가장 오해하는 성품이고, 특히 성경적으로 믿는 사람들이 가장 오해받고 공격받는 성품입니다. 우리가 거리설교를 통해 진리를 선포할 때 방해자들이 와서 그런 식으로 하면 안 된다고 딴지를 놓는데, 그들에게 복음을 전해 혼을 구령한 적이 있냐고 물으면 대답을 하지 못합니다. 일생에 한 명도 구령해 본 적이 없는 사람이 우리가 거리에서 사람들을 향해 구원받고 지옥에 가지 말라고 외치는 것을 지나치다고 말합니다. 그렇다면 자기 나름대로 복음을 전하는 방법이 있다는 말일 텐데, 단 한 명도 구령하지 못했다는 것입니다. 그런 사람들은 거리설교를 방해하기만 합니다. 18년 동안 사역을 하면서 거리설교를 방해하는 사람 중에 구령을 했다는 사람은 단 한 번도 만나본 적이 없습니다. 저희 교회는 어린아이들도 거리에 나가서 구령을 하고 있습니다. 하나님의 말씀대로 거리에서 지옥에 대해 경고하는 것이 지나치다는 것은 그들의 생각입니다. 그들은 우리처럼 진리를 전파하는 것은 사랑이 없고 온유하지 못한 행동이라며 성경과는 전혀 상관없는 말들을 합니다.

성경에는 예수님도 거리설교를 하셨고, 사도 바울이나 다른 사도들도 다 거리설교를 한 것이 기록되어 있습니다. 사람들은 성경을 모르기 때문에 우리가 거리에서 진리를 전파하는 것을 두고 자신의 잣대로만 판단해 버리는 것입니다. 그렇기 때문에 여러분이 온유라는 성품을 어느 때에 어떻게 정확히 발휘해야 하는지가 중요한 것입니다.

특히 저는 설교할 때 오해를 많이 받습니다. 제가 한 자매님의 초대로 텍사스에 갔을 때, 자매님은 저를 영상으로 봤을 때는 굉장히 무서운 사람인 줄 알았다가 실제로 만나보니 인자하고 온유해서 좋다고 하셨습니다. 저는 그 자매님뿐만 아니라 많은 사람들에게 그런 말을 듣습니다. 얼마 전에 교회에 처음으로 출석한 부부와 함께 점심을 먹었는데, 그 자매님도 교회에 처음 나올 때 저에게 야단을 맞지는 않을까 하는 걱정을 많이 했다고 말했습니다. 하지만 저와 대화를 나누면서 제 성품이 본인이 동영상을 보면서 상상했던 것과는 반대임을 알게 되었다고 하셨습니다.

모세, 예레미야, 이사야, 사도 바울이 설교할 때 어떻게 했을지 한번 생각해 보십시오. 온유함을 가장하고 강단에서 거짓 교리를 가르치는 오늘날의 거짓 목사들처럼 하지 않았습니다. 사람들은 성경적인 설교가 어떤 것인지 알지 못하기 때문에, 성경적인 설교

자들을 온유하지 못하다고 생각하고, 반대로 의의 종으로 가장한 사탄의 종들을 인자하고 온유하다고 착각합니다. 설교할 때, 구령할 때, 거리 설교할 때, 개인적으로 상담을 할 때가 다 다른 법인데, 사람들은 그것을 알지 못합니다.

온유라는 말을 떠올리면 우선 부드럽다는 생각이 듭니다. 많은 사람들은 부드럽다는 것을 수줍고 소극적이고 수동적인 의미로 받아들입니다. 그래서 좀 강하게 보이면 온유하지 않다고 생각해 버리는데 그들은 온유의 뜻을 제대로 모르기 때문입니다. 온유라는 뜻을 생각할 때 우선 밭을 가는 황소를 연상하시면 됩니다. 성경적인 시각에서 온유라는 것은 그런 황소같이 강한 사람이 하나님의 말씀으로 통제를 받는, 그런 상태를 말하는 것입니다. 강하고 힘센 황소인데도 멍에로 통제를 받고 묵묵하게 밭을 가는 모습이 바로 온유한 모습인 것입니다. 온유는 나약하고 수줍고 소극적인 의미가 결코 아닙니다. 황소가 나약하고 수줍고 소극적입니까? 밭을 갈 때 주인이 원하는 대로 아주 강하게 밀고 나갑니다. 비실대는 소는 쓸 수가 없습니다. 이렇게 많은 사람들은 온유라는 개념을 잘못 이해하고 있습니다. 성경적으로 믿는 사람들이 강력하게 나가 하나님의 통제를 받으며 성령충만의 삶을 사는 모습이 온유입니다.

온유의 가장 좋은 예가 되는 성경 인물은 바로 모세입니다. 성경에서는 모세를 온유한 사람으로 부릅니다. 모세의 모습을 상상하면 흰 수염을 날리며 지팡이를 들고 카리스마 있는 자태로 홍해를 가르는 강한 모습이 떠오릅니다. 수줍고 나약한, 조엘 오스틴

같은 외양을 가진 인물로 떠오르지 않습니다. 그런데 성경은 그를 온유하다고 하는 것입니다.

「미리암과 아론이 모세가 혼인한 에디오피아 여인으로 인하여 모세를 비방하였으니, 이는 그가 에디오피아 여인과 혼인하였음이더라」(민 12:1). 이스라엘은 출애굽으로써 하나의 민족으로 탄생했으며 모세는 그들을 다스리는 왕이었습니다. 그 왕에게 형제라는 자가 에디오피아 여인과 혼인한 것을 이유로 대적하고 비방한 것입니다. 만약 중국의 진시황 앞에서 그의 형제가 그를 비방했다면 어떻게 되었겠습니까? 당연히 그 자리에서 처형되었을 것입니다. 그것을 생각해 보면 왜 성경에서 모세를 온유하다고 하는지 조금 이해가 갈 것입니다.

「그들이 말하기를 "주께서 참으로 모세를 통해서만 말씀하시느냐? 우리를 통하여서도 말씀하지 아니하시느냐?" 하니, 주께서 그것을 들으셨더라」(민 12:2). 주님의 사역에 자신들도 동참을 하다 보니, 하나님께서 모세만 쓰시는 것이 아니라 자신들도 쓰신다며 교만해진 것입니다. 여러분이 혼잣말로 중얼거리는 것을 주님께서 들으신다는 사실을 아십니까? 중얼거리는 것뿐 아니라 마음 속에 갖고 있는 생각까지 주님은 모두 다 아십니다. 70억 인구의 머리털을 다 세고 계시는 주님이십니다. 하루에 머리털이 몇 개가 빠지고 몇 개가 나는지 다 아시는 주님께서 여러분이 갖고 있는 불평을 모르시겠습니까? 마음 속으로 수군거리는 것도 모두 아시고 다 기록에 올라갑니다. 구원받은 사람이라면 그리스도의 심판석에서, 구원받지 못한 사람은 백보좌 심판석에서, 모두 다 심판을 받을 것입니다.

「(그런데 그 사람 모세는 매우 온유하여 지면 위의 모든 사람보다 더 온유하더라)」(민 12:3). 모세는 그냥 온유한 것이 아니라 매우 온유한 사람이었습니다. 2백만이 넘는 이스라엘 백성을 다스리는 강한 지도자였던 왕 모세가 나약한 사람이었겠습니까?

온유한 모세가 한 일이 무엇입니까? 자기 백성을 위해서 궁전에서의 안락하고 호화로운 삶을 버렸습니다. 이것은 온유한 사람만이 할 수 있습니다. 성경적으로 믿는 그리스도인들은 온유한 사람들입니다. 세상의 부를 버리고 주님을 좇아 주님의 뜻 안에서 살 것을 결심하기 때문입니다.

모세는 자기 백성이 이집트인에게 학대받는 것을 보고 그 이집트인을 죽였습니다. 물론 그 죄로 인해 40년을 허송세월했습니다. 그러나 모세는 그 정도로 하나님의 백성을 사랑했던 것입니다. 마찬가지로 성경적으로 믿는 바이블 빌리버는 온유한 사람입니다. 우리는 한국인들을 사랑하기 때문에 복음과 진리를 전파하는 것입니다. 세상 모든 것을 버리고 주님의 말씀을 전하는 것입니다.

모세는 40년을 광야에서 비참한 삶을 보내게 됩니다. 40년이 짧은 기간이 아닌데, 그 기간을 보내려면 얼마나 큰 인내가 있어야 했을지 생각해 보십시오. 왕궁에서 자라 많은 학식을 쌓고 지혜가 출중했을 그가 광야에서 이방인들과 그 긴 세월을 보낸 것입니다. 우리 바이블 빌리버도 구원받은 후 주님이 오실 때까지 혹은 주님이 부르실 때까지 1년, 10년, 20년을 믿음을 지키고 묵묵히 주님의 사역을 하는 사람들이 온유한 사람입니다.

모세는 주님께서 부르셨을 때 '나는 자격도 없고 말도 제대로 못 합니다'라고 했습니다. 그러나 모세는 실제로 지혜와 말이 출중한 사람이었습니다. 이것이 겸손이고 온유입니다. 지금까지 바이블 빌리버 목사들과 선교사들의 간증을 들었을 때, 그들 중 자신들이 스스로 목회를 해야겠다는 결심으로 시작한 사람을 한 명도 보지 못했습니다. 대부분 하나님께 자신은 부족하다, 감히 감당할 수 없다고 고백합니다. 저도 마찬가지였습니다. 그런데 복음방송의 '새롭게 하소서' 같은 프로그램에 나오는 목사들은 다들 자신이 특별하기에 사역을 시작했다고 말합니다. 무슨 체험을 했다든지, 특별한 은사를 받았다든지, 태어나기도 전에 어머니가 기도원에서 서약을 해서 목사가 되었다든지…. 그런 것들은 주님의 부르심과는 전혀 상관 없는 것입니다. 모세는 '내가 어찌 이 큰 민족을 데리고 나오겠습니까' 라며 오히려 자신의 부족함을 인정했고, 주님께서 여러 번에 걸쳐 표적을 보여 주시자 그제서야 움직이기 시작했습니다. 이같은 겸손한 자세가 온유했던 모세의 특징이었습니다. 오늘날 강대상에서 자신이 특별한 은사를 받았다고 자랑하는 은사주의 목사들과 완전히 다릅니다.

「주께서 갑자기 모세와 아론과 미리암에게 말씀하시기를 "너희 세 사람은 회중의 성막으로 나아오라." 하시니, 그들 셋이 나아갔더라…나의 종 모세는 그와 같지 아니하나니, 그는 나의 온 집에 신실하니라」(민 12:4,7). 모세의 또 다른 특징 중 하나가 신실함입니다. 성경적인 믿음을 소유한 사람들은 신실해야 하며, 주님의 뜻 안에서 믿음을 지켜야 합니다. 게으름을 피우거나 자기 뜻대로 해서는 안됩니다.

「구름이 성막에서 떠났는데, 보라, 미리암이 문둥병이 들어 눈같이 희더라. 아론이 미리암을 쳐다보니, 보라, 그녀가 문둥병이 들었더라. 아론이 모세에게 말하기를 "아아, 내 주여, 우리가 어리석은 짓을 하였고 우리가 죄를 지었으나, 내가 당신에게 간구하오니, 우리에게 그 죄를 지우지 마소서"」(민 12:10,11). 아론과 미리암은 자신들이 저지른 어리석은 죄로 인해 벌을 받았습니다. 하나님께서 복을 주셨으면 하나님의 뜻 안에서 겸손하게 섬겨야 했는데 그렇게 하지 못했습니다. 복을 조금 받았다고 교만해졌던 것입니다. 우리도 겸손하지 못하고 교만해지면 이렇게 되는 것입니다. 아론은 여동생이 문둥병에 걸린 뒤에야 자신이 죄를 지었다고 자백했습니다. 여러분은 하나님께 이렇게 징계를 받아야만 죄된 길에서 돌이킬 것인지 생각해 보십시오.

「모세가 주께 부르짖어 말하기를 "오 하나님이여, 내가 주께 간구하오니, 지금 그녀를 낫게 하여 주소서." 하니라」(민 12:13). 여기서 모세의 온유한 성품이 드러납니다. 자신을 대적하여 죄를 지은 자들이 용서를 구했을 때 모세에게는 그들을 용서해 줄 마음이 있었습니다. 어떤 사람이 온유한지 그렇지 않은지를 알려면, 다른 사람이 그에게 죄를 지었을 때 그가 어떻게 반응하는지를 보면 알 수 있습니다. 강대상에서는 미소를 띠고 온유해 보이더라도 집에서는 아내와 아이들에게 가혹하거나 심지어 폭력적인 목사들이 많습니다. 강대상에선 아주 부드러운 척하지만 실상은 전혀 온유한 자가 아닌 것입니다. 온유한 사람은 사람들이 자신에게 대적하고 악하게 행했더라도 회개하고 돌이키면 기쁘게 받아들입니다. 그것이 온유한 사람입니다. 상대가 진정으로 회개할 때 기회를 주는 것입니다. 모세는 이스라엘 백성을 이끌면서 여러 번의 반대에 직면했는데, 그때마다 백성을 위하여 하나님께 부르짖었습니다. 하나님, 이들을 용서해 주십시오. 여러분도 주변에 구원받지 못한 사람들이 있다면, 그들이 죄의 찔림을 받아 회개하고 돌아오도록, 용서받고 구원받도록 기도해야 합니다. 자신은 구원받았으니 남이야 지옥에 가든 말든 상관 안 한다면 그것은 온유한 사람이 아닙니다.

「주께서 모세에게 말씀하시기를 "그녀의 아비가 그녀의 얼굴에 침을 뱉었을지라도 그녀가 칠 일 동안 부끄러워하지 아니하겠느냐? 그녀를 진영 밖에 칠 일 동안 가두었다가, 그후에 그녀를 다시 받아들일지니라." 하시니라. 미리암이 진영 밖에 칠 일 동안 갇혔고 미리암을 다시 데려올 때까지 백성은 이동하지 아니하다가, 그후에 백성이 하세롯에서 떠나 파란 광야에서 진을 쳤더라」(민 12:14-16).

온유함은 나약함이 아니라, 이처럼 강하며 담대하며 동시에 하나님의 말씀에 복종하는 것입니다. 순종하는 힘센 황소의 모습, 경마장에서 작은 체구의 인간에 순종하는 강한 말의 모습을 연상하시면 됩니다. 온유한 사람은 강하지만 하나님의 통제를 받는 사람입니다. 과거 우리는 아주 거친 모습으로 살다가 이제 예수님을 믿고 거듭났습니다. 새로운 피조물이 되어 주님께 통제받고 사는 모습이 온유한 사람의 모습입니다.

다음으로 우리가 보아야 할 분은 예수 그리스도이십니다. 주님은 온유하신 동시에 겸손하신 분입니다. 「수고하고 무거운 짐진 자들아, 다 내게로 오라. 그러면 내가 너희에게 쉼을 주리라. 나는 마음이 온유하고 겸손하니, 내 멍에를 메고 나에게서 배우라. 그리하면 너희가 너희 혼에 쉼을 얻으리라」(마 11:28,29). 주님은 우리의 고달픈 인생에서 반드시 필요한 쉼을 주시는 분이십니다. 이렇게 온유한 사람은 다른 사람들을 편하게 해 주는 사람입니다. 누군가에 대해, 만나면 편하고 그 사람을 믿을 수 있는 사람이라고 생각된다면 그 사람은 온유한 사람입니다. 반대로 누군가에 대해, 일부러 돌아가면서까지 피하게 되고 그 사람 때문에 쉼을 얻을 수 없게 된다면 그는 온유한 사람이 아닙니다. 온유하고 겸손하신 주님께서 주시는 멍에는 쉽고 가벼워서 우리가 혼의 쉼을 얻을 수 있는 것입니다. 여러분은 어떤 사람입니까? 사람들이 여러분과 같이 있고 싶어하고 여러분을 편하게 의지합니까? 아니면 사람들이 보기도 싫어하는 그런 사람입니까?

인터넷에서 제 설교를 듣는 분들로부터 종종 제가 너무 까다로워 보인다든지 무서워 보인다는 말을 듣습니다. 제가 하나님의 말씀을 전파할 때는 강하게 하기 때문에 그런 말을 듣는 것 같습니다. 강단에 섰을 때에는 하나님의 말씀을 대신해서 전파하는 위치에 서는 것입니다. 예수 믿으면 모든 일이 다 잘되고 복받는다고 거짓되이 전하는 것이 아니라, 잘못된 것을 지적 해주고 성령 충만함을 받도록 인도하는 것이 우리의 사역입니다. 저는 여러분의 삶을 성경적으로 변화시키려는 간절한 마음이 있기에, 지옥의 무서움을 성경적으로 잘 알기에 강하게 설교하는 것입니다. 이처럼 여러분이 진리를 강하게 전하므로 사람들이 진리를 거부하여 여러분을 피하는 것이 아니라, 여러분의 성품이 거칠고 교만하여 피한다면 여러분은 온유한 사람이 아닙니다.

거짓 목사들은 하나님의 이름을 팔아 사람들을 속인다는 점에서 세상의 사기꾼보다 천 배는 더 악합니다. 그들은 교인들을 속여 돈을 갈취하거나 이성 문제 등의 죄를 짓고도 아랑곳하지 않고 뻔뻔하게 강단에 서는 자들입니다. 그뿐 아니라, 하루는 예수님을 믿으면 구원받는다고 했다가, 그 다음 주엔 예수님도 믿고 세례 받아야 구원받는다고 하고, 그 다음 주에는 새벽기도에 나와야 구원받는다고 거짓 교리를 가르칩니다. 그들은 교인들을 속이기 위해 정중한 말과 그럴 듯한 언변을 구사하면서 사람들을 편하게 해 주는 것 같지만, 결코 온유한 자들이 아닙니다. 그들은 의의 종으로 가장해서 사기를 치는 마귀의 종들일 뿐입니다.

또한 온유한 사람은 신뢰할 수 있는 사람입니다. 온유한 사람에게는 어떤 것도 믿고 상의할 수 있습니다. 반면에 자기를 자랑하는 자들은 온유함과는 상반되는 자들이기에 어떤 것도 그들과 상의해서는 안 됩니다. 「형제들아, 어떤 사람이 무슨 잘못을 범하였으면 영적인 너희는 온유의 영으로 그런 자를 바로잡고 네 자신을 돌아보아 너도 시험을 받지 아니하도록 하라… 만일 어떤 사람이 아무것도 아니면서 무언가 되는 줄로 생각하면 그 사람은 자신을 속이는 것이라」(갈 6:1,3). 자기를 내세우고 자기를 자랑하는 사람들에게 무언가를 상담하면 당시에는 들어주고 의논하는 것처럼 보이지만, 나중에 뒤에 가서 오히려 그 정보를 악용해 비난하고 공격합니다.

　물론 누군가가 잘못을 했을 때 그것을 그냥 덮고 지나가는 것이 온유한 것이 아닙니다. 진정으로 온유한 영이 있으면 누군가가 잘못된 길로 가는 것을 보면 바로잡아줍니다. 아기가 뜨거운 난로를 향해 기어가는데 그냥 보고만 있겠습니까? 그 길로 조금만 더 가면 데겠구나 생각만 하며 방관하겠습니까? 아이의 엄마는 아이가 뜨거운 것에 델까 봐 바로잡아 줄 것입니다. 그것이 여러분이 가져야 할 마음입니다.

　잘못된 것을 비겁하게 회피하고 덮고 지나간 결과, 세상은 퇴폐하고 죄악이 넘칩니다. 사람이 살인을 하고 있는데도 그냥 지나쳐 가거나 동영상을 찍기 위해 전화기를 들이대는 것이 오늘날 이 세상입니다. 이는 온유와는 전혀 상관없는 모습입니다. 그들은 멸망의 구덩이로 가는 사람들입니다.

　온유한 사람은 혼의 멸망을 염려해서 복음을 전하는 사람입니다. 집집마다 다니며 복음을 전하고 거리에서 설교하는 것이 쉬운 일이 아닙니다. 한 사람에게 복음을 전하고 구령하는 데 20,30분은 족히 듭니다. 4인 가족에게 한 사람씩 일일이 복음을 전하려면 쉽지 않습니다. 수년 전 제가 한국을 방문했을 때 장모님께서 여동생 가족에게 복음을 전해 달라고 미리 부탁을 하셨던 적이 있었습니다. 그때 제가 가족에게 일일이 복음을 전해서 처의 이모님 가족 모두가 구원을 받았습니다. 그리고 이모님은 구원을 받으신 지 얼마 안 돼서 돌아가셨습니다. 만일 장모님께서 부탁을 안

하셨다면 그분은 지옥에 가실 뻔했던 것입니다. 그런데 제가 이모님 댁을 방문한 날 이모님과 이모부님께 복음을 전하고 있는데 얼마 안 있어 아들이 집에 오고, 또 얼마 안 있어 다른 식구가 집에 들어왔습니다. 그런 식으로 하다 보니 두 시간을 대상을 바꿔가며 같은 말을 반복하게 되었는데, 정말 쉽지 않은 일이었습니다. 그러나 제가 하지 않으면 누가 가서 그들이 지옥 가는 것을 막겠습니까?

복음을 전하기 위해 거리에서 설교하는 것도 마찬가지입니다. 거리 설교 현장에서 구원에 관한 성경 구절이 적힌 싸인을 한 시간 들고 있자면 그 동안 몇 천대의 차가 지나갑니다. 그들 중 어떤 이들에게는 구원의 말씀이 생전 처음 접하는 것이 됩니다. 우리를 비웃고 조롱하는 사람들도 많지만 그날 보고 들은 지옥에 대한 경고는 그들의 뇌리에 박힐 것입니다. 일생 동안 단 한 번이라도 들어볼 기회가 생기는 것입니다. 우리는 한 번도 교회에 가서 지옥이라는 소리를 못 들어본 사람들에게 길에서라도 들을 수 있도록 해 주어야 한다는 부담감을 가지고 나갑니다. 한 사람에게 전해주는 이 전도지가 그 사람이 지옥에 대해 생각해 볼 기회를 가져다 줍니다. 당시에는 조롱하며 손가락질하고 지나가더라도 죽을 때까지 그 말씀이 머리에서 사라지지 않습니다. 그것이 씨앗이 되어 후에 구원의 열매가 열릴 수 있습니다.

씨를 뿌리려면 밭을 갈아야 합니다. 밭도 갈지 않은, 시멘트같이 단단하게 굳은 땅에서 무슨 열매가 나겠습니까? 우리는 기쁜 마음으로 나가서 밭을 갈고 씨를 뿌려야 합니다. '내가 저 사람을 언제 다시 보겠는가? 오늘이 처음이자 마지막이다' 라는 심정으로 전하십시오. 일생 중 단 한 번이라도 지옥에 가지 말라는 소리를 들어야 합니다. 그들이 잘못된 길로 가기에 그 길로 가지 말라고 경고해야 합니다.

온유의 영을 가진 사람들은 또한 자만하지 않고, 교만한 태도로 말씀을 전하지 않습니다. 우리는 모두 죄의 성품을 가진 사람들이기에 언제든지 남들처럼 떨어져 나갈 수 있다는 것을 인지해야 합니다. 구원을 받았어도 옛 성품을 가졌기에 육신을 따라가면 다른 사람과 똑같은 죄를 지을 수 있습니다. 따라서 그 누구도 자만할 수가 없는 것입니다. 그것이 온유한 사람의 특징입니다.

주님은 사역 초기에 죄인들을 향해 온유하게 설교도 하시고 돌봐주셨습니다. 많은 사람들이 온유한 사람은 강하게 책망하지 않는다고 생각하지만 그렇지 않습니다. 상대방이 진리를 받아들이지 않고 지속적으로 진리를 거부할 때 온유한 사람은 그를 책망합니다. 「예수께서 하나님의 성전으로 들어가셔서 성전 안에서 팔고 사는 모든 사람을 내어쫓으시고, 또 환전상들의 상과 비둘기를 파는 자들의 자리를 뒤엎으시며, 그들에게 말씀하시기를 "기록되었으되 '내 집은 기도하는 집이라 불리리라.' 하였거늘, 너희가 강도들의 소굴로 만들었도다."라고 하시더라. 또 눈먼 자들과 절름발이들이 성전에서 주께 나아오니, 주께서 그들을 고쳐 주시더라」(마 21:12-14). 온유하신 예수님께서 성전에 악한 짓이 만연한 것을 보시고 얼마나 진노하셨습니까? 조엘 오스틴같이 미소 띤 얼굴의 거짓 목사가 온유한 사람이라고 생각하지 마십시오. 여러분이 죄인들을 향해 온유의 영으로 바로잡아 줄 때, 그들이 계속해서 받아들이지 않고 악을 행한다면 강하게 책망해야 합니다.

누가복음 13장에서 주님은 회개하지 않는 자들을 깨닫게 하기 위해서 여러 가지 방법으로 설교하셨습니다. 「그 날에 바리새인 몇 사람이 와서 주께 말씀드리기를 "나가서 여기를 떠나소서. 헤롯이 당신을 죽이려고 하나이다."라고 하니 주께서 그들에게 말씀하시기를 "가서, 그 여우에게 말하라. 보라, 오늘과 내일 내가 마귀들을 쫓아내며, 병을 고치려니와 셋째 날에는 온전하게 되리라」(눅 13:31,32). 겸손하고 온유하신 예수님께서 헤롯을 여우라고 부르셨습니다. 제가 거짓 목사에 대해 '가서 그 여우 같은 OOO목사에게 이렇게 말하세요' 하면 아마도 비난을 받을 것입니다. 그러나 거짓 목사들과 그들에게 미혹되어 구원과 진리를 모른 채 피해 당하고 있는 사람들이 깨달을 수 있도록 하기 위해, 우리는 있는 그대로 강하게 책망해야 합니다.

많은 사람들이 마태복음 15장을 읽을 때 오해를 합니다. 「주께서 무리를 부르시고 그들에게 말씀하시기를 "듣고 깨달으라. 입으로 들어가는 것이 사람을 더럽히는 것이 아니라 입에서 나오는 것이 사람을 더럽히느니라."고 하시니라」(마 15:10,11). 제자들이 음식을 먹을 때 손을 씻지 않았다고 해서 트집을 잡는 사람들에게 주님께서 말씀하시는 장면입니다. 주님은 손을 안 씻고 먹는 것이 사람을 더럽히는 것이 아니라 그 사람의 입에서 나오는 것이 사람을 더럽힌다고 하셨습니다. 그러자 「그때에 제자들이 와서 주께 말씀드리기를 "바리새인들이 이 말을 듣고 실족한 것을 아시나이까?"」(마 15:12)라고 했습니다. 주님은 왜 그런 식으로 말씀하십니까. 저 사람들이 실족하지 않습니까. 「주께서 대답하여 말씀하시기를 "하늘에 계신 나의 아버지께서 심지 않으신 모든 초목은 뽑힐 것이라. 내버려 두라. 그들은 소경이 되어 소경을 인도하는 자들이라. 소경이 소경을 인도하면, 둘 다 구덩이에 빠지리라."고 하시더라.」(마 15:13,14)고 답하셨습니다.

주님은 '온유한 내가 왜 그런 실수를 했을까? 말투를 한번 고쳐볼까? 사람들이 실족하면 안 되는데…' 하시지 않았습니다. 오히려 그들이 계속해서 멸망의 길로 가게 내버려두셨습니다. 주님께서는 사람들의 마음을 아시기에, 완악함을 버리지 않는 자를 강력한 미혹에 빠트려 완전히 멸망하도록 하십니다. 온유한 주님께서 완악한 사람들을 이렇게 다루신다는 사실을 많은 이들은 알지 못합니다. 주님은 강한 말투를 버리고 부드러운 말투로 그들을 잘 설득해서 돌이키게 하시는 것이 아니라 그냥 내버려두셨습니다.

진리를 찾는 사람들은 우리가 설교하는 강한 말투를 문제삼지 않습니다. 럭크만 목사님도 강한 말투 때문에 비난하는 사람들이 있습니다. 그러나 중요한 것은 그분이 성경을 바르게 가르치는지, 그 가르침이 진리인가이지, 말투가 얼마나 부드러운지가 아닙니다. 성경을 공부해 보면 주님께서도 때로는 강하고 비아냥거리는 말투로 진리를 전하셨던 것을 알 수 있습니다. 주님께서는 듣는 이들 중 완악한 자들을 갈라내어 거짓 것을 믿게 함으로써 지옥으로 보내시는 분이십니다. 이러한 주님을 우리는 두려움으로 섬겨야 하는 것입니다.

「너희 가운데서 대면하면 비천하고 너희에게서 떠나 있으면 담대한 나 바울이 이제 그리스도의 온유함과 공손함으로 너희에게 권고하노라」(고후 10:1). 사도 바울은 자신이 성도들에게 온유함과 공손함으로 말했다고 합니다. 그러나 많은 사람들은「그들이 말하기를 "그의 편지들은 무게가 있고 힘이 있지만, 직접 대할 때는 약하고 그 언변도 하찮다."고 하기 때문이라.」(고후 10:10)며 그를 비난했습니다. 그가 설교하거나 가르칠 때 그 언변이 하찮았다(영어 킹제임스성경의 contemptible)는 것은 비꼬고 조롱하듯 거칠게 말한 것을 의미합니다. 버터같이 미끄러지듯 부드럽고 정중하게 말하지 않았다는 것입니다. 그런데 사도 바울은 자신이 온유함과 공손함으로 권고했다고 말합니다. 우리는 성경에서 온유한 설교자들이 어떻게 설교했는지를 알아야 합니다. 과거에 성경적으로 설교한 목사들을 보면 역시 굉장히 강하고 거친 말투였던 것을 알 수 있습니다. 사람들의 비위를 거스를 것을 두려워하면 거칠게 말할 수가 없고, 말씀에 자신의 의견을 혼합해서 전하게 됩니다. 그러나 성경적인 설교는 진리를 가감없이 있는 그대로 말하는 것입니다.

「비록 언변에 있어서는 서툴지만(rude) 지식에 있어서는 그렇지 아니하노라. 오히려 우리는 모든 일에 있어서 너희 가운데서 온전히 나타내 보였느니라」(고후 11:6). 사도 바울이 그 말투로 인해 비난을 받았듯이, 성경적으로 설교하는 목사들도 동일한 비난을 받습니다. 그러나 성령님께서는 이런 설교를 통해 역사하십니다. 부드러운 말로 하면 사람들이 잘 설득돼서 예수님 앞에 죄를 회개하고 돌아올 것 같습니까? 절대로 그렇지 않습니다. 그냥 피상적으로 또는 가식적으로 회개하는 듯 보일 뿐입니다. 몇십 년 동안 가지고 있던 그 단단한 죄악을 회개하려면 얼마나 강한 말씀을 들어야 하겠습니까? 다이너마이트 같은 그런 하나님의 말씀을 꾸밈없이 직설적으로 전해야 합니다.

로마서 16장은 거짓 목사들이 정중한 말투로 아첨한다고 말씀합니다. 그런 목사들이 지금 TV에 나와서 많은 사람들의 돈을 갈취하고 있습니다. '제가 지금 하나님의 계시를 받았는데, 지금 방송을 듣는 사람들 중에서 천 불이 아니고 천십일 불을 내는 사람에게 하나님께서 열매를 주실 것입니다!'라고 합니다. 그런 말은 사탄이 주는 것입니다. 그 말을 듣고 당장 전화를 해서 헌금을 내게 합니다. 그것도 모든 사람이 아니라 딱 30명 만을 위해서 특별히 계시를 받았다고 합니다. 하지만 실제로 30명이 아니라 수만 명이 전화를 할 것입니다. 그런 사기꾼들이 아직도 뻔뻔하게 TV에 나와 설교를 합니다.

온유한 사람에 대해서 성경의 예를 통해 살펴보았습니다. 정리하면, 온유한 사람은 하나님의 말씀에 통제받아 사는 강한 사람입니다. 비겁하고 나약하고 수줍어 하는 사람이 아니며, 뒤로 물러서는 사람도 아닙니다. 강하며, 여러분을 감싸줄 수 있고 편하게 의지하고 의논할 수 있는 사람이 온유한 사람입니다. 성경적 온유함이 무엇인지 생각하시고 그런 온유함을 지닌 사람이 되시기를 간절히 바랍니다.

18. 친절 | Kindness

하나님의 거룩한 영을 슬프게 하지 말라. 너희가 그로 인해 구속의 날까지 인치심을 받았느니라. 모든 신랄함과 분개와 분노와 고함지르는 것과 욕설을 모든 악의와 함께 너희로부터 버리라. 너희는 서로 친절하고 다정다감하며 서로 용서하되 하나님께서 그리스도를 위하여 너희를 용서하신 것 같이 하라(엡 4:30-32).

위 구절은 우리에게 하나님의 거룩한 영을 슬프게 하지 말라고 말씀합니다. 구원받은 후 우리 안에는 성령께서 내주하시는데, 우리에게 친절, 다정다감함, 용서함이 없을 때 그분을 슬프게 할 수 있습니다.

친절이란 상대방을 잘 대하는 태도인데, 성경적인 의미의 친절은 그 이상을 뜻합니다. 성경적으로 친절이란 하나의 태도일 뿐 아니라 더 나아가 상대방에게 호의를 베푸는 행위를 포함하는 적극적인 개념입니다. 흔히 온유와 친절을 비슷한 맥락에서 설명하기도 하지만, 친절은 행위의 적극성을 띤다는 점에서 온유와 다르다고 말할 수 있습니다. 주님께서는 친절하시기 때문에 우리를 도와주십니다. 작은 도움을 주는 것부터 시작해서 목숨까지 내어주실 수 있는 것은 친절하기 때문에 가능한 것입니다.

그리스도인의 성품 시리즈에서 우리는 앞서 담대함, 결단성, 과단성 등 외적으로 드러나는 성품들에 대해 다루었습니다. 이어서 정직, 온유 같이 내면에 갖추어야 할 도덕적 성품에 대해 살펴보았습니다. 오늘 공부할 성품인 친절은 내면에 갖추는 것에서 끝나는 것이 아니라 적극적으로 다른 이에게 베푸는 행위를 포함하는 것입니다. 주님께서는 교회 시대가 끝나고 앞으로 올 대환란 때, 누가 친절을 베풀지 그렇지 않았는지에 따라 양과 염소로 나누는 심판을 하십니다. 그때에는 친절이라는 성품이 구원과 직접적인 연관이 있게 됩니다.

마태복음 25장은 주님께서 양과 염소를 나누며 하시는 말씀입니다. 「그리하여 양들은 그의 오른편에, 염소들은 그의 왼편에 세워 두고 왕이 그의 오른편에 있는 사람들에게 말하기를 '오라, 나의 아버지의 복을 받은 자들아, 세상의 기초가 놓인 이래로 너희를 위하여 준비한 그 왕국을 이어받으라. 이는 내가 굶주렸을 때에 너희가 먹을 것을 주었으며, 내가 목마를 때에 마실 것을 주었고, 내가 나그네였을 때에 대접하였고, 또 내가 헐벗었을 때에 입혀 주었으며, 내가 병들었을 때에 문안해 주었고, 내가 감옥에 갇혔을 때에 찾아와 주었음이라.' 하리라. 그때에 의인들이 주께 대답하여 말씀드리기를 '주여, 언제 우리가 주께서 굶주리신 것을 보고 잡수실 것을 드렸으며 목마르실 때에 마실 것을 드렸나이까? 언제 우리가 주께서 나그네 되신 것을 보고 대접해 드렸으며, 헐벗으셨을 때 입을 것을 드렸나이까? 언제 우리가 주께서 병드신 것을 보았으며, 또 감옥에 갇히셨을 때 찾아뵈었나이까?'라고 하리라. 그러나 왕이 대답하여 그들에게 말하기를 '진실로 내가 너희에게 말하노니, 여기 내 형제들 가운데 가장 작은 자 하나에게 한 것이 곧 나에게 한 것이니라.' 하리라」(마 25:33-40). 대환란 때에는 가장 보잘것 없는 사람에게 친절하게 대하면 의인이 됩니다. 문맥상 예수 그리스도의 형제는 유대인들이므로, 유대인들에게 친절을 베풀었는지 여부에 따라 구원이 결정되는 것입니다.

사람들은 부자나 권력이 있는 사람들에게는 쉽게 친절을 보이지만 약하고 비천한 사람은 무시합니다. 이것이 악한 인간의 본성인데, 마지막 때인 지금 이런 세태가 더욱 심해져서 친절한 사람들을 찾아보기가 힘듭니다. 식당이나 상점이나 공공기관이나 그 어딜 가도 모두 불친절합니다. 세상이 악해질수록 사람들은 친절과 호의를 베풀 줄을 모릅니다.

많은 사람들은 친절에 대해 잘못된 생각을 갖고 있기 때문에 사기꾼이나 거짓 목사에게 속아 그들이 친절한 사람이라고 생각합니다. 그러나 그들은 실제 호의를 베푸는 것이 아니라, 자기에게 이득이 되는 사람 앞에서 겉으로만 친절하게 보이고 잘해 주는 것입니다. 사기꾼에게 속는 이유는 그가 간까지도 빼 줄 것처럼 잘해 주기 때문입니다. 자신의 이득을 위해 말로만 그렇게 하는 것입니다. 그러나 마태복음 25장에서 주님께서는 형제들 중 가장 작은 자, 비천한 자에게 호의를 베푸는 것에 대해 말씀하십니다.

영어로는 다른 사람에게 잘 대해 주는 사람을 nice하다고 표현합니다. 그러나 영어 킹제임스성경에 nice라는 단어는 한 번도 나오지 않습니다. 따라서 성경적으로 믿는 우리는 nice한 사람이 되는 것을 추구하는 것이 아니라, 친절해야 합니다. 겉보기에 nice 할지라도 그 안에는 악한 생각이 가득한 위선자가 되어서는 안 됩니다.

거짓 목사들은 돈 많은 부자들이 교회에 오면 엄청나게 잘해 주지만, 돈 없는 사람이 오면 거들떠 보지도 않습니다. 저희 교회 한 자매님이 전에 다녔던 교회의 목사 이야기를 해주었습니다. 그 자매님의 집에 할머니가 오셔서 목사에게 특별히 할머니에게 말씀을 전해 달라고 심방을 부탁했는데 결국 와 주지 않았고, 나중에 보니 그날 부잣집에 심방을 갔었더라는 이야기였습니다. 그런 사람이 심방을 가는 이유는 돈을 바라기 때문에 가는 것입니다. 그런 사람들이 지금 시대에 구원받지 못해 앞으로 올 대환란에 들어간다면, 지옥에 떨어질 것은 분명합니다. 대환란 때에는 그렇게 가난한 자를 괄시하고 교회 건물 하나 더 짓기 위해 부자에게 아부하며 잘해준다면 염소로 분류될 것이기 때문입니다.

어느 통계 자료에 따르면 전 세계 대형 교회가 서울에 가장 많은 것으로 집계됐습니다. 한국처럼 죄악이 만연한 나라에 세계에서 가장 큰 대형 교회가 제일 많은 것입니다. 거짓 목사들은 nice한 모양새를 십분 활용하고자 양의 탈을 쓰고 나타납니다. 겉으로 보기에는 온순하고 선하고 친절하지만, 속은 시커먼 것입니다. 저는 동물 중에 뱀을 가장 싫어합니다. 거짓 목사들은 그들 안에 구렁이들이 한가득 들어가 있는 모습입니다.

친절을 위장하는 또 다른 부류는 리버럴 즉 자유주의자들입니다. 겉으로 하는 말을 들어 보면 아주 nice하지만, 그들은 극빈자들이나 이민자들을 이용해 세력을 얻으려는 것이지 그들을 진정으로 위하는 것이 아닙니다. 성경의 친절은 작은 자들, 비천한 자들에게 호의를 베풀되 나중에 되돌려 받을 것을 생각하지 않는 것입니다. 리버럴들처럼 돈과 권력을 얻는 수단으로 이용하는 것이 아닙니다. 그들이 말하는 대로 극빈자들을 가엾게 여긴다면 자신들이 타고 다니는 전용 비행기나 수억 불짜리 집을 팔아서 도와주면 됩니다. 이처럼 사기꾼, 거짓목사, 리버럴들은 친절한 척하지만 실제로는 가증스런 위선자들입니다.

성경 전체에서 친절이라는 단어는 적극적으로 호의를 베푸는 의미로 사용됩니다. 우리는 이 단어의 의미를 세상이 정의하는 것과는 달리 성경에서 찾아야 합니다. 「아브라함이 말하기를 "참으로 이곳에는 하나님을 두려워함이 없기에 내 아내로 인하여 그들이 나를 죽일 것이라고 생각했음이라. 또 그녀는 실로 내 누이라. 그녀는 내 어머니의 딸은 아니지만 내 아버지의 딸로서 내 아내가 되었도다. 하나님께서 나로 내 아버지 집을 떠나 유랑하게 하셨을 때 내가 그녀에게 말하기를 '이것이 당신이 나에게 보여 줄 친절이라. 우리가 가는 어느 곳에서나 나에 대해, 그는 나의 오라비라고 말하라.' 하였노라." 하더라」(창 20:11-13). 아브라함은 목숨이 위급한 상황에서 아내에게 어려운 부탁을 했습니다. 누군가가 어떤 요청을 했을 때 그것을 들어 줌으로써 그 사람에게 기쁨을 주는 것이 친절입니다. 말로만 하는 것이 친절이 아닙니다. 「그러므로 이제 네가 나와 내 아들과 내 아들의 아들에게도 거짓되이 행하지 않겠다고 여기에서 하나님으로 나에게 맹세하라. 내가 너에게 친절을 베풀었던 대로 너도 나와 네가 기거하는 이 땅에 행할 것이니라." 하니」(창 21:23). 이 구절 역시 친절이 적극적인 행함이라는 것을 보여줍니다.

라합과 정탐꾼들과의 대화를 보겠습니다. 「우리가 이런 일을 듣자마자 우리의 마음이 녹았고 너희로 인하여 그 누구에게도 아무런 용기가 남아 있지 않았으니 이는 주 너희 하나님은 위로는 하늘에 아래로는 땅에 계신 하나님이심이라. 그러므로 이제 너희에게 간구하노니, 내가 너희에게 친절을 베풀었으니 너희도 내 아버지의 집에 친절을 베풀 것을 주로 내게 맹세하고 내게 진실한 표를 달라. 그리고 너희는 내 아버지와 어머니와 형제들과 자매들과 그들에게 있는 모든 자를 살려 주어 우리의 생명을 죽음에서 구해내 달라." 하니 그 사람들이 그녀에게 대답하기를 "너희가 우리의 이 일을 발설하지 아니하면 우리의 생명으로 너희를 대신하노라. 주께서 이 땅을 우리에게 주실 때, 우리가 너를 친절하고 진실하게 대우하리라." 하더라」(수 2:11-14). 여기서 친절은 정탐꾼들의 목숨을 살려 주는 행위인데, 그 친절을 베풀기 위해 라합은 자신의 목숨을 걸어야 했습니다. 역시 말로만 한 것이 아니었습니다. 친절은 누군가의 부탁이나 요청을 들어주는 것입니다.

창세기 40장에는 요셉이 파라오의 술 맡은 자에게 꿈을 해석해 주는 장면이 나옵니다. 「요셉이 그에게 말하기를 "그것의 해석이 이러하니, 그 세 가지는 삼 일이라. 이제부터 삼 일 안에 파라오가 당신의 머리를 들어올려서, 당신의 자리를 회복시키리니, 당신이 전에 그의 술 맡은 자였을 때 했던 대로 당신은 파라오의 손에 그의 잔을 건네주리이다. 그러나 일이 잘되거든 나를 생각하고 내가 당신에게 부탁하오니, 나에게 친절을 베풀어서 나에 대해 파라오에게 고하여 나를 이 집에서 나가게 하소서」(창 40:12-14). 누군가의 요청을 들어주었을 때, 그 사람은 친절을 베풀어준 것입니다. 「이스라엘이 죽을 때가 가까우니 그가 그의 아들 요셉을 불러 그에게 말하기를 "이제 내가 네 목전에서 은혜를 입었으면, 내가 네게 부탁하노니, 네 손을 내 넓적다리 아래 넣으라. 그리고 내게 친절하고 진실하게 행하여, 내가 네게 청하노니, 나를 이집트 땅에다 장사하지 말라. 내가 나의 조상들과 더불어 누우리니, 너는 나를 이집트에서 옮겨서 그들의 묘지에다 장사하라." 하니, 그가 말하기를 "내가 아버지가 말씀하신 대로 행하리이다." 하더라」(창 47:29,30). 야곱이 죽을 때 아들 요셉에게 부탁을 하였는데, 역시 그 부탁을 들어주는 것이 친절이라고 합니다. 여러분은 친절한 사람입니까? 다른 사람이 부탁하고 요청한 것에 대해 호의를 베풀어 도와준 적이 있습니까?

또한, 필요한 것을 채워주는 것이 친절입니다. 여러분이 잘 아는 보아스와 룻의 이야기를 보겠습니다. 「그러자 보아스가 룻에게 말하기를 "내 딸아, 네가 듣지 아니하냐? 이삭을 주우러 다른 밭으로 가지 말며, 여기서 떠나지 말고 여기 내 소녀들 곁에 있으라…그러자 그녀가 말하기를 "내 주여, 나로 당신의 목전에 은총을 얻게 하소서. 나는 당신의 몸종들 중 하나와도 같지 않으나 당신께서 나를 위로하시고 당신의 여종에게 친절하게 말씀하셨나이다." 하더라」(룻 2:8,13). 보아스가 룻에게 베푼 친절은 룻이 이삭을 주워 필요를 채울 수 있게 해 준 것이었습니다. 룻은 이방 여인으로서 유대인 시어머니를 따라 그 땅에 들어와 어렵게 살고 있었습니다. 그녀가 생계가 막막했을 때 그 땅의 주인인 보아스가 그 땅에서 이삭을 주울 수 있도록 해 주었습니다. 「그들이 곡식을 거두는 밭에 네 눈을 두고 그들을 따라가라. 내가 청년들에게 너를 건드리지 못하도록 당부하지 아니하였느냐? 목이 마르거든 그릇으로 가서 청년들이 길어 온 것을 마실지니라." 하더라. 그러자 룻이 땅에 엎드려 절하고 그에게 말하기를 "나는 타국인인데도 어찌하여 내가 당신 눈에 은혜를 얻으며 당신께서 나를 알아 주시나이까?" 하니」(룻 2:9,10). 보아스는 이방 신을 따라가지 않고 시어머니 나오미와 함께 돌아온 며느리에 대한 소문을 이미 들었었고, 따라서 그녀에게 적극적으로 호의를 베풀어 주었습니다. 「나오미가 그녀의 며느리에게 말하기를 "산 자와 죽은 자에게서 그의 친절을 거두지 아니한 그 사람이 주로부터 복받기를 원하노라." 하고 또 나오미가 그녀에게 말하기를 "그 사람은 우리에게 가까운 친족이며 우리의 다음 친척 중 하나니라." 하더라」(룻 2:20).

룻은 가까운 친척인 보아스에게 가서 나오미가 시킨 대로 합니다. 「한밤중에 그 사람이 무서워하여 몸을 돌이키니, 보라, 한 여자가 그의 발치에 누워 있는지라. 그가 말하기를 "네가 누구냐?" 하니 그녀가 대답하기를 "나는 당신의 여종 룻이오니, 당신의 옷자락으로 당신의 여종을 덮으소서. 당신은 가까운 친척이니이다." 하자 그가 말하기를 "내 딸아, 네가 주로부터 복받기를 원하노라. 이는 네가 가난하든지 부유하든지 간에 청년들을 따르지 아니하였음이니, 네가 처음보다 나중에 더 큰 친절을 베풀었도다. 내 딸아, 이제 두려워 말라. 네가 원하는 대로 내가 네게 다 행하리라. 이는 내 백성의 모든 성읍이 네가 현숙한 여인임을 알기 때문이니

라. 또 이제 내가 너의 가까운 친척인 것이 사실이나 나보다 더 가까운 친척이 있느니라」(룻 3:8-12). 결국 관례대로 보아스보다 더 가까운 친척이 포기를 하자, 보아스는 룻과 혼인하게 됩니다. 룻은 모든 일에 있어 시어머니의 말에 순종을 했고, 그것이 보아스가 보기에는 더 큰 친절을 베푼 것이 되었습니다.

또 성경은 현명한 여인이 친절하다고 말씀합니다. 「그녀는 지혜롭게 입을 열며 그녀의 혀에는 친절의 법이 있느니라」(잠 31:26). 이 말씀대로 친절하지 못한 여인은 현명한 여인이 아닙니다. 자매님들은 '그러면 형제들은 어때야 하는데요?' 할 수 있습니다. 그러나 형제들은 하나님께 맡기십시오. 부부간에 다툼이 있으면 자매님들은 하나님께 기도하면서 '왜 내 남편은 이럴까요?' 하지 마시고, 여러분 자신이 아내로서 실천해야 할 것을 실천하십시오. 남편이 바뀌지 않는다면 그것은 하나님께서 다루실 것이기 때문에, 그것까지 여러분이 안달하고 불평할 필요가 없습니다. 성경이 무엇을 말씀하시면 마음 속에 '저 자매는 이런데, 저 형제는 저런데…' 란 생각만 하고, 정작 그 말씀이 자신에게 해당된다는 사실은 헤아리지 않는다면 문제가 있는 것입니다. 다른 사람만 판단하고 있는 상태에서는 어떠한 영적 성장도 있을 수 없습니다. 성경이 말씀하는 대로 여러분은 현명한 여인으로서 말과 태도가 친절해야 합니다. 말뿐만 아니라, 그 내면에 친절한 성품을 갖추어 행동으로 옮겨야 합니다. 주님께서는 우리가 성도들 간에 서로 친절하기를 원하십니다.

다음으로 에스더의 예를 보겠습니다. 유대인들이 나라를 빼앗기고 이방인들이 통치하는 시대입니다. 유대인 여인인 에스더는 이방인에게서 친절을 얻습니다. 「그리하여 왕의 명령과 칙령이 전달되자 많은 처녀들이 수산궁으로 헤개의 관리 하에 모였으며 에스더도 왕궁으로 인도되어 궁녀의 주관자 헤개의 관리 하에 있었더라. 그 소녀가 그를 기쁘게 하였고 그녀가 그로부터 친절을 얻은지라, 그가 그녀에게 정결을 위한 물품들을 신속히 주었으며 그녀에게 속한 것들과 그녀에게 어울리는 일곱 처녀를 왕궁으로부터 주었고 또 그녀와 그녀의 여종들을 선대하여 여인들의 궁에서 가장 좋은 곳을 주었더라」(에 2:8,9). 한 이방인의 친절로 시작해 결국 에스더는 후에 왕후가 됩니다. 이처럼 친절은 중요한 것이며, 친절로 인해 사람이 죽고 살 수도 있습니다. 대환란 때에는 친절이 민족을 양과 염소로 분류하는 심판의 기준이 됩니다. 친절하지 않은 자들은 사람들을 다치게 합니다.

성경에서의 사랑은 헐리우드 영화에 나오는 사랑이 아닙니다. 성경적 사랑은 그 안에 친절이라는 요소를 담고 있습니다. 사랑이 있는 사람이 친절할 수가 있습니다. 때로는 목숨까지도 걸고 행동으로 옮겨야 하는 것이 친절입니다. 라합이 예수 그리스도의 계보에 들어가게 된 것도 그녀의 친절 때문이었습니다.

「의인으로 나를 치게 하소서. 그것이 친절이 되리이다. 그로 나를 책망케 하소서. 그것이 내 머리를 상하지 않게 하는 좋은 기름이 되리니 이는 그들의 재난중에도 내 기도가 여전히 있을 것임이니이다. 그들의 재판관들이 돌밭에 내쳐질 때 그들이 내 말들을 들으리니 이는 내 말들이 달기 때문이니이다」(시 141:5,6). 누군가에게 책망받고 야단맞는 것을 좋아할 사람은 없을 것입니다. 그러나 이 성경 구절은 그것이 오히려 자신에게 베푸는 친절이라고 말합니다. 비뚤어진 길로 나가는 것을 바로잡아 주기 때문입니다. 하나님의 말씀을 믿는 사람들은 하나님께서 징계할 때 그것이 하나님의 친절인 것을 압니다. 강하게 책망하는 설교를 들을 때 여러분은 목사가 친절을 베푸는 것임을 알아야 합니다. 비뚤어진 길로 갈 때 바른 길로 돌아오도록 잡아주는 것이 친절입니다.

「하나님의 거룩한 영을 슬프게 하지 말라. 너희가 그로 인해 구속의 날까지 인치심을 받았느니라. 모든 신랄함과 분개와 분노와 고함지르는 것과 욕설을 모든 악의와 함께 너희로부터 버리라. 너희는 서로 친절하고 다정다감하며 서로 용서하되 하나님께서 그리스도를 위하여 너희를 용서하신 것같이 하라」(엡 4:30-32). 「그러므로 너희는 하나님의 택함을 받은 거룩하고 사랑받는 자로서 자비로운 마음과 친절과 마음의 겸손과 온유와 오래 참음으로 옷입으라」(골 3:12).

사도행전 28장에는 하나님의 사람에게 친절하게 대한 사람들이 복을 받는 말씀이 나옵니다. 사도 바울이 탄 배가 파선했을 때 한 섬에 도착해서 원주민들을 만났는데, 그들은 외지에서 온 타국인들을 괄시하지 않았습니다. 「구조된 후에 그들은 그 섬이 멜리테라 하는 것을 알았더라. 원주민들이 우리 각자에게 적지 않은 친절을 보여 주니라. 비가 내리고 날씨가 추우므로 그들이 불을 피워 놓고 우리 모두를 맞아 주더라…이 일이 있은 후에 섬에 있는 다른 병든 자들도 와서 고침을 받으니라」(행 28:1,2,9). 친절하게 바울 일행을 맞아들이자 병든 자들이 사도 바울에게 고침을 받는 기적이 일어납니다. 그 친절이 추운 날씨에 불을 쬐게 해 주는 것처럼 사소한 일일 수 있습니다. 그러나 그것이 하나님의 복을 받는 통로가 된 것입니다.

여러분이 복음을 전할 때 받아들이지 않고 오히려 핍박하는 자들은 저주를 받지만, 친절을 베풀고 받아들이는 사람들은 복을 받는 것입니다. 친절 하나가 엄청난 결과를 가져올 수 있습니다. 만일 여러분이 그동안 불친절한 태도를 갖고 살아왔다면 고치셔야 합니다. 친절이 없는 사람은 결코 복을 받을 수 없습니다.

19. 관대함 | Generosity

재물은 흩을지라도 늘어나나, 지나치게 아끼면 궁핍하게 되느니라. 관대한 자는 풍족하게 되리니, 물을 주는 자는 자기 자신도 물을 받게 되리라. 곡식을 움키는 자는 백성들이 저주할 것이나, 곡식을 파는 자의 머리 위에는 복이 있으리라 (잠 11:24-26).

우리가 지금까지 배운 그리스도인의 성품들을 잘 갖춘 성도는 주님께 열매를 가져다드릴 수 있지만, 그렇지 못하다면 주님께 영광을 돌릴 수 없습니다. 여러분이 그런 성품을 갖추는 것은 주님께서 원하시는 일입니다. 그리스도인의 성품은 타고나는 것이 아니기에 하나님의 말씀을 듣고 노력해서 쌓아가야 합니다. 넉넉히 베푼다는 뜻을 가진 관대함은 시간, 노력, 태도 등 여러 면에서 적용될 수 있지만 오늘은 물질적인 면에 중점을 두고 공부하겠습니다.

성경에는 관대함과 같은 뜻으로 giving(베풂), bounty(관대한 나눔), liberal(넉넉한 나눔)이 나옵니다. 오늘날 정치인들이 정부 돈을 악용해 인심쓰듯 나누어 주면서, 이와 관련하여 liberal이란 말이 좋지 않은 뜻으로 쓰이고 있지만, 관대함을 뜻하는 liberal이라는 단어는 원래 성경에서 아주 좋은 뜻으로 사용되는 단어입니다. 여러분은 성경이 말씀하는 관대함을 갖춘 사람이 되어야 합니다. 관대함이야말로 구원받은 그리스도인이 가장 먼저 갖추어야 할 성품이라고 생각합니다. 주님께서 우리에게 값없이 독생자를 주셔서 구원을 받게 해 주셨기 때문에, 새로운 피조물이 된 우리도 관대함을 가져야 합니다. 우리가 구원받기 전에는 인색했지만 주님으로부터 풍성한 은혜를 받았기에 남에게 베풀 줄 아는 사람이 되어야 합니다.

　많은 사람이 열심히 일하고 노력해서 무엇을 얻었을 때 그것을 자신의 것이라고 착각합니다. 그러나 이 세상의 모든 것은 주님의 것이고, 우리가 가진 모든 것은 주님께서 우리에게 주신 것임을 알아야 합니다. 만약 주님께서 여러분에게서 건강을 가져가시고 지혜를 가져가신다면 일을 할 수도 없게 됩니다. 자신의 노력 때문에 잘 사는 것이라고 착각하지 마십시오. 지능이나 건강이나, 구원받은 우리의 몸과 혼과 영이 모두 주님의 것입니다. 우주 만물이 모두 주님의 것임을 기억하시길 바랍니다. 「땅과 거기 충만한 것이 주의 것이요, 세상과 그 안에 사는 자들도 그러하도다. 이는 그가 바다들 위에 땅의 기초를 두셨으며 큰 물들 위에 그것을 세우셨음이라」(시 24:1,2).

　관대한 삶 곧 베푸는 삶을 살 수 있으려면 우선, 내가 소유한 모든 것과 내 몸까지도 모두 주님의 것임을 알아야 합니다. 주님께서 지금 이 자리에서 우리의 숨을 거두어 가신다면 살 사람이 없습니다. 제아무리 똑똑하고 건강한 사람이라 해도 주님께서 그 지능과 건강을 가져 가신다면 그는 아무것도 아닙니다. 그렇다고 건강도 주님의 손에 달렸으니 운동을 안 해도 된다는 말이 아닙니다. 운동은 필요한 것이고 건강을 위해 운동을 하셔야 합니다. 모든 것이 주님 손에 달려 있으니 운동도 하지 않고 음식도 함부로 먹으면서 '주님께서 다 알아서 건강하게 해 주시겠지' 하는 것은 은사주의자들이 갖는 잘못된 믿음입니다. 성경은 우리에게 절제하라는 명령을 주십니다. 일하지 않으면서 필요한 것을 간구하고, 운동도 하지 않고 음식도 절제하지 않으면서 건강을 구하는 것은, 주님의 명령을 따르지 않는 것입니다. 필요한 것이 있다면 기도하면서 그것을 이루기 위해 열심히 노력해야 합니다.

「재물은 흩을지라도 늘어나나, 지나치게 아끼면 궁핍하게 되느니라」(잠 11:24). 이것은 하나님의 경제 원리입니다. 투자가들이 경제원리에 따라 투자하는 것처럼 여러분이 알고 따라야 할 성경적인 경제 원리가 바로 이것입니다. 「관대한 자는 풍족하게 되리니, 물을 주는 자는 자기 자신도 물을 받게 되리라」(잠 11:25). 움켜쥐고 절약해야 부자가 되는 인간의 경제 원리와는 맞지 않습니다. 인간의 경제 원리에 따라 부자가 된 사람들을 보십시오. 세계 어느 나라에서나 재벌가들을 보면 자식들 간의 재산 다툼이 비일비재합니다. 비단 재벌들뿐만 아니라 여러분 주위에서도 어렵지 않게 볼 수 있는 일입니다. 부모의 재산을 욕심내는 자식들이 벌이는 다툼과 시기와 질투를 생각하면 그런 재산은 없느니만 못합니다. 그들은 돈에 대한 욕망과 탐심을 가지고 많은 돈을 모으지만 그런 것들은 하나님께서 한번만 치시면 사라지는 것입니다.

여러분은 주님의 경제 원리대로 사셔야 합니다. 「주는 것이 받는 것보다 복이 있다」(행 20:35)는 말씀이 주님의 방법입니다. 받는 것이 더 복이 있지 어떻게 주는 것이 더 복이 있는가 하고 생각할 수 있지만, 그것은 하나님의 경제 원리를 모르기 때문에 하는 말입니다. 사해(죽은 바다)가 생겨나는 이유는 물이 나가는 배출구가 없기 때문입니다. 여러분도 베풀지는 않으면서 받기만 한다면 썩어 버립니다. 부패한 재벌들처럼 된다는 것입니다. 그들은 하나님의 방법을 따라 부자가 된 것이 아니라, 정치와 야합하고 범죄와 사기로 부자가 된 것입니다. 주님께서 여러분에게 복을 주실 때에는 그 복을 다른 사람에게도 나누어 주라는 의도로 주십니다. 그런데 주님의 의도와는 달리 꽉 움켜쥐고 나누어 주지 않는다면 주님께서는 더 이상 주시지 않습니다. 하나님의 경제 원칙은 주는 것입니다.

「물을 주는 자는 자기 자신도 물을 받게 되리라」(잠 11:25). 여러분에게 그리스도인의 성품들을 지니시라고 설교하는 이유는 그 하나 하나가 곧 주님께서 그리스도인에게 주시는 삶의 지침이자 명령이며, 그러한 성품을 갖고 살 때에만 주님께서 주시는 풍성한 삶을 누릴 수 있기 때문입니다. 우리가 바라는 것이 물질적인 풍성함만이어서는 안 됩니다. 물질적으로 부유하다 할지라도 삶이 곤비하고 괴로워 여러가지 정신적인 문제들을 겪는 사람들도 많이 있습니다. 예를 들어 새 차를 소유하게 되었다면, 운전할 때도 주차할 때도 차에 작은 흠집이라도 생길까 봐 아주 조심스럽고 염려가 됩니다. 하지만 헌 차를 몰고 다닐 때는 그런 것들을 걱정하지 않아도 됩니다. 돈이라는 것은 필요할 때에 있으면 되는 것입니다. 많은 돈을 갖는 것이 정말 행복한 것인지 생각해보시기 바랍니다. 돈을 쌓아 놓고서 늘 돈에 대해 걱정하는 것보다, 그때그때 필요에 따라 주시는 하나님께 받는 것이 훨씬 좋습니다. 주님께 맡기고 주님의 경제 원칙을 따라 사시면 됩니다.

「곡식을 움키는 자는 백성들이 저주할 것이나, 곡식을 파는 자의 머리 위에는 복이 있으리라」(잠 11:26). 모든 것을 움켜쥐고 풍성하게 살 줄 알았는데 주님께서 그날 밤 그의 혼을 데려가신다면 모든 것은 끝나 버립니다. 인간들은 자신들의 생각과 수고로 부유해진다고 착각합니다. 움켜쥐면 부자가 될 것 같지만 하나님의 방법은 다릅니다. 이런 점을 알고 여러분들은 앞으로 어떤 방법을 따를지 정해야 합니다. 주님의 방법을 따르는 것이 풍성하게 되는 것임을 제가 경험했기에 저는 여러분에게 장담합니다. 저는 모든 것을 다 버리고 성도가 한 명도 없는 이곳 LA로 왔는데, 주님께서는 그때보다 더 풍성하게 살게 해 주셨습니다. 20여 년 동안 주님께서 필요한 것을 채워 주셨고 풍성하게 해 주셨는데 무엇을 불평하겠습니까. 많은 사람들은 아무것도 없는 데서 무엇을 시작하는 것을 두려워하지만, 모든 것이 주님의 것이고 모든 것이 주님의 방법대로 되어진다는 사실을 알면 두렵지가 않고 오히려 마음이 편합니다. 필요할 때 필요한 만큼만 채우면 되는 것입니다.

「형제들아, 우리는 마케도니아 교회들에게 주신 하나님의 은혜를 너희에게 알게 하노라」(고후 8:1). 여기서 은혜는 주는 것, 나눔을 뜻합니다. 도대체 마케도니아 교회들이 어떻게 했길래 바울이 하나님의 은혜라는 표현을 쓰며 말할까요? 「큰 환난의 시련 가운데서도 그들의 기쁨이 넘치고 그들의 심한 궁핍에도 풍부한 연보를 넘치게 하였느니라」(고후 8:2). 부자였기 때문에 풍부하게 드린 것이 아닙니다. 만 불을 벌어 천 불 십일조를 낸 사람보다,

백만 불을 벌어 십만 불 십일조를 낸 사람이 교회 입장에서 더 큰 돈을 낸 것이지만 주님께서는 돈의 액수를 따지시는 분이 아닙니다. 주님은 마음을 보는 분이십니다. 누가복음에 나오는 두 렙돈을 가진 과부를 예로 들어보겠습니다(눅 21:1-4). 부자들이 십일조를 내고 과부가 동전 두 개를 드렸을 때, 주님께서는 부자들에게 돈을 많이 냈다고 하시지 않고, 이 여인이 저 부자들보다 더 많이 연보를 넣었다고 하셨습니다. 부자들은 풍부한 중에 그만큼을 냈지만 과부는 가진 것 모두를 드렸기 때문입니다. 10%가 아닌 100%를 드린 것입니다. 둘 중 누가 관대하게 베푼 사람이겠습니까?

물론 십일조는 구약의 율법하에 있었던 명령입니다. 구약은 행위에 의한 구원을 따르는 것이기에, 은혜 복음을 따라 구원받는 우리에게 교리적으로 적용되지는 않습니다. 그러나 구약은 오늘날 우리들에게 교훈과 훈계를 주고 좋은 본을 보여 줍니다. 우리는 구약의 율법의 저주에 얽매인 사람들이 아니지만, 그렇다고 율법의 진리를 무시하고 죄 속에서 살면 안되는 것입니다. 주님께서는 신약에서 「각 사람은 미리 마음 속에 정한 대로 할 것이요, 인색함이나 억지로는 하지 말아야 하리니」(고후 9:7) 라고 하시는데, 이때 구약의 십일조가 교훈이 될 수 있습니다. 신약시대에 십일조를 내는 것에 대해 의견이 분분하지만, 주님께서 여러분들에게 복 주신 대로 인색함 없이 자원하는 마음으로 드리면 되는 것입니다. 저는 십일조를 강조하지 않지만 여러분이 성경적으로 산다면 마음에서 우러나와 기쁘게 주님께 드릴 수 있을 것입니다.

주님을 사랑하면 나에게 풍성한 은혜를 주신 것에 감사해 당연히 드리게 됩니다.

　신약 시대를 사는 우리들이 십일조를 내는 이유는 율법이기 때문에 지키는 것이 아닙니다. 율법 시대 이전의 사람인 아브라함도 이삭도 야곱도 첫 열매에 대해 말씀하신 주님께 십일조를 드렸습니다. 그 전에 살았던 노아도 아벨도 카인도 제단에 드렸습니다. 이처럼 주님께 드리는 것이 창세기 때부터 나오는데, 십일조는 율법이 주어지기 전부터 존재해 왔던 것을 알 수 있습니다. 따라서 십일조는 구약의 율법이기에 드리지 않겠다고 하는 것은 잘못된 생각입니다.

　성경 인물 중에 가장 관대한 삶을 산 사람은 바로 아브라함입니다. 「아브람과 함께 갔던 롯도 양떼와 소떼와 장막들을 소유했더라. 그 땅은 그들이 함께 거하는 것을 수용할 수 없었으니, 이는 그들의 소유가 많으므로 함께할 수 없었음이라. 아브람의 가축의 목자들과 롯의 가축의 목자들 사이에 다툼이 있고 또 그 당시 그 땅에는 카나안인과 프리스인도 거하더라. 그러자 아브람이 롯에게 말하기를 "내가 부탁하건대, 우리가 형제 간이니, 나와 너 사이에와 나의 목자들과 네 목자들 사이에 다투지 않게 하자. 네 앞에 온 땅이 있지 아니하냐? 내가 부탁하노니, 나에게서 갈라져 나가라. 네가 왼쪽으로 가면 나는 오른쪽으로 갈 것이요, 또 네가 오른쪽으로 가면 나는 왼쪽으로 가리라." 하니, 이에 롯이 눈을 들어 요단의 온 평지를 바라보니, 소알에 이르기까지 어느 곳이나 물이 넉넉하더라. 그곳은 주께서 소돔과 고모라를 멸망시키기 전이었으니, 주의 동산 같고 이집트 땅과 같더라. 그리하여 롯이 요단의 온 평지를 택하고 롯이 동쪽으로 옮겨가니, 그들이 서로에게서 갈라서더라. 아브람은 카나안 땅에 거하였고 롯은 평지의 성읍들에 거하여 자기 장막을 소돔을 향해서 쳤더라. 그러나 소돔인들은 사악하였고 주 앞에 극심한 죄인들이었더라」(창 13:5-13). 아브라함은 자신이 먼저 비옥한 땅을 차지하지 않고 롯에게 먼저 선택권을 주었습니다. 관대한 마음이 없었다면 그렇게 하지 못했을 것입니다. 비옥한 땅을 보고 욕심이 들었을 텐데 아브라함은 그렇지 않았습니다. 대부분의 사람들은 자신이 먼저 좋은 것을 차지하려고 합니다. 여러분은 주는 것이 받는 것보다 복이 있다고 하신 주님의 말씀이 이해가 되십니까? 하나님의 경제학은 여러분이 다른 사람에게 베풀 때 주님께서 주시는 것입니다. 그 원리를 깨닫게 된다면 서로 앞다투어 베풀려 들 텐데 그것을 모르기 때문에 받으려고만 합니다.

「아브람이 크돌라오멜과 그와 함께한 왕들을 쳐부수고 돌아온 후, 소돔 왕이 왕의 골짜기인 사웨 골짜기에서 그를 맞이하러 나왔으며, 살렘 왕 멜키세덱이 빵과 포도주를 가지고 나왔으니, 그는 지극히 높으신 하나님의 제사장이었더라. 그가 아브람을 축복하며 말하기를 "하늘과 땅의 소유주이신 지극히 높으신 하나님의 아브람을 복 주시옵소서. 너의 원수들을 네 손에 넘겨주신 지극히 높으신 하나님을 송축하라." 하니, 아브람이 모든 것의 십일조를 그에게 드리더라」(창 14:17-20). 이처럼 십일조는 창세기에서부터 있었고, 주님께서 우리에게 첫 열매를 원하시는 것은 부인

할 수 없는 사실입니다. 모든 구약 말씀은 율법 이후의 것이든 율법 이전의 것이든, 신약 시대를 살고 있는 우리에게는 교훈이 됩니다. 이런 이유로 우리가 주님께 십일조를 드리는 것입니다. 십일조를 주님께 드리면 주님께서는 우리에게 필요한 것을 채워 주십니다. 성경에 그렇게 말씀하셨고 저도 이를 분명하게 증거할 수 있습니다. 저는 구원을 받자마자 1987년부터 주님께 십일조를 드렸고, 지금까지 주님께서는 저희를 먹여 주시고 필요를 채워 주셨습니다. 살면서 여러 가지 어려운 때가 오지만 주님께서 책임져 주십니다. 우리가 인생에서 겪는 어려움은 주님께서 우리의 믿음을 늘려 주시고자 주시는 것입니다. 부족한 것이 있을 때 우리는 주님께 더욱 기도하게 됩니다. 주님께서는 우리의 필요를 채워 주신다고 약속하셨습니다. 저는 이 약속을 경험하며 사는 것이 풍족한 삶이라고 생각합니다.

저는 과거에 모든 것을 소유하고 물질이 풍족하던 때로 돌아가고 싶지 않습니다. 만약 제가 과거로 돌아간다면 더 불행해질 것입니다. 지금과 같이 주님께로부터 필요한 것을 채움 받고 온전한 복을 받으며 사는 것이 더 풍성하고 편안한 삶인 것을 알기 때문입니다. 지금까지 바이블 빌리버들이 구원받은 후 다시 과거로 돌아가고 싶다거나 괜히 구원받았다고 하는 사람을 한 사람도 본 적이 없습니다. 예수 믿으면 부자 된다는 은사주의 목사의 거짓말에 속아 거짓 구원을 받은 사람 중에 부자가 되기는커녕 망한 사람들은 예수님 믿은(?) 것을 후회하는 사람들이 있을 수 있지만, 정확히 구원받은 바이블 빌리버 중에는 그런 사람이 있을 수가 없습니다.

주님께서는 아브라함에게 물질적인 복뿐만 아니라 하나님의 백성을 이끄는 믿음의 조상이 되는 영적인 복도 주셨습니다. 아브라함 덕분에 이방인인 여러분도 그 수혜자가 된 것입니다. 아브라함 안에서 모든 민족이 복을 받게 되었습니다. 그가 그런 복을 받은 이유는 바로 베푸는 삶을 살았기 때문입니다. 소돔과 고모라를 치러 온 천사들에게도 아브라함은 먼저 베풀었습니다.

그리스도인이 되면 가장 먼저 변하는 것 중 하나가 물질에 대한 욕망입니다. 이전에는 어떻게 하면 돈을 더 벌까 궁리했지만, 이제는 넉넉하게 베푸는 관대한 마음을 소유하셔야 합니다. 마케도니아 교회들은 심한 궁핍에도 풍부한 연보를 넘치게 하였습니다. 궁핍한데 드릴 수 있었던 것이 그 교회들의 간증입니다. 럭크만 목사님께서 십일조에 대한 간증을 하신 것에 대해 들은 적이 있습니다. 구원받고 신학공부를 할 때 아내와 자녀들까지 끼니를 굶을 정도로 생활이 어려웠지만 주님께 십일조를 드리기 시작했고, 그 때부터 주님께서 놀라운 방법으로 사람들을 통해 필요한 것을 채워 주셨다는 간증이었습니다. 집도 없이 이동식 차량 주택에서 생활하며 냉장고가 없어 아이스박스에 얼음을 채워 넣고 아이들 우유와 기저귀 값도 없이 어려운 생활을 했지만, 지금은 필요한 것을 채워 주셔서 지금은 풍성하게 살고 계십니다. 여러분은 바이블 빌리버들의 그런 간증들을 종종 들으셨을 겁니다.

「내가 증거하노니 그들은 자기들의 능력에 따라 하였고 또 능력 이상으로 자원하여 하였으며 우리가 은혜를 받을 것과 성도들을 섬기는 일에 동참할 것을 많은 애원으로 우리에게 간청하였느니라」(고후 8:3,4). 마케도니아 교회들은 심한 궁핍에도 오히려 사도 바울과 사역하는 성도들에게 드리기를 간청하였습니다. 「그들이 이것을 행하였으니 우리가 바라던 대로만이 아니라 먼저 자신들을 주께 드리고 또 하나님의 뜻에 따라 우리에게 이 은혜를 준 것이라」(고후 8:5). 여러분도 먼저 주님께 자신의 몸을 산 제물로 드린다면 나머지 물질적인 것들을 드리지 않을 수 없을 것입니다. 어떤 사람이 모든 것은 드리고 순종하면서도 물질만은 절대 못 드린다고 한다면, 주님께서는 그 사람에게 '사해'처럼 되라고 하실 것입니다. 이것은 신약과 구약을 통해 주님께서 말씀하신 하나님의 경제 원칙입니다.

「그러므로 우리가 디도에게 권하였던 것은 그가 전에 시작하였던 바와 같이 이 은혜를 너희 안에서도 완성시키라는 것이었느니라…먼저 할 마음만 있다면 사람이 가진 대로 받으실 것이며 없는 것을 받지는 아니하시리라. 이는 다른 사람들은 평안하게 하고 너희에게는 짐을 지우려는 것이 아니라 균등하게 하려는 것이니 지금은 너희의 풍족함으로 그들의 부족함을 보충함으로써 후에 그들의 풍족함으로 너희의 부족함을 보충하여 균등함이 있게 하려는 것이니 기록된 바 "많이 거둔 자도 남는 것이 없고 적게 거둔 자도 부족함이 없었도다." 함과 같으니라」(고후 8:6, 12-15). 주님께서 고린도 교회는 풍족하니 부족함을 겪는 다른 교회에 보내라고 말씀하십니다. 이것이 하나님의 방법입니다. 그러면 나중에 고린도 교회가 부족할 때 다른 교회에서 보내주므로, 결국에는 균등하게 된다는 것입니다. 이처럼 주님은 성도들에게 필요한 것을 다른 사람들과 다른 교회들을 써서 언제나 채워주실 것입니다.

고린도후서 9장 6,7절은 제가 설교를 잘 하지 않는 구절입니다. 베니 힌과 같은 거짓 목사들이 악용하는 구절이기 때문입니다. 그런 자들은 하나님의 경제 원칙을 이용해 자신의 배를 채우는 자들입니다. TV에 나와서 이 구절로 사기치는 목사들은, 지금 칠백 불을 보내 주면 하나님께서 칠천 불을 주신다는 계시를 받았다며 당장 돈을 보내라고 말합니다. 그런 거짓말에 속아서 돈을 보내는 사람들이 있습니다. TV방송을 24시간 돌리려면 엄청난 돈이 들 겁니다. 그런데 그런 방송료를 지불하고도, 바닷가에 수천만 불짜리 집을 사고 수십만 불짜리 자동차를 여러 대 가지고 있을 만큼 많은 돈을 가지고 있습니다. 그 돈이 바로 칠천 불이 생긴다는 말에 속아 칠백 불을 보낸 사람들의 돈입니다. 주님께서 그런 종교 지도자들은 지옥 중에서도 가장 낮고 가장 뜨거운 지옥에 간다고 말씀하셨습니다. 주님께서 말씀하신 것과 그런 사기꾼들이 말하는 것을 혼동하지 마십시오.

「그러나 내가 이것을 말하노니, 적게 심는 자는 적게 거두고, 넉넉하게 심는 자는 넉넉하게 거둔다는 것이라. 각 사람은 미리 마음속에 정한 대로 할 것이요, 인색함이나 억지로는 하지 말아야 하리니 이는 하나님께서는 기쁨으로 드리는 자를 사랑하심이니라」(고후 9:6,7). 십분의 일을 드리든 십분의 이를 드리든, 각자 마음에 정한 대로 주님께 드리십시오. 그러나 주님의 경제 원칙은 적게 심는 자는 적게 거두고, 넉넉하게 심는 자는 넉넉하게 거둔다는 것입니다. 또 억지로 드리지 말라는 것이 주님의 말씀입니다. 구약의 교훈에 의해서 십분의 일을 드리는 사람들이 많지만, 어떤 사람들은 지금이 은혜 시대이기에 율법 시대보다 더 많이 드려야 한다고도 합니다.

주님께서 원하시는 것은 우리가 기쁨으로 드리는 것입니다. 여러분이 주님께 물질을 드릴 때는, 주님의 은혜와 사랑에 감격해서 미리 정한 대로 기쁨으로 드릴 수 있어야 합니다. 적게 벌었을 때는 십분의 일을 드리기가 쉬운데, 많이 벌었을 때는 십분의 일을 드리기가 아깝다고 말하는 사람들이 있습니다. 그것을 아까워하다가는 돈을 적게 벌게 될 것입니다. 성경에 있는 대로 하나님의 방법을 믿으시면 됩니다. 물질을 채워 주신 것에 감사하며 기쁜 마음으로 드리시기 바랍니다. 주님은 기쁘게 드리는 자를 사랑한다고 하셨으니, 주님의 사랑을 받고 싶으시다면 기쁘게 드리십시오.

「하나님께서는 너희에게 모든 은혜를 넘치게 하실 수 있나니 모든 것을 언제나 너희가 필요한 대로 가질 수 있게 하심으로 모든 선한 일에 넘치게 하시려는 것이라」(고후 9:8). 하나님께서는 모든 은혜를 넘치게 하실 수 있는 무한하신 분이십니다. 하나님의 방법을 알면 쉽습니다. 우리가 드리면, 주님께서는 우리에게 필요한 것을 채워 주실 뿐만 아니라 우리가 선한 일을 할 수 있게도 해 주십니다. 우리가 선교사를 지원하는 선한 일을 하는데 주님께서 안 주시겠습니까? 기쁜 마음으로 드린다면 선한 일을 넘치게 하도록 주님께서 주실 것입니다. 「(기록되기를 "그가 멀리 흩어서 가난한 자들에게 주었으니 그의 의가 영원히 남음이라."함과 같으니 이제 씨 뿌리는 자에게 씨앗을 공급하시는 분이 너희의 양식으로 빵을 공급하시며 또한 너희가 뿌린 씨를 번성케 하시고 너희의 의의 열매를 증가시키시리라.) 모든 일에 부요하게 되어 관대한 연보를 함은 우리를 통하여 하나님께 감사드리게 하는 것이라. 이는 이 봉사의 직무가 성도들의 부족한 것을 충족시켜 줄 뿐만 아니라 하나님께 드리는 많은 감사로 인하여 넘쳐나기 때문이라」(고후 9:9-12).

지금까지 구약과 신약을 통해 하나님의 경제 원칙을 살펴 보았습니다. 이런 하나님의 경제원칙을 따르려면 첫째, 부지런해야 합니다. 나는 하나님의 자녀니까 하나님께서 먹여 주시겠지, 이런 마음으로 일도 하지 않고 게으름을 피우면 안됩니다. 열심히 나가서 일해야 합니다. 주님께서 곧 다시 오신다며 일도 하지 않고 참견이나 하며 문제를 일으키는 데살로니가 교회 사람들에게, 사도 바울은 일하지 않으면 먹지도 말라고 냉철하게 말했습니다.

둘째, 베푸는 삶을 살기 위해서는 검소해야 합니다. 필요한 것도 아닌 데 물질을 낭비하다가는 도울 수 없습니다. 셋째, 탐심이 없어야 합니다. 「그러나 만족할 줄 아는 경건은 큰 이익이 되느니라. 우리가 세상에 아무것도 가지고 온 것이 없으며 아무것도 가지고 갈 수 없는 것이 분명하니 우리에게 먹을 것과 입을 것이 있으면 이것들로 만족할 것이니라」(딤전 6:6-8). 그리스도인들이 물질에 대해 어떤 태도로 살아야 하는지 잘 보여주는 구절입니다. 사람들은 먹을 것과 입을 것이 있으면 만족하는 것이 아니라, 좋은 차와 좋은 집과 늘 더 좋은 것들을 갖고 싶어합니다. 성경에 의하면 우리는 단 두 가지, 먹을 것과 입을 것이 있을 때 만족해야 합니다.

많은 사람들이 만족하지 못하고 불만을 가지고 사는데, 그런 태도는 하나님께 통하지 않습니다. 그리스도의 심판석에서, 이 땅에 살며 항상 불평한 것에 대해 주님께 책망을 받을 때 변명은 통하지 않을 것입니다. 주님께서 이 구절을 말씀하실 것입니다. 「그러나 부유하게 되고자 하는 자들은 유혹과 올무와 여러 가지 어리석고 해로운 정욕에 빠지리니, 이는 사람들로 파멸과 멸망에 빠지게 하는 것이라」(딤전 6:9). 부유하게 되고자 하는 마음을 가지는 것은 매우 위험한 일입니다. 벌써 사탄의 올무에 걸려 파멸로 가는 길로 들어섰을 것이기 때문입니다. 주님께 필요한 것을 구할 때, 여러분이 원하는 것 대신 주님이 뜻대로 채워 주실 것을 기도하면, 여러분이 원하는 것보다 더 풍성하게 주님께서 채워 주십니다.

「돈을 사랑하는 것이 모든 악의 뿌리니 이것을 욕심내는 어떤 사람들이 믿음에서 떠나 방황하다가 많은 슬픔으로 자신들을 찔렀도다」(딤전 6:10). 한국이든 미국이든 이 세상 모든 악한 정치인들과 권력자들은 돈에 대한 탐욕으로 움직입니다. 예전에 여러분이 믿었던 사람이 도저히 이해되지 않는 행동을 함으로써 여러분을 실망시켰다면, 그 이유는 돈이라고 할 수 있습니다. 그 행동에 대한 변명은 여러 가지가 될 수 있겠지만 한 가지 원인을 찾으라면 돈 때문입니다. 부패한 정치인들을 보면 권력을 거머쥐기 전에는 빚더미 위에 있었다가 이후에 어마어마한 부를 쌓는 것을 볼 수 있습니다. 돈을 사랑하는 자들 때문에 세상이 이렇게 악해져 갑니다. 돈은 필요한 것이지만 성경은 우리에게 돈을 사랑하지 말라고 하십니다. 주님께서 주시는 대로 감사하면서 받고 선한 일에 쓰는 것이 바이블 빌리버들이 해야 할 일입니다.

이와는 반대로 돈 없이 가난하게 사는 것이 영적으로 사는 것인 양 잘못 가르치는 사람들도 있습니다. 경건한 척, 거룩한 척하며 가난하게 사는 것은 주님께서 원하시는 것이 아닙니다.

바이블 빌리버 교회에 출석했다가 떠난 대부분의 사람들이, 바이블 빌리버 교회에 출석해 믿음 생활을 하면 세상의 핍박이나 불이익을 받을 수 있다는 인간적인 염려로 교회를 떠납니다. 직장을 주시는 것도 다른 직장으로 옮겨 주시는 것도 주님께서 해 주시는 것인데, 결국 돈을 사랑하기 때문에 믿음을 버리고 떠난 것입니다. 그런 사람들은 주님의 복을 받을 수 없습니다. 오히려 지금 이 자리에 계신 여러분이 주님께로부터 필요한 것을 채움 받으며 풍성하게 살고 있습니다.

「이 세상에 있는 부유한 자들에게 명하여 마음이 교만해지지 말고 불확실한 재물을 신뢰하지 말며, 오직 우리에게 모든 것을 풍요하게 주셔서 향유케 하시는 살아 계신 하나님을 신뢰하라고 하라. 곧 그들이 선을 행하고, 선한 일에 부요하며, 기꺼이 나누어 주고, 아낌없이 베풂으로써, 자신들을 위하여 오는 때를 대비한 좋은 기초를 쌓도록 하라. 이는 영원한 생명을 붙들기 위함이라」 (딤후 6:17-19). 물질을 많이 가지고 있는 성도라면 이 구절에 따라 주의하셔야 합니다. 다른 성도들보다 더 많은 재물을 가졌다고 교만한 마음을 가지면 안 됩니다. 구원받은 사람이 재물을 가지고 있다면, 그 불확실한 재물을 신뢰하지 말고 그것을 주시는 주님을 신뢰하라고 말씀하십니다. 자신이 똑똑해서가 아니라 주님께서 환경도 조성해 주시고 돕는 사람도 붙여 주시고 주님께서 다 해 주신 것이기 때문입니다. 주님께서는 빼앗아 가실 수도 있고 주실 수도 있는 분이십니다. 우리는 하나님께 신뢰를 두고, 선을 행하고, 선한 일에 부요하며, 기꺼이 나누어 주고, 아낌없이 베풀어야 합니다.

여러분은 관대한, 베푸는 삶을 살고 있습니까? 아니면 주님께 다 드리고 순종할 수 있지만 물질만큼은 움켜쥐고 있습니까? 하나님의 경제 원칙을 모르는 어리석은 사람으로 살고 있는지 점검하십시오. 하나님께서는 기꺼이 나누어 주고 아낌없이 베풀라고 하시며, 그렇게 하는 사람들에게 복을 주십니다.

20. 사랑 | Charity

너희의 모든 일을 사랑으로 행하라(고전 16:14).

한글킹제임스성경에 사랑이라는 단어는 544번 나옵니다. 사랑이란 일반적으로 무언가를 아주 많이 좋아하는 마음입니다. 성경에서 이 단어는 아들을 사랑한다, 무언가 하는 것을 사랑한다, 돈을 사랑한다 등 여러 가지 의미로 사용됩니다. 오늘날 이 세상에서는 사랑이라는 단어가 많이 남용되고 있어서, 너무나 쉽게 사랑한다고 말하고 너무나 쉽게 무언가를 사랑이라고 얘기합니다. 인본주의자들은 모든 것을 소위 사랑이라는 잣대로 잼으로써 정상적인 질서를 바꾸려 합니다.

예를 들어 남자가 다른 남자를 사랑하면 둘이 결혼해도 된다고 합니다. 이것은 마귀가 사랑이라는 단어를 써서 성경의 진리를 무너뜨리는 것인데도 수많은 사람들이 이에 동조합니다. 사랑한다는데 무엇이 문제냐는 식입니다. 그러면서 사람들의 뇌 자체가 바뀌어가고 병들어가는 것입니다. 사랑이라는 미명 하에 죄악이 성행하고 있고 정당화되고 있습니다. 사람들은 인본주의적 사랑, 욕정에 의한 사랑을 내세워 성경의 진정한 사랑을 없애 버리려고 합니다. 이것이 마귀의 역사입니다.

성경은 하나님은 사랑이시라고 말씀하는데, 인간은 앞뒤를 바꿔서 사랑이 하나님이라고 합니다. 그렇게 하면 무슨 짓을 하더라도 합리화시킬 수가 있는 것입니다. 하나님의 말씀을 인간의 학문과 같은 잣대와 방법으로 푸는 것입니다. 하나님께는 여러 성품이 있으며, 사랑은 그 중 한 부분입니다. 하나님은 거룩하시며 공의로우시며 자비로우시며 두려우시며…, 또한 성경은 하나님을 소멸케 하는 불이라고 하십니다. 그런 것은 무시하고 하나님은 사랑이시라는 것만을 강조하며 온갖 사탄의 종교들이 나오는 것입니다. 또한 사람들은 진리를 있는 그대로 전파하는 바이블 빌리버들을 사랑이 없다고 비난합니다. 그러나 사랑은 불의를 기뻐하지 않는 것입니다. 스스로 사랑이 많다고 하면서 불의를 용납하고 진리를 거부하는 것은 결코 사랑이 아닙니다.

오늘날 헐리우드식 사랑도 마찬가지입니다. 헐리우드는 육신적 정욕을 사랑이라고 부릅니다. 그러나 성경에서 말씀하는 사랑, 특히 킹제임스성경의 charity는 희생적으로 주는 사랑을 말합니다. 주님께서는 이 세상을 사랑하셔서 독생자를 주셨습니다. 사랑이라는 단어가 최초로 나오는 것은 창세기 22장입니다. 성경에 나오는 최초의 사랑은 아브라함과 이삭 즉 아버지와 아들 간의 사랑입니다. 이삭은 예수 그리스도의 모형이며 아브라함과 이삭의 사랑은 하나님 아버지와 그 아들의 사랑으로, 인해 우리 죄인들이 구속을 받을 수 있게 된 그 사랑을 예표합니다. 하나님께서 우리 같은 죄인들을 아들로 삼아주시기 위해서 사랑하는 독생자를 주신 것입니다. 사람들은 그런 사랑은 제쳐둔 채 맹목적으로 사랑을 외칩니다.

세상은 동성끼리 결혼하는 것을 넘어서서 이제는 미성년자와 결혼합니다. 사랑하는데 왜 결혼을 못 하냐는 것입니다. 죄악으로 가득 찬 자들의 다음 수순은 근친상간, 수간 등이 될 것입니다. 이는 하나님께서 이스라엘 백성에게 경고하셨던 죄악입니다. 인간은 사랑이라는 단어를 붙여서 온갖 죄들을 정당화시킵니다. 그러나 하나님께서 말씀하신 사랑은 그런 것이 아닙니다.

창세기 22장을 보십시오. 「이 일들 후에 하나님께서 아브라함을 시험하시며 그에게 말씀하시기를 "아브라함아" 하시니, 그가 말하기를 "보소서, 내가 여기 있나이다." 하더라. 하나님께서 말씀하시기를 "네 아들, 곧 네가 사랑하는 네 독자 이삭을 이제 데리고 모리야 땅으로 가서, 산들 중에서 내가 네게 알려 줄 한 산에서 그를 번제로 드리라." 하시더라. 아브라함이 아침에 일찍 일어나서 그의 나귀에 안장을 지우고, 그와 함께 있는 청년들 중 두 명과 그의 아들 이삭을 데리고, 번제에 쓸 나무를 쪼개어 가지고 일어나서, 하나님께서 자기에게 일러주신 곳으로 갔더라」(창 22:1-3). 지금 하나님은 아브라함에게 백 살에 얻은 아들을 바치라고 하십니다. 여러분이라면 어떻게 하셨겠습니까? 하나님께서 백 살에 아들을 주셨는데 잘 키워놨더니 번제물로 바치라고 하신 것입니다.

아브라함은 어떤 믿음을 소유했습니까? 히브리서 11장을 보십시오. 아브라함은 하나님께서 말씀하셨기 때문에 그 말씀을 믿고 사랑하는 아들을 번제물로 드릴 수 있었던 것입니다. 히브리서 「믿음으로 아브라함은 시험을 받을 때 이삭을 제물로 드렸으니, 그 약속들을 받은 자가 그의 독생자를 드린 것이라. 그에 관하여 말씀하시기를 "네 씨라 불릴 자는 이삭에게서 난자라." 고 하셨으니 그는 하나님께서 죽은 자들로부터 그를 살리실 수 있으리라고 생각하였음이라. 이로써 그는 모형으로 그를 죽은 자 가운데서 다시 받은 것이니라.」(히 11:17-19)고 말씀합니다. 아브라함은 무지 가운데서 우상에게 숭배하는 것처럼 무조건 맹목적으로 드린 것이 아닙니다. 구약 성경에는 과거에 우상 숭배자들이 자식들을 불살라서 번제물로 바친 것을 볼 수 있습니다. 그러나 아브라함은 분명하게 하나님께서 죽은 자들로부터 아들을 살리실 수 있으리라고 생각했기 때문에 그 믿음으로 드린 것입니다. 아브라함이 그렇게 믿은 이유는 무엇이었습니까? 하나님께서 하신 말씀 즉 '네 씨라 불릴 자는 이삭에게서 난 자라'는 말씀을 믿었기 때문입니다. 자신에게 주셨던 그 말씀의 단어 하나하나를 그대로 믿었던 것입니다. 이삭이 죽어버리면 어떻게 그 씨가 나오겠습니까? 아브라함에게는 그런 강한 믿음이 있었습니다. 부활을 믿은 것입니다. 자신의 아들이 죽더라도 부활해서 그 씨를 낳을 수 있다고 믿은 것입니다. 여러분은 어떤 믿음을 가지고 하나님을 섬기십니까?

　우리는 예수 그리스도께서 우리를 위하여 죽으셨다가 부활하신 그 사랑에 근거해서 주님을 사랑합니다. 하나님의 말씀을 믿기 때문에 주님을 사랑할 수 있는 것입니다. 생각해 보십시오. 아브라함이 그 소중한 아들을 어떻게 드리겠습니까? 단순히 어린아이같이 하나님을 믿었기 때문에 드릴 수 있는 것입니다.

　「네가 네 입으로 주 예수를 시인하고 또 하나님께서 그를 죽은 자들로부터 살리신 것을 네 마음에 믿으면 구원을 받으리라」(롬 10:9)고 하셨습니다. 그런데 사람들은 이 말씀을 믿지 못합니다. 주 예수 그리스도를 믿고 시인하면 구원해 주시겠다고 분명히 약속해 주셨는데 안 믿어서 모두 지옥에 가는 것입니다. 어떻게 그렇게 쉽게 구원을 받을 수 있겠냐며 지옥에 갑니다. 뭔가 특별하고 신비한 체험이 있어야 한다거나 무슨 깨달음이 있어야 한다고 생각합니다. 그러나 필요한 것은 아브라함의 믿음과 같은 단순한 믿음입니다. 아브라함은 이삭에게서 난 자가 네 씨가 된다는 말씀 하나를 그대로 믿었습니다. 로마서 10장 9절 외에도 수많은 구절에서 예수 그리스도만 믿으면 모든 죄에서 사함을 받는다고 말씀하는데 왜 믿지 못하는 것입니까? 하나님의 말씀 외에 더 이상 무엇을 보여주어야 합니까? 사랑은 말씀에 근거한 것이지 맹목적인 것이 아닙니다.

오늘날 사랑이라는 단어는 다른 어떤 단어보다도 남용되고 있습니다. 그러나 이 사랑의 원천은 확실한 것입니다. 주님께서 세상을 사랑하셨기 때문에 자신이 사랑하는 독생자를 주셨습니다. 인본주의자들이 말하는 사랑이 아니라, 아버지께서 사랑하시는 아들을 십자가에서 희생시키신 그 사랑을 말하는 것입니다. 그래서 여러분에게도 주님을 그렇게 사랑하라고 명령하시는 것입니다.

본문 말씀은 모든 일을 사랑으로 하라고 말씀하십니다. 왜 우리에게 모든 일을 사랑으로 하라고 하십니까? 여러분은 지금까지 19가지 그리스도인의 성품에 대한 설교를 들었습니다. 마지막으로 말씀드리는 것이 사랑입니다. 사랑은 그런 모든 성품을 완성시켜 주는 끈입니다. 사랑이 빠지면 아무리 19가지 성품을 다 갖추었다고 해도 완성되지 않습니다. 사랑은 율법의 끝이며 계명의 목적입니다. 성경적인 사랑은 모든 율법을 끝냅니다. 그 이유는 무엇입니까? 성경적인 사랑을 가지고 있다면 절대로 하나님과 사람을 해치는 짓을 하지 않습니다. 사랑하는 사람을 해치겠습니까? 사랑하는 사람의 마음을 상하게 하겠습니까? 사랑이 없기 때문에 죄를 짓는 것입니다. 그래서 성경은 계명의 목적을 사랑이라고 하는 것입니다. 여러분은 무엇을 하든지 사랑으로 해야 합니다.

저는 결혼식 주례를 할 때 고린도전서 13장을 많이 설교합니다. 소위 '사랑 장'이라 불리는 이 말씀은 사실 인본주의적 사랑을 철저히 배격하는 구절입니다. 사람들이 생각하는 사랑과 성경에 나오는 사랑은 천지 차이입니다. 「내가 사람들과 천사들의 방언들로 말한다 해도 사랑이 없으면 소리내는 놋이나 시끄러운 꽹과리가 되고 내가 예언의 은사가 있어 모든 신비와 모든 지식을 알고 또 산을 옮길 만한 모든 믿음이 있다 해도 사랑이 없으면 나는 아무것도 아니요」(고전 13:1,2). 모든 일을 사랑으로 하라고 말씀하신 이유는, 무슨 일을 하든지 사랑으로 행하지 않으면 아무것도 아니기 때문입니다. 생각해 보십시오. 여러분이 온 힘을 다하여 쉬지도 않고 열심히 주님을 섬겼는데, 나중에 그것이 아무것도 아니었다면 얼마나 허무하겠습니까? 열심히 일을 했는데 나중에 보니 받을 것은 없고 오히려 마이너스였다면 허무하지 않겠습니까? 그렇기 때문에 모든 일을 할 때 사랑으로 행해야 하는 것입니다. 사랑으로 하지 않은 것들은 아무것도 아닌 zero인 것입니다. 육십 년, 칠십 년을 일했는데 계좌에 쌓인 것은 하나도 없게 되는 것입니다. 그렇기 때문에 우리는 모든 일을 사랑으로 행해야 합니다.

「또 내가 내 모든 소유를 주어 가난한 사람을 먹이고 내 몸을 불사르게 내어준다 해도 사랑이 없으면 내게 아무 유익이 없느니라」(고전 13:3). 사랑이 없으면 아무 유익이 없다고 말씀합니다. 여러분이 열심히 일을 한다면 그 이유는 무엇입니까? 유익이 있기 때문입니다. 직장에 나가서 열심히 일을 하는데 월급을 주지 않는다면 열심히 일한 것이 아무 유익이 없는 것입니다. 마찬가지입니다. 아무리 주님을 위해 모든 것을 다 한다 해도 사랑이 없이 한다면 유익이 없습니다. 사랑이 없더라도 산을 옮길 만한 믿음이 있을 수 있고, 모든 지식을 알 수도 있고, 자신의 소유를 다 내어주어 가난한 사람을 구제할 수도 있고, 심지어 몸을 불사르게 내어줄 수도 있습니다. 이 모든 것을 사랑이 없이도 할 수가 있다는 것입니다. 그러나 그리스도인으로서 모든 일을 할 때 유익을 위해서 사랑으로 해야 합니다.

오늘의 말씀은 아주 쉽고 간단한 한 구절입니다. 여러분은 이 구절에 대해 모르겠다고 변명할 수 없습니다. 「너희의 모든 일을 사랑으로 행하라」(고전16:14). 우리는 어떤 일을 하더라도 사랑으로 행해야 합니다. 고린도전서 13장에는 사랑에 대한 정의가 나옵니다. 일반인들이 생각하는 사랑은 자신의 가족과 자신이 사랑하는 사람과의 사랑입니다. 그러나 마태복음 5장에서 주님께서는 그런 사랑은 누구나 할 수 있는 것이라고 합니다. 감옥에 있는 연쇄살인범이라 할지라도 자기 가족은 사랑할 줄 압니다. 「만일 너희가 너희를 사랑하는 사람들을 사랑하면 무슨 상을 받으리요? 세리들도 그같이 아니하느냐?」(마 5:46)라고 하셨습니다. 자기를 사랑하는 사람을 사랑하는 것은 당연한 것이라는 말씀입니다.

최근에 갱단 두목인 멕시코 마약왕이 감옥을 탈출한 일이 뉴스에 보도됐습니다. 그런데 그의 어머니가 인터뷰에서, 자기 아들은 그렇게 나쁜 사람이 아니라고 했습니다. 수많은 사람을 죽이고 마약으로 돈을 버는 세계적인 갱단을 움직이는 그 범죄자가 엄마의 눈에는 악한 자로 보이지 않는 것입니다. 그 아들도 자신을 아껴 주는 어머니를 분명히 사랑할 것입니다. 부모를 사랑하고 가족을 사랑하고 자기를 사랑해 주는 사람을 사랑하는 것이 무슨 자랑이 됩니까? 물론 요즘 세상에는 자기 가족조차도 사랑하지 않는 사람이 많습니다. 부부간에도 사랑하지 않는 사람들이 많습니다. 「또 만일 너희가 너희의 형제들에게만 문안하면 다른 사람들보다 더 나은 것이 무엇이냐? 세리들도 그같이 아니하느냐?」(마 5:47)라고 말씀하셨습니다.

성경에서의 사랑은 세상 사람들이 일반적으로 생각하는 그런 차원의 사랑을 말하는 것이 아닙니다. 고린도전서 13장에서 정의하는 사랑은 그 이상의 것입니다. 「사랑은 오래 참고 친절하며」(고전 13:4). 자신에게 사랑이 많다고 자신한다면 이 구절을 항상 묵상하십시오. 나는 오래 참고 친절한 사람인지 점검하십시오. 여러분이 그렇지 못하다면 사랑이 없는 것입니다. 화가 난다고 해서 집에 와서 괜히 아내에게 쏘아붙이고 또 아내는 남편한테 쏘아붙인다면 그게 어떻게 사랑이 많은 것입니까? 짜증나는 일이 생길 때마다 신경질을 냅니다. 오래 참고 친절하지는 못할망정 아내에게 폭력을 행사합니다. 제가 볼 때 아내에게 손찌검을 하는 남자가 이 세상에서 제일 못난 남자입니다. 자신이 강하다고 생각하고 남자답다고 생각하는 사람은 절대로 아내를 구타하지 않습니다. 자기 자신에 대해 어떤 열등감이나 자격지심으로 가득 찬 사람들이 가정에서 폭력을 행사합니다. 자기 스스로를 강하다고 생각하는데 왜 연약한 배우자를 구타하겠습니까.

「사랑은 시기하지 아니하고 사랑은 자랑하지 아니하며 교만하지 아니하고」(고전 13:4) 사랑이 많다고 하면서 다른 사람을 질투하는 사람이 있습니다. 성경에 의하면 그것은 사랑이 아닙니다. 자신이 다른 사람을 시기하고 질투하는 생각이 든다면, 스스로 사랑이 부족한 사람이라고 생각하면 됩니다. 형제들 간에도 시기하고 질투하는 경우가 있습니다. 여러분도 부모가 되어 보면 자녀들을 차별해서 사랑하지 않는다는 것을 잘 알 것입니다. 자녀가 잘못하면 매를 들고 야단을 치더라도 모든 자녀에 대한 부모의 마음은 똑같습니다. 열 손가락 깨물어서 안 아픈 손가락이 없습니다. 또한 사랑은 자랑하지 않고 교만하지 않습니다. 자기 자랑을 늘어놓는 사람은 사랑이 전혀 없는 사람입니다. 거짓 목사들은 강단에서 자랑을 합니다. '오늘 아침에 일어났는데 하나님께서 나에게 고린도전서 13장 2절을 풀어서 계시해 주셨습니다.' 성경적으로 사역하는 목사가 성경을 가르치면서 자랑하는 것을 보셨습니까? 우리는 자기 자신을 높이는 것이 아니라, 그 성경을 가르쳐 준 사람을 높이고 하나님께 영광을 돌립니다. 자신이 특별한 계시를 받아서 성경을 가르친다고 하지 않습니다. 거짓 목사들과 거짓 교사들의 특징은 바로 교만과 자기 자랑입니다.

「무례하게 행하지 아니하며 자신의 유익을 추구하지 아니하고」 (고전 13:5). 이 세상의 모든 사람들은 다 자신의 유익을 추구합니다. 남자가 여자와 결혼하기 위해서 '무조건 나만 믿어라, 내가 다 먹여 살리겠다'고 말하는 것은 믿을 것이 못됩니다. 여자의 마음을 얻기 위해, 자기 유익을 위해 하는 말입니다. 자신이 크리스천이라고 하며 사랑이 많은 것처럼 말은 하면서, 실제로는 전혀 사랑하지 않는 이유는 무엇입니까? 그 사람 안에 자기의 유익을 추구하는 마음이 있기 때문입니다. 교회 안에서도 자신의 유익을 구하는 사람들은 오래 가지 못합니다. 하나님이 세우신 교회인 것을 망각한 채 자기 유익을 추구하기 때문에, 불평이 끊이지 않습니다. 어느 성도가 자기를 무시했다고, 설교가 길면 너무 길다고, 짧으면 너무 짧다고, 설교가 강하면 너무 강하다고, 약하면 너무 약하다고,…

어떤 일을 추진할 때 누가 나서서 그 일을 시도하면, 시도도 하지 않은 사람들이 꼬투리를 잡고 그 일에 대해 왈가왈부할 때가 있습니다. 자신은 목회에 헌신하지 않으면서 목회에 대해 이렇다 저렇다 불평을 합니다. 사람은 완전하지 못합니다. 오직 예수 그리스도만 완전하십니다. 목사가 사역에 임하도록 하나님의 부르심을 받고 맨손으로 교회 사역을 일구었으면, 그것을 지원하지는 못할망정 이러쿵저러쿵 말이 많은 사람이 있습니다. 그런 사람은 사랑이 전혀 없으며 교만하고 자기 유익만 추구하는 사람입니다. 지역 교회에서 겸손하게 자신의 은사대로 섬기는 것이 아니라, 분열을 조장하고 급기야는 교회를 대적합니다. 그 이유는 사랑이 없기 때문입니다.

「급히 성내지 아니하며 악을 생각하지 아니하고 불의를 기뻐하지 아니하며 진리를 기뻐하고」(고전 13:5,6). 성경적 사랑의 특징은 불의를 기뻐하지 않고 악을 생각하지 않습니다. 창세기에서 하나님께서 흙으로 아담을 지으셨고 그 다음에 이브를 주셨는데, 오늘날은 남자가 남자와 결혼하고 여자가 여자와 결혼을 하는데도 목사들과 교인들이 이를 대수롭지 않게 생각합니다. 불과 5년 전만 해도 그렇지 않았습니다. 5년 사이에 보수주의를 표방하는 공화당 대선 주자들 중에서도 동성 결혼을 허용하는 자들이 나왔습니다. 공화당이든 민주당이든 구원받지 못하면 모두 지옥에 가지만, 가치관 면에서는 그래도 보수주의자들이 성경의 원칙에 더 가까웠습니다. 그러나 지금은 공화당에 속한 많은 사람들조차 동성 결혼이 괜찮다고 합니다. 그런 사람들은 사랑이 없는 사람들입니다.

하나님의 말씀에 따른 진리에 반대되는 것들을 악하다고 하는 우리에게, 역으로 사람들은 '저 사람들은 왜 동성 결혼을 반대하는가?'라며 사랑이 없다고 합니다. 생각해 보십시오. 성경에 위배되는 동성 결혼을 용납하는 것이 사랑이 많은 것입니까? 하나님께서는 결코 악과 타협하지 않으십니다. 좀 불쌍하니까 타협하면서 나가자고 하시지 않는다는 말입니다. 하나님께서는 불의를 눈감아주지 않으십니다. 회개하는 자들은 받아주시지만, 회개하지 않으면 심판하시는 분이십니다. 진정한 사랑은 불의를 기뻐하지 않고 진리를 기뻐하는 것입니다.

사랑은 「모든 것을 참으며 모든 것을 믿고 모든 것을 바라며 모든 것을 견뎌 내느니라」(고전 13:7). 이것이 성경에 나오는 사랑의 정의입니다. 몇 구절 되지 않습니다. 4,5,6,7절입니다. 이 네 구절에서 말씀하는 것을 사랑이라고 말하는 사람들이 도대체 있기는 합니까? 오히려 성경적으로 사역하는 목사들이 불의를 기뻐하지 않는 것이 사랑이라는 말씀에 따라 죄를 책망하면, 사랑이 없다며 비난합니다. 하나님께서 목사들을 세우신 이유는, 죄들을 책망하고 하나님과의 바른 교제를 위해 양육하라고 세우신 것입니다. 목사들은 먼저 복음을 전파하고 그 다음은 성도들을 양육합니다. 그런데 양육을 하려면 어떻게 해야 합니까? 잘못된 것을 지적해 주지 않으면 어떻게 양육이 될 수 있습니까? 누군가가 여러분의 잘못된 것을 지적하고 고쳐줘야 합니다. 그것이 목사가 할 일입니다. 그런데 그렇게 했을 때, 성경적으로 믿는 목사들은 세상 사람들뿐만 아니라 목사들과 교회들과 크리스천들에게 사랑이 없는 사람으로 낙인찍히는 것입니다.

우리는 인간의 잣대로 사랑을 생각하지 말아야 합니다. 죄인에게 그가 죄인인 것을 말해 주고 지옥의 형벌을 경고해 주는 것이 참 사랑입니다. 그 사람은 구원받지 않고 죽는다면 지금 당장이라도 지옥에 가는 것입니다. 그렇기 때문에 우리가 화씨로 100도가 넘는 불볕 더위에도 나가서 거리에서 설교하는 것입니다. 한 사람이라도 더 만나서 전도지를 주려고 하는 것입니다.

예수님께서 「너희가 나를 사랑하면 나의 계명들을 지키라.」(요 14:15)고 하셨습니다 사랑하는 자는 하나님의 말씀 안에 거한다고 하셨습니다. 하나님 말씀대로 사는 바이블 빌리버들은 하나님의 사랑 곧 성경에서 말씀하는 성경적인 사랑을 하려고 노력합니다. 사람들이 자기 나름대로 사랑을 만들어내서 사랑은 이런저런 것이라고 하지만, 성경에 비춰보면 그건 사랑이 아닙니다. 육신의 정욕이고 인본주의적 사랑입니다. 하나님을 먼저 사랑하기보다, 하나님도 진리도 제쳐두고서 인간을 먼저 사랑하는 죄악을 범하는 것입니다.

주님께서는 주님을 우선으로 사랑하고 그런 다음에 이웃을 사랑하라고 하십니다. 그러나 마귀의 자식들은 하나님의 말씀을 없애버리고, 하나님과 말씀을 사랑하는 것보다 인간을 먼저 사랑하라고 합니다. 하나님 말씀에는 아랑곳하지 않습니다. 죄를 경고하고 죄를 심판하시는 하나님을 두려워하라고 말씀하시지만 개의치 않습니다. 그러면서 자신들은 대단히 사랑이 많은 사람인 양 착각하며 자만에 빠져 있습니다. 그 행위가 하나님 말씀에 반대되는 것은 사랑이 아닙니다. 불의를 눈감아 주고 사회의 악을 악이라 하지 않는 것은 사랑이 아닙니다. 우리는 정치에 관여하는 것이 아닙니다. 정치인이든 사업가든 모든 사람들의 잘못을 하나님 말씀에 근거해서 지적함으로써, 궁극적으로 여러분에게 교훈이 되게 하려는 것입니다. 그런 식으로 살면 안 된다고, 속지 말라고 설교하는 것입니다. 그것이 참 사랑입니다. 불의에 대해서 경고하고 진리를 선포하는 것입니다.

디모데전서 1장 5절은 우리가 어떤 태도로 사랑해야 하는지에 대해 「이제, 계명의 목적은 순수한 마음과 선한 양심과 가식 없는 믿음에서 나오는 사랑이거늘」이라고 말씀합니다. 그 사랑은 순수한 마음과 선한 양심과 가식 없는 믿음에서 나오는 사랑입니다. 자신의 이득을 위해서 사랑을 표방하는 그런 자세가 아닌 것입니다. 하나님께서 사랑하는 독생자를 주셨습니다. 완전한 희생인 것입니다. 무언가를 원하기 때문에 누군가를 사랑하는 것이 아닙니다. 성경적인 사랑은 순수한 마음, 선한 양심, 가식 없는 믿음에서 나와야 합니다. 사랑할 때 순수한 마음으로 하고 가식적인 마음으로 하지 말아야 합니다. 사람들의 눈에 보여지는 것만을 추구하는 것이 아니라 진심으로 그 혼을 사랑함으로써 나오는 행위라야 합니다. 그것이 진정한 사랑입니다.

주님께서는 「나의 계명은 이것이니, 내가 너희를 사랑하는 것같이, 너희도 서로 사랑하라는 것이라. 사람이 친구들을 위하여 자기 생명을 내어 놓는 것보다 더 위대한 사랑은 없나니 내가 명령한 대로 너희가 행하면 너희는 나의 친구들이라」(요 15:12-14)고 하십니다. 입으로만 말하는 것이 아니라 행동으로 옮기는 것입니다. 진정으로 사랑하면 행동으로 옮깁니다. 가장 위대한 사랑은 주님께서 십자가에서 보여주신 사랑입니다. 여러분은 자신을 희생하는 사랑을 하십니까? 성경에서 말씀하시는 사랑은 희생적인 사랑, 주는 사랑입니다.

자신이 받기 위해서 주는, 그런 사랑을 말하는 것이 아닙니다. 자신이 손해를 보더라도 주는 것, 그 혼을 사랑하기 때문에 시간과 물질을 투자해서 진리를 전파하는 것입니다. 무엇을 바라서가 아닙니다. TV에 나오는 목사들은 설교하는 이유가 시청자들에게서 돈을 갈취하기 위해서입니다. '당신들이 우리 교회에, 우리 선교회에 돈을 100불 보내면 주님께서 10배, 100배로 갚아주신다.' 우리는 이런 사기를 치는 것이 아니고, 사람들을 교회로 모아 헌금을 내게 하려는 것도 아닙니다. 지옥으로 향하는 혼이 그 자리에서 구원받으면 우리는 그것으로 족한 것입니다. 물론 그 사람들이 성경적인 교회에 나오고 싶다고 하면 인도해 줄 수 있습니다. 그러나 우리가 나가서 진리를 전파하는 것은 어떠한 대가를 위해서 하는 것이 아닙니다. 지옥에 가는 혼들이 불쌍해서, 혼들을 사랑하는 마음에서 하는 것입니다.

그러면 우리가 어떻게 사랑할 수 있습니까? 여러분은 왜 사랑을 하지 못하면서 사는 것입니까? 성경은 마태복음에서 말씀합니다. 「불법이 성행하므로 많은 사람의 사랑이 식어지리라」(마 24:12)고 말씀합니다. 사랑이 식어지는 이유는 죄악 때문입니다. 여러분이 상대방을 사랑하지 못하는 이유는 죄악 때문인 것입니다. 간혹 우리 주위에 마음이 아름다운 사람들이 있습니다. 마음이 아름답고 겸손한 사람은 사랑하는 것이 쉬운 일일 것입니다. 그러나 그런 아름다운 마음을 갖지 못한 사람들이 사랑을 하는 것은 어려운 일입니다. 그럴 때 우리가 생각해야 하는 것이 누가복음 7장입니다. 그것을 극복하는 방법으로 한 가지 예가 나옵니다.

「"빚을 주는 어떤 사람에게 빚진 자 둘이 있었는데, 한 사람은 오백 데나리온을 꾸었고 또 다른 사람은 오십 데나리온을 꾸었더라. 그러나 그들이 갚을 것이 없으므로 그가 둘 다 탕감해 주었더라. 그러므로 그들 중 누가 그를 더 사랑하겠는가 내게 말하라."고

하시니 시몬이 대답하여 말하기를 "내 생각에는 더 많이 탕감받은 그 사람이니이다." 라고 하니, 그에게 말씀하시기를 "네가 옳게 판단하였도다." 라고 하시더라. 그때 주께서 그 여인을 돌아보시며 시몬에게 말씀하시기를 "네가 이 여인을 보느냐? 내가 너의 집에 들어올 때 너는 나에게 발 씻을 물도 주지 아니 하였으나 이 여인은 눈물로 내 발을 씻고 자기 머리카락으로 닦아 내었느니라. 너는 나에게 입맞추지 아니하였으나 이 여인은 내가 들어올 때부터 내 발에 입맞추는 것을 쉬지 아니하였느니라. 너는 내 머리에 기름도 붓지 아니하였으나 이 여인은 내 발에 향유를 부었느니라. 그러므로 내가 너에게 말하노니, 그 여인의 많은 죄들이 용서받았느니라. 이는 그 여인이 많이 사랑함이라. 그러나 적게 용서함을 받은 자는 사랑도 적게 하느니라."고 하시며」(눅 7:41-47).

여러분이 주님을 더 사랑할 수 있는 방법이 무엇입니까? 여러분의 실상, 즉 여러분의 죄의 실체를 더 깊이 알 때 주님을 더 사랑하게 됩니다. 즉 내가 얼마나 주님 앞에 큰 죄인인가, 내가 얼마나 주님을 아프게 했는가, 내가 얼마나 못된 짓을 했는가, 내가 얼마나 악한 죄인인가를 알면 알수록 주님을 더욱 사랑하게 되는 것입니다. 주님을 더욱 사랑하게 되면 주님의 계명을 지키고자 하는 열정이 더욱 커져서, 결국 형제들도 사랑할 수가 있는 것입니다. 죄악에 빠진 이 세상 사람들을 볼 때 여러분 자신은 그들을 사랑할 수 없습니다. 그것을 극복하는 방법은 주님이 그 무리들을 보시고 가엾게 여기신 것처럼 여러분도 그 불쌍한 무리들, 목자 없는 양들 같은 그들의 모습을 보고 가엾게 여기는 것입니다. '나도 저 사람들과 똑같은 죄인이었었는데 주님의 은혜로 구원받았구나'라는 것을 깊이 깨달으면 깨달을수록 주님을 더욱 사랑하게 되는 것입니다. 주님을 더욱 사랑하게 되면, 결국 그들도 사랑하게 되는 것입니다.

갓 구원을 받고 나서는 자기가 얼마나 큰 죄인인지 잘 모릅니다. 그러나 성경적인 교회에서 설교를 들으면 들을수록 자신이 정말 얼마나 잘못되었는지를 알게 됩니다. 하나님의 말씀이 거울이기 때문에 거울을 보면 볼수록 자기의 더러운 모습들을 볼 수 있는 것입니다. 우리가 어떻게 다른 사람들을 사랑할 수 있습니까? 그 답은 하나님 말씀에 젖는 것입니다. 설교를 듣고 항상 자기의 모습을 보는 것입니다. 나는 얼마나 연약하고 보잘것 없는 죄인인가! 말씀을 통해 자신의 모습을 본 사람들만이 지옥으로 가는 혼들을 사랑과 열정으로 구령할 수가 있고, 잘못을 저지르는 형제들을 용납할 수가 있습니다. 답은 그것입니다. 물론 우리 자신의 힘으로는 안됩니다. 성령 충만함으로써, 성령의 능력으로써만 할 수 있습니다.

성경을 통해 여러분이 자신의 모습을 깊이 보면 볼수록 하나님을 더 사랑하게 됩니다. 그렇기 때문에 하나님 말씀을 가까이하셔야 합니다. 하나님 말씀의 능력으로 강력하게 죄의 찔림을 주고 잘못을 바로잡아주는 설교를 자주 들으셔야 합니다. 그것만이 하나님을 더 사랑할 수 있는 길입니다. 여러분 자신을 있는 그대로 볼 수 있기 때문입니다. 거짓 교회들의 특징은 지식만 베껴서 그럴 듯하게 흉내 내지만, 정작 중요하고 근본적인 죄의 문제에 대해서는 건드리지 않는다는 것입니다. 그걸 건드리면 '아, 이 교회는 사랑이 없네. 왜 저렇게 맨날 책망만 하지?' 하고 교인들이 떠나기 때문입니다. 거짓 목사들은 강대상에서 회중을 두려워하기 때문에 죄를 지적하지도 않고 지옥에 대해서도 경고하지 않습니다. 그리고 이 사실을 가리기 위해 역으로 성경적으로 목회하는 목사들에게 사랑이 없다고 비난하는 것입니다.

여러분은 이제 그리스도인의 성품에 대한 20회의 설교를 통해 많은 것을 배우셨습니다. 자신에게 어떤 부분이 부족할 수 있습니다. 그 모든 것을 완전하게 하는 것이 사랑입니다. 이제 여러분은 이 사랑이라는 더 높은 은사를 바라고, 모든 일을 사랑으로 행하겠다고 결심하셔야 합니다.

하나님의 구원 계획

성경은 인류의 조상은 하나님의 형상을 따라 창조된 아담이라고 말씀하고 있습니다. 아담이 죄를 지음으로써 죄가 이 세상에 들어왔습니다. 「이런 연유로 한 사람에 의하여 죄가 세상으로 들어오고 그 죄에 의하여 사망이 왔으니, 그리하여 모든 사람이 죄를 지었으므로 사망이 모든 사람에게 전달되었느니라」(롬 5:12).

이 사망은 우리의 육체가 죽어 땅에 묻혀 흙으로 돌아가는 것뿐만 아니라, 죽은 사람의 몸을 떠난 혼이 영원한 지옥에 있게 되는 것을 말합니다. 「보라, 모든 혼들은 내 것이라. 아비의 혼이 그렇듯이 자식의 혼도 내 것이라. 범죄하는 혼은 죽으리라」(겔 18:4). 혼은 물질이 아니기 때문에 지옥 불에서 금방 타 없어지지 않고 영원히 고통받습니다. 당신이 만일 구원받지 못했다면 이것은 매우 심각한 문제입니다. 만일 지금 불행한 일로 죽는다면 무섭도록 뜨거운 지옥 불로 떨어지기 때문입니다. 이것은 거짓말하실 수 없는 하나님께서 하신 말씀입니다.

그러나 하나님께서는 당신을 사랑하시기 때문에 지금 이 시간에 당신을 지옥으로부터 구원해 주시기를 원하십니다. 「하나님께서는 모든 사람이 구원을 받고 진리의 지식에 이르기를 원하시느니라」(딤전 2:4). 하나님께서는 어린 아이들까지도 다 이해하고 구원받을 수 있도록 쉽게 구원받을 수 있는 방법을 마련하셨습니다.

먼저 자신이 죄인임을 깨달아야 합니다. 성경은 말씀하십니다. 「모든 사람이 죄를 지었으므로 하나님의 영광에 이르지 못하다가」(롬 3:23), 「죄의 삯은 사망이요」(롬 6:23), 「그러나 두려워하는 자들과 믿지 아니하는 자들과 가증스런 자들과 살인자들과 음행하는 자들과 마술하는 자들과 우상숭배하는 자들과 모든 거짓말하는 자들은 불과 유황이 타는 못에 참여하리니 이것이 둘째 사망이라」(계 21:8).

이 구절들은 우리가 죄인이기 때문에 죽는 것이고 죽음 뒤에 지옥에 간다는 사실을 경고하고 있습니다. 그러나 하나님께서는 당신을 너무나 사랑하셨기 때문에 독생자이신 예수님을 보내 주셔서 당신의 죄값을 치르기 위해 대신 죽게 하셨습니다. 이것이 하나님께서 인류의 죄를 용서하고 구원하기 위해 마련하신 방법입니다. 「우리가 아직 죄인이었을 때 그리스도께서 우리를 위하여 죽으심으로써 하나님께서는 우리를 향한 그의 사랑을 나타내셨느니라」(롬 5:8). 당신이 아무리 좋은 일을 많이 한다고 해도, 열심히 교회에 나간다 해도, 침례를 받는다고 해도 예수님을 통해서 죄 사함을 받지 못하면 구원을 받을 수 없습니다.

　그 이유는 「피흘림이 없이는 죄사함이 없느니라」(히 9:22). 「그 안에서 우리가 그의 보혈을 통하여 구속, 곧 죄들의 용서함을 받았느니라」(골 1:14)고 성경이 말씀하기 때문입니다. 하나님께서는 「…이제는 어디에 살고 있는 어떤 사람에게도 회개하라고 명령하고 계시니라」(행 17:30). 이 말은 거룩하신 하나님 앞에서 자신이 죄인인 것을 인정하고 죄에서 돌이켜 주님께 돌아오는 것을 말합니다. 하나님께서는 죄인인 것을 인정하고 회개하며 그분께 나아가는 자는 로마서 10장 말씀에 의하여 구원받을 수 있도록 자비를 베풀어 주셨습니다. 「네가 네 입으로 주 예수를 시인하고 또 하나님께서 그를 죽은 자들로부터 살리신 것을 네 마음에 믿으면 구원을 받으리라. 이는 사람이 마음으로 믿어 의에 이르고 입으로 고백하여 구원에 이르기 때문이라」(롬 10:9,10).

　이 말씀은 첫째, 예수님께서 육신으로 오신 창조주 하나님이신 것을 믿고 입으로 시인하라는 것이며, 이것은 디모데전서 3장 16절에 잘 나타나 있습니다. 「경건의 신비는 논쟁의 여지없이 위대하도다. 하나님께서는 육신으로 나타나셨고…」 둘째, 주님께서 우리의 죄를 위하여 십자가에서 피흘려 죽으시고 장사되셨다가 부활하신 사실을 마음으로 믿으면 구원을 받는다고 하나님께서는 말씀하셨습니다. 불가능한 것이 없으신 하나님께는 부활도 엄연한 사실입니다. 당신이 이 정확무오한 하나님의 말씀을 믿고 지금 구원받기를 원한다면 다음과 같이 기도하여 예수님을 구주로 받아들이십시오.

「위대하신 하나님 아버지, 저는 지옥에 갈 수밖에 없는 죄인입니다. 죄를 회개하오니 용서하여 주십시오. 저는 예수님께서 하나님이시며, 저의 모든 죄를 위하여 십자가에서 피 흘려 죽으시고 장사되셨다가 다시 부활하신 사실을 믿습니다. 주 예수 그리스도를 저의 구주로 영접하오니, 지금 이 순간 제 안에 들어오셔서 저를 지옥으로부터 구원해 주십시오. 저를 지옥으로부터 구원해 주셔서 감사하며 주 예수 그리스도 이름으로 기도드립니다. 아멘.」

무료 책자 링크

올바른 성경공부법
www.realbible1611.com

김경환 목사 저서 목록

기초 성경 공부 1, 2
하나님의 사랑
올바른 성경 공부법
시대에 따른 진리

향후 출간 계획 저서

교회 개혁을 위하여 바른 성경으로 돌아가자
교회 개혁을 위하여 바른 믿음으로 돌아가자
구원에 관한 문제의 구절들
구원 이후의 삶
하나님의 경륜 (가제)
한국인이 모르는 진리 (가제)
야고보서 주석 (가제)

그리스도인의 성품
Christian Characters

2024년 9월 12일 1판 1쇄 발행

지은이 김경환

펴낸곳 BBCI (Bible Believing Christian, Inc.)
주소 서울 강서구 마곡중앙4로 10 그랑트윈 A동 422호
이메일 Bbcipress@gmail.com
bbcipress@naver.com

ISBN 979-11-987745-3-8 (03230)

가격 19,000원